Eriko Oshima
大嶋えり子

人物で知るフランス領北アフリカ引揚者たちの歴史

ピエ・ノワール列伝

はじめに	9
アルジェリア民主人民共和国の概要	19
モロッコ王国の概要	20
チュニジア共和国の概要	21
フランス共和国の概要	22
用語解説	24

🦶 アルジェリア生まれ …… 29

第三共和政の国民議会議員まで務めたアルジェリアへの入植に尽力した名家の息子
ガブリエル・アボ（Gabriel Abbo） …… 30

フランスの有名実業家でサッカー好きの眼鏡屋さん
アラン・アフルル（Alain Afflelou） …… 31

コルシカにルーツを持つフランス民主連合副代表で国民議会議員
ピエール・アルベルティーニ（Pierre Albertini） …… 32

ドイツ軍の収容所で共産主義に目覚めた構造主義マルクス主義の哲学界の大スター
ルイ・アルチュセール（Louis Althusser） …… 33

『ムッシュ・カステラの恋』で最優秀助演女優賞を獲得した女優
アンヌ・アルヴァロ（Anne Alvaro） …… 35

アンテーヌ2の会長エルカバシュと犬猿の中の人気キャスター
ポール・アマール（Paul Amar） …… 36

都市解説　コンスタンティーヌ（Constantine） …… 37

アルジェリア内戦の最中、武装イスラム集団によるティビリヌの修道士惨殺から免れた神父
アメデ神父（Père Amédée） …… 38

ハンガリー人の父を持つピエ・ノワールやアルジェリアを舞台にした映画を撮った監督
アレクサンドル・アルカディ（Alexandre Arcady） …… 41

『フレンチ・カンカン』でジャン・ギャバンと共演した大スター
フランソワーズ・アルヌール（Françoise Arnoul） …… 42

フランス支配下のカメルーンで医療の発展に力を入れた医師
ルイ＝ポール・オジュラ（Louis-Paul Aujoulat） …… 44

経済学者、随筆家、小説家、大統領のブレーンなど肩書が多すぎる人
ジャック・アタリ（Jacques Attali） …… 46

フランス映画史に残るおバカ映画『ザ・カンニング』で大ブレークした大物俳優
ダニエル・オートゥイユ（Daniel Auteuil） …… 47

都市解説　アルジェ（Alger） …… 48

ゴンクール賞の審議を戸棚から盗み聞きし、一躍有名になった出版界の異端児
アラン・アヤシュ（Alain Ayache） …… 50

シルヴィ・ヴァルタンの秘書を経て、伝説的な子供番組『クラブ・ドロテ』をプロデュース
ジャン＝リュック・アズレ（Jean-Luc Azoulay） …… 51

『恋するシャンソン』や『ムッシュ・カステラの恋』の脚本を手がけた俳優兼脚本家
ジャン＝ピエール・バクリ（Jean-Pierre Bacri） …… 52

過酷な家庭環境からアンチレイシズムに目覚めた政治的コメディアン
ギイ・ブドス（Guy Bedos） ……… 53

俳優ジャン＝ポールの父親で、対独協力に加担してしまった彫刻家
ポール・ベルモンド（Paul Belmondo） ……… 54

コラム　アルジェリア独立戦争は「戦争」だったのか？ ……… 56

左派のミッテランを支持したり、右派のサルコジの参事官を務めたりした記者
ジョルジュ＝マルク・ベナム（Georges-Marc Benamou） ……… 58

お人好しの見た目で時に軽率な行動を取り、舞台も映画もバラエティ番組もこなす俳優
ジャン・ベンギギ（Jean Benguigui） ……… 59

IBMフランスの社長に就任し、アメリカのIBM本社副社長にまで上り詰めたエリート
アラン・ベニシュ（Alain Bénichou） ……… 60

都市解説　オラン（Oran） ……… 60

ヌーヴェル・オプセルヴァトゥール誌の編集長などを経験したメディア人
ピエール・ベニシュ（Pierre Bénichou） ……… 62

アルベール・カミュの記念碑に文字を掘る役目を務める程の親交があった芸術家
ルイ・ベニスティ（Louis Bénisti） ……… 63

「フランスのキース・リチャーズ」と言われたギタリスト
ルイ・ベルティニャック（Louis Bertignac） ……… 64

植民地支配の影響に思いをめぐらせたイスラム社会を専門とした人類学者
ジャック・ベルク（Jacques Berque） ……… 65

フランスの国民的炭酸「オランジーナ」を広めた実業家
ジャン＝クロード・ブトン（Jean-Claude Beton） ……… 66

コラム　アルジェリアのワイン ……… 67

200以上の役を主に舞台でこなしたベルギーで活躍する女優
ジャクリーヌ・ビル（Jacqueline Bir） ……… 72

ヴィシー政権を代表する軍人ダルランを暗殺した王党派青年
フェルナン・ボニエ・ド・ラ・シャペル（Fernand Bonnier de La Chapelle） ……… 73

『女は女である』や『イノセンツ』に出演したヌーヴェル・ヴァーグの二枚目俳優
ジャン＝クロード・ブリアリ（Jean-Claude Brialy） ……… 78

都市解説　アンナバ（Annaba） ……… 80

出生時の名前が不明なポーカー好きの歌手兼俳優
パトリック・ブリュエル（Patrick Bruel） ……… 82

アルジェリア生まれのフランス人を代表するノーベル賞作家
アルベール・カミュ（Albert Camus） ……… 84

植民地支配の贖罪感から解放された国史教育に力を入れるべきと主張する歴史家
ディミトリ・カザリ（Dimitri Casali） ……… 88

北米流フェミニズムとは一線を画す女性をテーマにした人気作家
マリー・カルディナル（Marie Cardinal） ……… 89

コラム　1961年10月17日の事件 ……… 90

ピエ・ノワールのネタで売れたコメディアン兼音楽家
ロベール・カステル（Robert Castel） ……… 95

エディット・ピアフの恋人だったボクシングのチャンピオン
マルセル・セルダン（Marcel Cerdan） ……… 96

ユーモアあふれる実力派芸人・俳優・監督・脚本家
アラン・シャバ（Alain Chabat） ……… 98

カミュなどのアルジェリア生まれのフランス人作家を見出した編集者
エドモン・シャルロ（Edmond Charlot） ……… 100

聖典を翻訳し、宗教間の相互理解に努めた人物
アンドレ・シュラキ（André Chouraqui） ……… 101

デリダと親交があり、フロイトの男性中心主義を批判したフェミニスト作家
エレーヌ・シクスー（Hélène Cixous） ……… 103

モロッコにルーツを持つノーベル賞を受賞したユダヤ人物理学者
クロード・コーエン＝タヌージ（Claude Cohen-Tannoudji） ……… 105

アルジェリア生まれのブルターニュやイギリスなど「北」を愛するポップス歌手
エティエンヌ・ダオ（Etienne Daho） ……… 106

「アルジェリア戦争」という言葉を初めて使い、戦後の左派ジャーナリズムを支えた記者
ジャン・ダニエル（Jean Daniel） ……… 108

若き日々からともに活動したミッテランの側近
ジョルジュ・ダイヤン（Georges Dayan） ……… 109

ヴィシー政権下で差別に遭った脱構築で有名な哲学者
ジャック・デリダ（Jacques Derrida） ……… 110

コラム　アルジェリア独立戦争中のテロリズム―秘密軍事組織（OAS） ……… 113

ラジオやテレビで活躍するフランスの代表的なジャーナリスト
ジャン＝ピエール・エルカバシュ（Jean-Pierre Elkabbach） ……… 117

中絶経験があり、「343人の宣言」に名を連ねた生涯現役を貫いている女優
フランソワーズ・ファビアン（Françoise Fabian） ……… 118

武器輸出やスイスの銀行口座が話題になった怪しい実業家
ピエール・ファルコンヌ（Pierre Falcone） ……… 119

義和団の乱や第一次世界大戦で戦い、アカデミー・フランセーズの会員となったエリート軍人
ルイ・フランシェ・デスペレ（Louis Franchet d'Espèrey） ……… 120

史上初の女性道化師となり、「新しいサーカス」を作り、サーカス界を変えた女性
アニー・フラテリーニ（Annie Fratellini） ……… 121

アルジェリア独立を受け入れた事で、親戚と仲違いしたフランス映画を背負う女性監督
ニコール・ガルシア（Nicole Garcia） ……… 122

コラム　アルジェリア独立戦争時の検閲と拷問の告発 ……… 124

カビール人の父、アンダルシアのロマの母のルーツを探り続ける映画監督
トニー・ガトリフ（Tony Gatlif） ……… 127

ビアフラ、ベトナム、アルジェリア戦争に向き合ってきた記者
ジャン＝クロード・ギユボー（Jean-Claude Guillebaud） 128

20年近くテレビ放送された刑事役で人気を得た、ミッテランと親しかった俳優
ロジェ・アナン（Roger Hanin） 129

独立戦争中に死刑になった唯一のヨーロッパ系市民
フェルナン・イヴトン（Fernand Iveton） 131

コラム　アルジェリア生まれの独立派フランス人 133

映画史の大物と共演し、売れっ子女優の母親となった女優兼童話作家
マルレーヌ・ジョベール（Marlène Jobert） 137

アルジェリア独立戦争時にドゴールを倒そうとした軍人
エドモン・ジュオー（Edmond Jouhaud） 138

コラム　1945年5月8日の戦勝記念と反植民地主義デモ 141

アルジェリアの独立に反対したドゴールの同期生
アルフォンス・ジュアン（Alphonse Juin） 143

反革命派の貴族やドゴール暗殺未遂の犯人を家族に持つ極右政治家
ティボー・ド・ラ・トクネ（Thibaut de La Tocnaye） 144

コラム　ピエ・ノワールの投票行動—アルジェリア独立前と独立後の政党支持 146

シャツの胸元が常に開いている出しゃばり哲学者
ベルナール＝アンリ・レヴィ（Bernard-Henri Lévy） 149

サダトやサルコジ、ビンラディン、そして日本人をも虜にするユダヤ系ポップス大スター
エンリコ・マシアス（Enrico Macias） 152

カミュとともに闘った過激派に与しないリベラル派都市計画家
ジャン・ド・メゾンスール（Jean de Maisonseul） 155

エヴィアン協定締結記念日がアルジェリアに対する改悛を意味すると猛反発する保守系政治家
エルヴェ・マリトン（Hervé Mariton） 156

保守反動のメッセージを歌と記事を通じて発信する歌手兼記者
ジャン＝パクス・メフレ（Jean-Pax Méfret） 157

コラム　独立派と敵対したハルキーフランス軍の補充兵となったアルジェリアの先住民 158

国境なき記者団を創設した、極左から極右に転じた元ジャーナリストの政治家
ロベール・メナール（Robert Ménard） 165

コラム　独立運動—民族解放を目指した諸勢力 167

『シオラック家の運命』で「20世紀のアレクサンドル・デュマ」と言われた歴史小説の大家
ロベール・メルル（Robert Merle） 173

コラム　観光地化されたアルジェリア 174

ギロチンの人道性を証明するため為に博物館まで開館したアルジェリア最後の執行人
フェルナン・メソニエ（Fernand Meyssonnier） 178

継承権を存続させる為に無理やり結婚させられたモナコ大公の母親
シャルロット・ド・モナコ（Charlotte de Monaco） 180

史上3人目の白人キリスト教徒フランス人と結婚したコートジボワール大統領の敏腕夫人
ドミニク・ウワタラ（Dominique Ouattara） ……… 182

82人の殺人事件に関与し、4800年の禁固刑に処されているバスク独立を目指したテロリスト
アンリ・パロ（Henri Parot） ……… 183

美学、映画、政治、マルクス主義と多岐にわたる関心を持つ哲学者
ジャック・ランシエール（Jacques Rancière） ……… 184

アルジェ市長まで上り詰めながらも、本土と齟齬をきたした、反ユダヤ主義アジテーター
マックス・レジス（Max Régis） ……… 185

コラム　アルジェリアのユダヤ人 ……… 188

カミュ、フェラウンやアフリカ出身作家による本の出版に力を入れた、不正義に抵抗する作家
エマニュエル・ロブレス（Emmanuel Roblès） ……… 194

『ラルース』と並ぶ、自身の名前を冠したフランス語辞書を作り上げた辞書学者
ポール・ロベール（Paul Robert） ……… 195

コラム　「フランス領アルジェリア」で使われた言語 ……… 196

ヴィシー政権支持者、イギリス空軍パイロット、反植民主義者だった作家
ジュール・ロワ（Jules Roy） ……… 198

ディオールに認められ、香水やプレタポルテでも偉大な業績を残した天才デザイナー
イヴ・サン＝ローラン（Yves Saint-Laurent） ……… 199

服役を繰り返し、獄中結婚し、29歳で早逝した伝説の無頼派女性作家
アルベルティーヌ・サラザン（Albertine Sarrazin） ……… 203

アルジェリアの解放、そして身体の解放を訴え、謎の死を遂げた私生児・同性愛の詩人
ジャン・セナック（Jean Sénac） ……… 204

都市解説　ブリダ（Blida） ……… 205

コラム　アルジェリアに残った〈緑の足〉 ……… 206

ミッテランにも影響を与えたといわれる元モデルの占い師
エリザベート・テシエ（Elizabeth Teissier） ……… 209

直接観客に話しかけるワンマンショーを確立し注目を浴びたコメディアン
パトリック・ティムシット（Patrick Timsit） ……… 211

ユダヤ系ピエ・ノワールの母親役をこなす女優
マルト・ヴィラロンガ（Marthe Villalonga） ……… 212

コラム　パリのサン＝ニコラ＝デュ＝シャルドネ教会と植民地時代への懐古主義 ……… 214

第三共和政下の社会主義を代表する政治家の一人
ルネ・ヴィヴィアニ（René Viviani） ……… 216

アルジェリアが独立しなかったという設定のSF小説でも有名なロックバンドのボーカル
ローラン・ワグナー（Roland Wagner） ……… 218

コラム　サハラ砂漠で行われたフランスの核実験 ……… 219

波乱に満ちた人生を送った1960年代と1970年代のミューズ
ズズー（Zouzou） ……… 223

コラム　ピエ・ノワール料理 ……… 225

モロッコ生まれ ……… 227

モロッコを愛する記者兼講師兼小説家兼伝記作家
ピエール・アスリーヌ（Pierre Assouline）……… 228

アグレガシオン首席取得で、毛沢東主義の政治団体を結成した共産主義を貫く哲学者
アラン・バディウ（Alain Badiou）……… 229

新しくて伝統的な創造力を持つファッション・デザイナー
ジャン＝シャルル・ド・カステルバジャック（Jean-Charles de Castelbajac）……… 230

サルコジと敵対し、アメリカと対立した元首相
ドミニク・ドヴィルパン（Dominique de Villepin）……… 231

サッカーW杯一大会あたり最多得点を記録したレジェンド
ジュスト・フォンテーヌ（Just Fontaine）……… 233

フレンチ・コメディの担い手となった大物俳優
ミシェル・ガラブリュ（Michel Galabru）……… 234

都市解説　カサブランカ（Casablanca）……… 235

フランスを代表するコメディ映画に多数出演した俳優
ローラン・ジロー（Roland Giraud）……… 236

重要省庁を任されたフランス史上初の女性政治家
エリザベート・ギグー（Elisabeth Guigou）……… 237

反植民地主義から反イスラムに転じたマグレブ専門の地理学者
イヴ・ラコスト（Yves Lacoste）……… 238

都市解説　ラバト（Rabat）……… 239
都市解説　マラケシュ（Marrakech）……… 239

大統領選挙に2回出馬した、メディア批判に明け暮れる左翼政治家
ジャン＝リュック・メランション（Jean-Luc Mélenchon）……… 240

都市解説　タンジェ（Tanger）……… 241

ロシア革命時にコートダジュールに亡命してきたウクライナの貴族を母に持つ女優
マーシャ・メリル（Macha Méril）……… 242

ジブラルタル出身のイギリス人の父親、アンダルシア出身のユダヤ人の母親を持つ作曲家
モーリス・オハナ（Maurice Ohana）……… 244

日本でも訳書が出るほどの人気小説や児童文学、漫画の脚本を書いた文筆家
ダニエル・ペナック（Daniel Pennac）……… 245

ナタリー・ポートマンや広末涼子と共演した、ドラえもんから殺し屋まで演じる国際的大スター
ジャン・レノ（Jean Reno）……… 246

アメリカやイギリスの音楽に影響を受けたフランス音楽シーンの巨匠
アラン・スーション（Alain Souchon）……… 248

👣 チュニジア生まれ ——— 249

アルジェリア独立戦争中に起きた未解決の「オーダン事件」の被害者
モーリス・オーダン（Maurice Audin） ——— 250

婦人服ブランドから男性向け香水を大ヒットさせたデザイナー
ロリス・アザロ（Loris Azzaro） ——— 252

優しそうに見えるけれども「ドン・バルトローネ」と呼ばれる政治家
クロード・バルトローヌ（Claude Bartolone） ——— 253

自分の出自を題材にしたり、出自に苦しんだりしたコメディアン
ミシェル・ブジュナー（Michel Boujenah） ——— 254

チュニジアとイタリアとフランスを出自に持つ大女優
クラウディア・カルディナーレ（Claudia Cardinale） ——— 255

ハイジャック未遂で射殺された妻を持つセザール賞創設者
ジョルジュ・クラヴェンヌ（Georges Cravenne） ——— 256

同性愛を公表した数少ない政治家でパリの元市長
ベルトラン・ドラノエ（Bertrand Delanoë） ——— 257

都市解説　チュニス（Tunis） ——— 258

ドーヴィル・アメリカ映画祭、コニャック国際ミステリー映画祭発起人
アンドレ・アリミ（André Halimi） ——— 259

ラッセル法廷、「343人の宣言」、死刑廃止などで活躍するフェミニスト
ジゼル・アリミ（Gisèle Halimi） ——— 260

都市解説　スース（Sousse） ——— 261

ユダヤとアラブの文化の中で育ち、フランス語で活動する知識人
アルベール・メンミ（Albert Memmi） ——— 262

都市解説　スファックス（Sfax） ——— 263

ミッテランの元側近で、ルペンに密着取材したジャーナリスト
セルジュ・モアティ（Serge Moati） ——— 264

都市解説　カイルアン（Kairouan） ——— 265

第二次世界大戦やニューカレドニアの交渉で活躍した政治家
エドガール・ピサニ（Edgard Pisani） ——— 266

都市解説　ジェルバ島（Djerba） ——— 267

国民議会議長まで上り詰めつつもシラクに冷遇された実力派政治家
フィリップ・セガン（Philippe Séguin） ——— 268

テロで殺された『シャルリー・エブド』の著名風刺画家
ジョルジュ・ヴォランスキー（Georges Wolinski） ——— 270

ピエ・ノワール関連年表 ——— 272
ピエ・ノワールやマグレブをもっと知るための映画や文献 ——— 274
参考文献 ——— 275
あとがき ——— 286

フランスによるマスカラ（アルジェリア）征服のシーン 1836 年

はじめに

本書について

　本書はピエ・ノワール (pied-noir) と呼ばれる、主にアルジェリアで生まれたフランス人を紹介することを目的としている。アルジェリアは 1830 年にフランスに侵略され、1848 年に完全に征服された。侵略以降、アルジェリアで生まれたフランス人は多く、1962 年にアルジェリアが独立する頃には約 100 万人のフランス市民がいた。アルジェリアで生まれたフランス人の中には有名な俳優、実業家、デザイナー、歌手、政治家、軍人などが多数いる。ピエ・ノワールはフランス社会・アルジェリア社会のそれぞれに影響を与えたのみならず、アルジェリア独立戦争（1954 〜 1962）を機にフランス本土に移住した後もコミュニティを形成している。

　彼女ら・彼らに光を当てることは次の 2 点において重要だと考えられる。まず、日本では残念ながら、アルジェリア生まれのフランス人が多数いることが広く知られているとは言い難い。紹介していく一人ひとりの人生やコラムを通じ、アルジェリア生まれのフランス人がフランス社会・アルジェリア社会にもたらした影響を知る機会を本書が少しでも提供できたら幸いだ。次に、ピエ・ノワールに注目することで、本書がフランスとアルジェリアの歴史に対する理解を深める一助となれば喜ばしい。

　今まで、ピエ・ノワールやフランスとアル

フランスによるアルジェリア北部の地図　1854年

ジェリアの関係に注目した書籍は多数執筆されてきた。本書もそれらに大いに依拠している。だが、そうした書籍は外国語で出版されている。日本語で出版されているものもあるが、それらはしばしば学術書であり、ピエ・ノワールの存在を読者に届ける、というよりも、特定の研究課題を取り上げたものが多いように思う。社会科学の研究蓄積を踏襲した上で、列伝という読みやすい形式をとり、多くの読者の関心を惹くであろうエピソードを紹介することで、フランス現代史の一つの側面を読者にお見せしたい。

　なお、本書ではピエ・ノワールとしてアルジェリア生まれの者以外にも、チュニジアとモロッコで生まれたヨーロッパ人を加えた。この3ヶ国はマグレブ地域を構成しており、チュニジアとモロッコはいずれもフランスの保護領として植民地支配下にあった。チュニジアは1881年から、モロッコは1912年から

フランスの支配下に置かれた。したがって、この3ヶ国で生まれたヨーロッパ人は少なくない。また、必ずしもフランス国籍の者だけを取り上げたわけではない。さらに、植民地化の過程でマグレブに移住した者だけではなく、フランスによる統治が始まる前からマグレブにいた先祖を持つユダヤ人も本書は紹介している。加えて、一般的には、独立時にマグレブからフランス本土に移住した者をピエ・ノワールと呼ぶが、本書では、独立を待たずして亡くなった者も含める。ピエ・ノワールが誰を指すのか、という点についてはついては後述するが、ピエ・ノワールを以上のように広義に捉えたのは、より多くの人物を紹介したいと考えたからである。そうすれば、マグレブ出身のヨーロッパ人の多様性を伝えることができるだろう。そのため、ピエ・ノワールである、という自己認識を持たない、あるいは、自分はピエ・ノワールではない、

フランスによるアフリカの地図　1854年

と認識している人物も採録している。個人のアイデンティティを最大限尊重するために、可能な限り、紹介している人物が自身のアイデンティティについてどう考えているのかを記した。

　本書で取り上げる人物の選定にはおそらく賛否があるだろう。知名度もしくは歴史的重要性が高ければ採録する、という基準を設けた。そのため、一般的には無名に近くても、歴史上重要な役割を持ったと考えられる人物を本書は複数紹介している。ここでいう歴史的重要性とは必ずしも、歴史を大きく揺るがした、という意味ではない。フランス統治下のアルジェリアの歴史を理解する上で重要なエピソードを有する者、という意味だ。たとえば、本書で紹介しているガブリエル・アボはフランス史において重要な役割を担った人物ではないが、アボ家の紹介はフランスによるアルジェリアの支配を理解する上で有益と

考える。ただし、知名度や歴史的重要性の高さの測定が厳密ではない点は断っておく必要があるだろう。また、資料の制約により、取り上げられなかった人物も少なからずいる。さらに、本書ではアルジェリアを軸として人物やコラムのテーマを決めているが、アルジェリア自体が本書の主たるテーマではないため、あくまでピエ・ノワールを理解するためのトピックをコラムで取り上げた。これらの点についてはお許しをいただきたい。

　最後に、本書が極めて論争的な題材を選んでいる点について触れておく。旧宗主国と旧植民地の歴史は、魅力的な文化的融合や興味深い人の移動の歴史であるとともに、苛烈な差別と凄まじい暴力の歴史だ。文化の変容や人の移動が差別や暴力そのものだった例も多数ある。アルジェリアに限定していえば、21世紀に入っても、フランスによる植民地支配の清算は充分に行われておらず、植民地支配

Avant-propos　11

アルジェリアをテーマにした挿絵入りの本　1844年

本書の表記について

　フランス語の固有名詞では、一般的と思われるカタカナ表記を採用した。そのため、フランス語の発音に最も忠実とは必ずしもいえないものもある。読者が持っている知識と合致する表記の方が望ましく、また、読者がさらなる調査を行えるようにすることが好ましいと考えたからだ。さらに、原語でハイフンが入っている場合は「＝」を使用し、ハイフンがない場合は「・」を使用する原則に従っている。ただし、この原則に基づけば「ド・ゴール」や「ル・ペン」などといった一般的ではない表記を採用することになるため、一部の固有名詞ではこの原則に則らず、より多くの読者に馴染みあると思われる表記を取り入れている。

　アラビア語の固有名詞に関しては、筆者の知識がないため、日本語の論文や書籍、外務省、ウィキペディアが採用しているカタカナ表記を参考にした。地名に関してはGoogleマップで示されている表記も参照した。また、複数の表記が存在する場合は、多くの読者に共有されていると思しき、新聞などで頻出する表記を採用した。

　その他に、組織名など定訳が存在する語句に関しては、固有名詞と同様に、一般的と思われるものを採用した。また、場合によっては原語を併記した。

ピエ・ノワールとは誰か？
―呼称と範囲の問題―

　アルジェリアの独立戦争を機にアルジェリアからフランス本土に移住した人は100万以上に上る。その内60万以上は、独立戦争の最後の年である1962年に移動している。アルジェリア解放から40年経った2002年にはアルジェリアからフランスに、のちに詳述するように「帰還」した、と認められた者が

をどう記憶するのか、という問題が二国間関係を悪化させたこともある。また、フランス社会の中でも、マグレブ出身の移民とピエ・ノワールが異なる経験を持ち、異なる記憶を有しつつ、隣人として暮らしているが、両者の間に対立がないとは言い難い。植民地支配が終わっても、その経験が作った人々の間の深い亀裂が鮮明に残っていることは多々ある。そのため、本書は植民地支配の当事者やその子孫らが和解できることを願うものである。すなわち、植民地支配がもたらした文化的影響などに目を向けつつ、当時行われたあらゆる差別や暴力から目を背けず、フランスによるアルジェリアの植民地支配とその帰結として生じた独立戦争がいかなるものだったのかを、ピエ・ノワールの紹介を通じて読者にお届けしたい。

ナポレオン三世によるアルジェのカスバの訪問 1860 年代

96 万 9466 人いた。ちなみに、この年は、モロッコからは 26 万 3642 人、チュニジアからは 18 万 223 人、サハラ以南のアフリカとマダガスカルからは 1 万 5747 人、インドシナ（ベトナム、ラオス、カンボジア）からは 4 万 4164 人、エジプトからは 7307 人、ジブチ、コモロおよびバヌアツからは 2771 人の帰還者 (rapatrié) がいた。帰還者の合計は 148 万 3321 人、約 42 万 5000 世帯に及ぶ。そのうち 95% が北アフリカからの者で、全体の 3 分の 2 がアルジェリアからの者だ。そのため、半分以上の帰還者が 1962 年から 1963 年の間に本土に移住した。いかに帰還者の中でも、北アフリカ、とりわけアルジェリアから移住した者が多いかが分かる。

ところで、帰還 (rapatriement) や帰還者に言及してきたが、本書で取り上げる人々は法的に「帰還者」と呼ばれ、一般的には「ピエ・ノワール」と呼称されるが、フランス本土に移動する前の植民地支配下では「アルジェリア在住フランス人 (Français d'Algérie)」などと呼ばれていた。すなわち、同じ人を指し示すために複数の呼称が存在する。さらに、ピエ・ノワールをめぐる問題を複雑にしているのはそれぞれの呼称の意味範囲だ。たとえば、ピエ・ノワールという呼称は多義的で、指し示す人の範囲はあいまいだ。以下では、それぞれの呼称とその範囲に関する学術研究における知見や当事者の主張などを紹介する。

ピエ・ノワールとは直訳すれば「黒い足」であり、日常会話の中で「彼女は／彼はピエ・ノワールだ」などといった形で、人の出自に言及する際に用いる言葉である。言葉の起源

フランスによる支配の100周年を祝う「アルジェリア100周年記念」のポスター　1929年

には諸説あり、1830年にアルジェリアに上陸したフランス軍の靴が黒かったことが起源だと一般的には理解されているが、異論を唱える者もいる。自身がピエ・ノワールで、ピエ・ノワール研究を行ってきたジャン＝ジャック・ジョルディ (Jean-Jacques Jordi) は、アルジェリアの先住民はフランス軍や入植者を指す独自の単語を持っており、先住民がフランス語の言葉を彼らにあてる必要性はなかったはずだとして、フランス軍の黒い靴に起源を持つという説を否定している。おそらく、1930年代から1950年代にかけてモロッコに住むヨーロッパ系住民を「ピエ・ノワール」は指す言葉だったと思われる。ただし、ピエ・ノワールはアルジェリアの内陸地方に住むアラブ人をかつては指す際にも使用された言葉である。ゆえに、この言葉は当初は多様な意味で使用されていたが、アルジェリア独立戦争後は広くヨーロッパ系の住民でフランス本土に移住した者を指すようになったといえる。

　この言葉で指し示される人々は明確ではない。エマニュエル・コンタ (Emmanuelle Comtat) は、アルジェリアに在住していたヨーロッパ人、すなわちフランス人、スペイン人、イタリア人などと、スペインから来たセファルディムのユダヤ人や、ベルベル人のユダヤ人で、アルジェリア解放時にフランス本土に移住した者をピエ・ノワールと呼んでいる。マグレブ地域におけるユダヤ人の歴史は長く、バンジャマン・ストラ (Benjamin Stora) によれば、ヘブライ人がすでに紀元前11世紀には移住していた。ジャン＝ジャック・ジョルディもセファラディムを「ユダヤ系ピエ・ノワール」として認めている。ただし、セファルディムのアルジェリアにおける歴史はフランスによる侵略よりもはるかに古いうえ、少なくとも1870年までセファルディムは法律上フランス国籍でありながら、フランス市民権を持たない「原住民」(indigène) とされたため、アルジェリアに住むヨーロッパ系住民とは多くの点で異なる経験をしたことに留意するべきだ、とジョルディは指摘している。

　また、チュニジアとモロッコに在住していたヨーロッパ系住民をピエ・ノワールに含めるかという問いにも議論の余地はある。ジョルディは、チュニジア、アルジェリア、モロッコの3ヶ国において、ヨーロッパ系住民の割合や移動の歴史が異なる、と論じている。そのため、こうした異なる地域に住んでいた住民を一括りにする一般的な言説や、チュニジアやモロッコで生活していたヨーロッパ系の人々がピエ・ノワールを自称することにジョルディは異論を唱えている。一方で、3ヶ国のヨーロッパ系住民に共通する点は、故郷からの移動、移動の際の状況、移動先の社会、

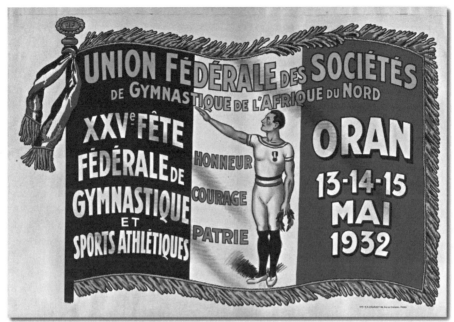

オランにおける北アフリカ体操協会の大会　1932年

すなわちフランス本土の社会との関係、そして、本土の人々が移動してきた人に対して持っている認識だとジョルディは論じている。

このように、ピエ・ノワールというカテゴリーに誰を含めるのか、という問題は極めて論争的であり、多くの場合あいまいな意味範囲でこの呼称は使用されている。

一方で、ピエ・ノワールたちを含める他の呼称も存在する。法的には「帰還者」と呼ばれる者がおり、1961年の法律では次のように定義されている。すなわち、帰還者とは「フランスの支配下、保護下、信託統治下にかつてあった領土に在住しており、政治的出来事により、その地を離れざるを得なくなった、もしくは、そのように判断したフランス人」である（loi no.61-1439 du 26 décembre 1961, art. 1er.）。この定義に基づけば、アルジェリア独立戦争でフランス軍の補充兵として戦った先住民でハルキ (harki) と呼ばれ、フランス本土に移住した者も帰還者となる（コラム「ハルキ」参照）。

ところが、植民地支配下ではムスリムの先住民は「フランス人ムスリム (Français musulman)」や「ムスリム原住民 (indigène musulman)」とされ、ヨーロッパ系住民の「アルジェリア在住フランス人」や「アルジェリア在住ヨーロッパ人 (Européen d'Algérie)」とは区別されていた。1865年の元老院令は、「ムスリム原住民はフランス人である。ただし、引き続きイスラム法の支配下にあることとする。（中略）ムスリム原住民は、申請によりフランス市民の権利を享受することが認められ得る。その場合は、フランスの市民的および政治的法律の支配下に置かれる」と定めており、フランス市民権を「帰

ドイツ人捕虜を先導するアルジェリア人のフランス兵　1914年

化 (naturalisation)」により取得することは可能だった (Sénatus-Consulte du 5 juillet 1865, art. 1er.)。しかし、帰化前はイスラム法の支配下にあっても帰化後はフランス法に従うことが条文では規定され、「コーランの規定する個人の生活に関わる諸習慣の放棄」が求められた。ムスリムとしての身分を保持したいと考える多くの者が帰化を申請しなかったため、1865年から1962年までの間に帰化を行ったムスリムは約7000名にとどまった。より詳しく説明すれば、ここでいうムスリムとは必ずしも個人の信条とは関係なく、数少ないキリスト教に改宗した者も自動的にフランスの市民権を取得できたわけではなかったため、1865年の元老院令第1条に基づく申請を行わなければならなった。行政は、ムスリムの出自を持つ者は「原住民」としてイスラム法の支配下にあり、改宗は法的身分を直ちに変更するものではないとみなしていた。一方で、同元老院令第3条は「3年間にわたるアルジェリアにおける滞在を証明することに

より、外国人はフランス市民の権利を享受することが認められ得る」とのみ定めており、アルジェリアのムスリムの先住民よりも、のちに入植したイタリア人、スペイン人やマルタ人の方が容易にフランス市民権を取得し、「アルジェリア在住フランス人」の身分を得られた。さらに、1889年にはフランス生まれの親の子供にフランス国籍を与えるという出生地主義に則った法律が制定され、アルジェリア生まれのヨーロッパ系住民の子供はフランス国籍を自動的に取得できるようになった。ただし、これは国籍取得の条件緩和による権利の拡大というよりも、人口減とそれに伴う兵力の低下を恐れた政府がより多くの兵士を動員できるようにした結果である。

ユダヤ人に関しては、同元老院令第2条でムスリムに関するものとほぼ同じ内容の規定がある。なお、1870年のクレミュー政令によりユダヤ人はフランス市民権を得られた。そのため、アルジェリアのユダヤ人とムスリムの間には法律上の大きな違いがあったとい

える。ただし、1940年にヴィシー政権が生まれると、クレミュー政令は廃止された。

したがって、ムスリムは過酷な差別に遭っていたといえる。ユダヤ人コミュニティも出自に基づき権利を付与されたり、剥奪されたりし、それぞれの時代の法制度により生活を大きく左右された。

しかも、「原住民」に対する差別は市民権の有無にとどまらなかった。なぜならば、「原住民」とされた人々はいわゆる「原住民法 (code de l'indigénat)」、つまりフランス市民に適用されない取り締まりや罰則を規定する「特殊」な司法の支配下に置かれたからである。なお、「法典 (code)」と一般的に呼ばれているが、原住民法は一つの法典ではなく、「原住民」にのみ適用される法律の総称である。

こうした差別は「原住民」と「アルジェリア在住フランス人」という同じ国籍を持った国民のカテゴリーを固定化し、国民の間の分断を維持した。さらに、「原住民」のムスリムをイスラム法の支配下に置くと定めながらも、「原住民」を対象とした独自の抑圧的な法制度を整備したフランス政府の行動は欺瞞に満ちていたといえよう。付け加えれば、1865年の元老院令第1条第2項に基づき、政府はフランス人である「原住民」を兵士として動員することができた。つまり、「原住民」はアルジェリアで市民権を取得することが困難でありながら、特殊な司法制度による取り締まりおよび抑圧にさらされ、国の兵力として動員された場合には応じなければならない、という法制度上の差別を受けた。

以上に鑑みれば、「帰還者」という呼称は現代の法律上のくくりであり、植民地支配下における法律上のくくりとは大きく異なる。ところで、ハルキになった「フランス人ムスリム」や、のちにピエ・ノワールと呼ばれるようになった「アルジェリア在住フランス人」は、多くの場合、代々アルジェリアに住んでおり、異なる法的身分でありながら、アルジェリアで生まれ育った点に共通点がある。そのため、「帰還」という語を不正確あるいは不適切と考える当事者は少なくない。たとえば、ピエ・ノワールの市民団体「アルジェリアニストの会 (Cercle Algérianiste)」の代表だったモーリス・カルマン (Maurice Calmein) は「押し付けられた『帰還者』というレッテルを我々はほぼ全員一致で拒絶する」と述べている。

「帰還者」という呼称を拒絶するとなれば、アルジェリアのヨーロッパ系住民は自らをどのように認識していたのだろうか。カルマンは「アルジェリア在住フランス人」という呼称は適切であるものの、「アルジェリアに根差していること」を充分に反映しておらず、単なる「『植民地』に住んでいたフランス人とみなす」点に問題があるとしている。アルジェリアに住んでいたヨーロッパ系の人々は、当時は「アルジェリア人」(algérien) という呼称で自己を認識していたが、この表現はアルジェリア解放後にアルジェリア国籍者を指すようになった。そのため、現在はフランス本土に移住したヨーロッパ系住民を「アルジェリア人」と呼ぶことはない。ピエ・ノワールという呼称が1962年頃から広く使用されるようになると、当初は蔑んだ呼び方だったにもかかわらず、本土に移住した者たちは自らをピエ・ノワールと呼ぶようになる。「アルジェリア人」や「アルジェリア在住フランス人」という呼び方に代わって、適切な呼び方を必要とした当事者たちはピエ・ノワールという呼称を受け入れたのである。カルマンも「ピエ・ノワールであることを我々は誇りに思っている」と認めている。ただしカルマンは、ムスリムや本土生まれでピエ・

ノワールの考えを共有する者を含めるために「フランス語話者アルジェリア人 (Algérien d'expression française)」という呼称を最も適切な表現として提案している。だが、この呼称は全く普及しておらず、現在の「アルジェリアニストの会」のホームページでも全く使用されていない。

結局、「アルジェリアニストの会」の当事者たちは「ピエ・ノワール」を自称している。さらに、フランス領だったアルジェリアに対し懐古的な立場の「アルジェリアニストの会」とは対称的に、植民地支配の反省やアルジェリアとの対話を重視する市民団体の「進歩的ピエ・ノワールとその友の全国団体 (Association Nationale des Pieds Noirs Progressistes et leurs amis)」も「ピエ・ノワール」という呼称を受け入れている。

参考文献

Association Nationale des Pieds Noirs Progressistes et leurs amis, http://www.anpnpa.org/

Calmein, Maurice. « Appellation contrôlée », *L'Algérianiste, bulletin d'idées et d'information, numéro spécial,* 1977.

Comtat, Emmanuelle. *Les pieds-noirs et la politique : quarante ans après le retour,* Presses de la Fondation Nationale des Sciences Politiques, 2009.

Diefenbacher, Michel. *Parachever l'effort de solidarité nationale envers les rapatriés : promouvoir l'œuvre collective de la France outre-mer,* 2003.

Jordi, Jean-Jacques. *Les Pieds-Noirs,* Le Cavalier Bleu, 2009.

Moumen, Abderahmen. « De l'Algérie à la France. Les conditions de départ et d'accueil des rapatriés, pieds-noirs et harkis en 1962 », *Matériaux pour l'histoire de notre temps,* no.99, 2010.

Sartor, J-E. *De la naturalisation en Algérie (Sénatus-Consulte du 5 juillet 1865) : musulmans, israélites, européens,* Retaux Frères, 1865.

Stora, Benjamin. *Les trois exils Juifs d'Algérie,* Stock, 2006.

Merle, Isabelle. « De la « légalisation » de la violence en contexte colonial. Le régime de l'indigénat en question », *Politix,* vol.17, no.66, 2004.

Weil, Patrick. « Histoire et mémoire des discriminations en matière de nationalité française », *Vingtième siècle : Revue d'histoire,* no.84, 2004.

宮島喬『一にして多のヨーロッパ —— 統合のゆくえを問う ——』勁草書房、2010年。

付記

本節は筆者の以下の博士学位申請論文の一部を加筆・修正したものである。

大嶋えり子「フランスにおけるアルジェリアの記憶の公的承認——1990年代以降の移民統合および国民的結合を促進する政策の観点から——」博士学位申請論文、早稲田大学、2017年。

アルジェリア民主人民共和国の概要	
大陸	アフリカ
首都	アルジェ
体制	共和制。二院制を採用。
独立	1962年
面積	238万平方キロメートル（アフリカ大陸で最大、世界10位）
隣接国	かつてフランスの保護領だったモロッコとチュニジアに加え、リビア、マリ、モーリタニア、ニジェール、西サハラ
資源	石油、天然ガス、鉄鉱石、リン鉱石、ウラン、鉛、亜鉛
気候	地中海沿岸と南部で気候が分かれる。北部の冬は穏やかだが、雪が降ることもあり、四季がある。南部は砂漠気候で、冬季でも気温は高く乾燥している。
人口	3950万人
人口構成	アラブ人約80％、ベルベル人約19％、ヨーロッパ系やその他約1％
言語	アラビア語（公用語、国語）、ベルベル語（国語）、フランス語（公用語や国語ではないが、多くの話者がいる）
宗教	イスラム教スンニ派約99％、キリスト教・ユダヤ教・その他1％以下（2012年推定）
人口の中位年齢	27.5歳
出生率	女性一人あたり2.78人
平均寿命	76.59歳
15歳以上の人口の識字率	80.2％
GDP（国内総生産）	1590億米ドル（世界55位）（2017年）
1人当たりのGDP（国内総生産）	3901米ドル（世界110位）（2017年）
主要産業	石油・天然ガス関連産業、小麦、大麦、ブドウ、オリーブ、柑橘類、羊、牛、食品加工

※特筆を除いて、各統計については2015年推定。

モロッコ王国の概要	
大陸	アフリカ
首都	ラバト
独立	1956年
体制	立憲君主制。二院制を採用
面積	44.6万平方キロメートル
隣接国	かつてフランスの植民地だったアルジェリア、スペイン（スペインの飛び地であるセウタ、メリリャとそれぞれ隣接）。（西サハラを除く）
資源	鉄鉱石、リン鉱石、鉛、亜鉛、塩、マンガン
気候	地中海性気候で四季があり、山地では冬に雪が降ることもある
人口	3392万人
人口構成	アラブ人約65％、ベルベル人約30％、その他約5％
言語	アラビア語（公用語）、ベルベル語（公用語）、フランス語
宗教	イスラム教スンニ派約99％、キリスト教・ユダヤ教・バハーイー教・その他約1％
人口の中位年齢	28.5歳
出生率	女性一人あたり2.13人
平均寿命	76.71歳
15歳以上の人口の識字率	68.5％
GDP（国内総生産）	1030億米ドル（世界60位）（2017年）
1人当たりのGDP（国内総生産）	3004米ドル（世界127位）（2017年）
主要産業	小麦、大麦、ジャガイモ、トマト、オリーブ、柑橘類、メロン、水産業（タコ、イカ、鰯）、鉱業、繊維、皮革製品、食品加工、自動車、自動車部品、電子部品、航空部品、観光業

※特筆を除いて、各統計については2015年推定。

チュニジア共和国の概要

大陸	アフリカ
首都	チュニス
独立	1956年
体制	共和制。一院制を採用
面積	16.3万平方キロメートル
隣接国	リビアと、かつてフランスの植民地だったアルジェリア
資源	石油、鉄鉱石、リン鉱石、鉛、亜鉛、塩
気候	冬は穏やかな気温。夏は気温がとても高く、湿度が低い。
人口	1103万人
人口構成	アラブ人約98%、ヨーロッパ系約1%、ユダヤ人やその他約1%
言語	アラビア語（公用語）、フランス語（人口の約3分の2が話者）、ベルベル語
宗教	イスラム教スンニ派約99%、キリスト教・ユダヤ教・イスラム教シーア派・バハーイー教・その他約1%
人口の中位年齢	31.9歳
出生率	女性一人あたり1.99人
平均寿命	75.89歳
15歳以上の人口の識字率	81.8%
GDP（国内総生産）	420億米ドル（世界87位）（2017年）
1人当たりのGDP（国内総生産）	3748米ドル（世界113位）（2017年）
主要産業	観光業、情報通信産業、繊維、機械部品、電機部品、リン鉱石、食品加工、小麦・大麦・柑橘類・オリーブ・なつめやし

※特筆を除いて、各統計については2015年推定。

フランス共和国の概要	
大陸	大陸＝本土はヨーロッパ、フランス領ギアナは南米大陸、グアドループとマルティニークは北米大陸、マヨットとレユニオンはアフリカ。以上は本土および海外地域圏・県のみ。これらの他に海外準県、特別共同体（ニューカレドニア）などがある
首都	パリ
体制	共和制。二院制を採用
面積	64万平方キロメートル（海外地域圏・県を含む）、55万平方キロメートル（本土のみ）
隣接国	本土はアンドラ、ベルギー、ドイツ、イタリア、ルクセンブルク、モナコ、スペイン、スイスと隣接。フランス領ギアナはブラジルとスリナムと隣接)
資源	石炭、鉄鉱石、亜鉛、ウラン、ヒ素、木材（本土のみ）
気候	冬は寒く、夏は比較的穏やかな気温（本土のみ）
人口	6281万人(本土のみ)、6655万人(本土および海外地域圏・県)
人口構成	ケルト民族・ラテン民族、アラブ人、アフリカ出身者、ゲルマン系、スラブ民族、北米系、インドシナ出身者、バスク人など（本土のみ）
言語	フランス語（公用語）。本土でブルトン語、アルザス語、バスク語、コルシカ語、カタルーニャ語などの地域語は話者が減少中。海外地域圏・県などではフランス語に加えてクレオール語など。
宗教	キリスト教約65％、イスラム教約8％、その他ユダヤ教・仏教など約7％
人口の中位年齢	41.1歳
出生率	女性一人あたり2.08人
平均寿命	81.75歳
識字率	約99％
GDP（国内総生産）	2兆4660億米ドル（世界6位）（2017年）
1人当たりのGDP(国内総生産)	38177米ドル（世界24位）（2017年）
主要産業	小麦、自動車製造、冶金、航空機製造、電子機器、繊維、食品加工、観光業

※特筆を除いて、各統計については2015年推定。

用語解説

国民戦線 (Front National, FN)
1972年に設立されたフランスの極右政党。結党当時は、ホロコースト否定論者や対独協力を懐古する者、アルジェリアの独立を暴力により阻止しようとした秘密軍事組織 (OAS) の元メンバーなどが反共、反ドゴールを掲げていた（用語解説「シャルル・ドゴール」、コラム「アルジェリア独立戦争中のテロリズム—秘密軍事組織（OAS）」参照）。近年では反移民、反EUが主張の中心となっている。初代党首はジャン=マリー・ルペン (Jean-Marie Le Pen)。2011年1月に娘のマリーヌ・ルペン (Marine Le Pen) が父親から党首の座を引き継いだ。

セザール賞 (César)
米アカデミー賞に相当するフランス映画の最高権威の賞である。1974年に「映画美術技術アカデミー (Académie des Arts et Techniques du Cinéma)」をジョルジュ・クラヴェンヌ (Georges Cravenne) が創設し、1976年から毎年セザール賞授賞式が行われている。「セザール」という名称はトロフィーを制作した彫刻家のセザール・バルダッチーニ (César Baldaccini) にちなんでいる。

国立行政学院 (Ecole Nationale d'Administration, ENA)
1945年に、官僚機構の改革を行うべく開学した官僚養成の高等教育機関である。一般的に「エナ (ENA)」と呼ばれ、卒業生は「エナルク (Enarque)」と呼ばれる。大統領を務めたジャック・シラク (Jacques Chirac) やフランソワ・オランド (François Hollande) をはじめ、多くの政治家はエナルクである。毎年約100名の卒業生を輩出している。

フランソワ・ミッテラン (François Mitterrand) (1916-1996)
フランスの元大統領（1981-1995）。第二次世界大戦では捕虜となり、脱走後はレジスタンスに加わり地下活動を行った（用語解説「レジスタンス」参照）。国民議会議員などの職を経て、アルジェリア独立戦争の初期には内務大臣、そして司法大臣を務めた。1958年に開始した第五共和政下では1965年に大統領選挙に初出馬した。複数回の出馬を経て、1981年に大統領選挙でついに当選し、1988年に現職として再選を果たした。大統領時代の大きな功績として国民の大半が死刑制度を肯定していた中で死刑廃止を実現したことが挙げられる。

シャルル・ドゴール (Charles de Gaulle) (1890-1970)
ナチス・ドイツに対抗するレジスタンスのシンボルであり、第五共和政の父。名門サン=シール陸軍士官学校を卒業した職業軍人である。1940年6月16日にフランス政府が休戦協定をナチス・ドイツと結ぼうとしていることを知り、18日にイギリスのラジオBBCを通じていわゆる「6月18日の呼びかけ」をフランス国民に宛てた。休戦を受け入れずに戦いを続けるよう呼びかけた、レジスタンスの礎となった演説である。第二次世界大戦後に第四共和政が制定されたが、アルジェリア独立戦争に充分に対応できない制度上の問題をはらんでいると考えたルネ・コティ大統領 (René Coty) は1958年6月にドゴールを首相に任命し、アルジェリア問題の打開を託した。その結果、ドゴールは全権委任を受け、新たな憲法の策定に取りかかった。1958年9月28日の国民投票で賛成票多数

で新憲法は是認され、第五共和政は樹立された。ドゴールの第五共和政下の政治は、アルジェリア独立戦争の終結、レガーヌにおける核実験、NATO（北大西洋条約機構）の軍事機構からの脱退などに特徴づけられた。

ベルベル人・カビール人

アルジェリアにはアラブ人以外にベルベル語を話すベルベル人が住んでおり、人口の約30％と言われている。そのうち約半分がカビール人である。植民地支配下ではアラブとベルベルを「分割統治」する政策をフランス政府が取り、ベルベル人の中でもカビール人の先祖はキリスト教徒やガリア人であり、そのためフランス人への同化が可能だという「カビール神話」は作られた。こうした政策はアラブ人とカビール人の間に対立を生んだ。なお、フランス語習得が比較的成功し、もともと貧しい山岳地に集住していたことから、フランス統治下で本土に渡ったカビール人は多い。サッカー選手のジネディーヌ・ジダン (Zinedine Zidane) の両親や、女優沢尻エリカの母親はカビール人である。

なお、「ベルベル」は侵略者が「野蛮人」と先住民を呼んだことに起源を持ち、蔑視の意味合いを持つ外名であるため、「アマズィグ人」を自称する者もいる。ただし、日本語やフランス語で書かれたベルベル文化やベルベル語（あるいはタマジクト語）の研究ではより一般的で認知度の高い「ベルベル」の形容を使用していることが多い。また、ベルベル人はアラブ人による侵略やイスラム化以前から北アフリカに住んでおり、独自の言語や習慣を持っている。一方で、アルジェリア独立後には政府からの抑圧により、ベルベル語はアラビア語の地域語と同様に学校教育から排除された。その反動でベルベル文化への回帰、すなわち、アラビア語の名前ではなく、ベルベル語の名前を子供につける、などといった現象が見受けられるようになった。ベルベル語はティフィナグ文字という独自の文字を使用している。「アルジェリア」とティフィナグ文字で書くと ⵍⵣⵣⴰⵢⵔ となる。

343人の宣言 (Le manifeste des 343)

1971年4月5日に発売されたヌーヴェル・オブセルヴァトゥール誌 (Le Nouvel Observateur) に掲載された妊娠中絶の合法化を求める文書。妊娠中絶が合法化されていないフランスで「私は中絶経験があることを明言します」と書かれており、「子供がほしかったら作る」こと、「身体の自由」などを主張している。多くの有名人が署名した文書だ。

フランス領アルジェリア (Algérie Française)

一般的には次の二つの意味で用いられる。第一に、「フランス領アルジェリア」は歴史的な実態として、フランス統治下のアルジェリアを指す。第二に、アルジェリア独立戦争時およびアルジェリア独立後には、フランスの植民地支配を懐古し、肯定的に捉える立場を意味する。たとえば「フランス領アルジェリアの支持者 (partisan de l'Algérie Française)」などのように使われる。

フランス本土 (France métropolitaine)

アルジェリアや他のマグレブの国が独立したあとも使用されている、ヨーロッパ大陸に位置するフランスの領土を指す言葉。現在では、海外県・海外領土との区別を行う際に使用する。具体的には六角形の領土にコルシカを加えた地域を指す。

レジスタンス (Résistance)

1940年6月にフランスはナチス・ドイツに

早々に敗れ、ドイツに占領された。フランスの敗北を認めなかった抵抗運動がレジスタンスである。代表的な組織はドゴールが率いた自由フランス (France Libre) である。レジスタンスで活動を行った者はレジスタン (résistant) と呼ばれ、フランスでは英雄視されている。

ヴィシー政権 (Gouvernement de Vichy)
1940年6月にフランスがナチス・ドイツに早々に敗れ、ドイツのイギリスに対する勝利を予想し、対独協力に踏み切ったフランスの政策。拠点がヴィシーであったため、ヴィシー政権と呼ばれている。

ペタン元帥 (Maréchal Pétain) (1856-1951)
サン=シール陸軍士官学校の卒業生で、第一次世界大戦で活躍した軍人。第一次世界大戦におけるフランスの勝利の立役者である一方で、ヴィシー政権を率いた人物として有名である。とりわけ、ヴィシー政権下で「労働、家族、祖国 (travail, famille, patrie)」を標語とした「国民革命 (Révolution Nationale)」を実施し、ユダヤ人の迫害に携わったことは、戦後におけるペタンのイメージを悪くした。1945年7月に逮捕され、死刑宣告を受けたが、ドゴールが刑の減軽を認め、終身刑に処された。

レジオン・ドヌール (Légion d'honneur)
1802年にナポレオンが創設した勲章。

バカロレア (Baccalauréat)
1808年にナポレオンが創設した、中等教育の修了および高等教育への進学に必要な国家試験。現在でも改革を重ねているが存続している制度。

社会党 (Parti Socialiste, PS)
1971年にフランス社会党（労働インターナショナル・フランス支部）(Section française de l'Internationale ouvrière, SFIO) および複数の政党の合併によって生まれた左派政党。フランソワ・ミッテランとフランソワ・オランドを大統領として輩出している。

フランス共産党
(Parti Communiste Français, PCF)
1920年に結成された政党。戦間期にファシズムと闘い、第二次世界大戦中は地下活動に追い込まれた。レジスタンス活動における中心的役割などにより戦後は得票率を伸ばした。だが、1980年以降は選挙で低迷し、社会党と協力し、変革を試みたが、戦後の躍進とは比べ物にならない凋落を見せた。2009年にはジャン=リュック・メランション (Jean-Luc Mélenchon) の左翼党 (Parti de Gauche) とともに左派戦線 (Front de Gauche) という政党連合を結成したが、その後2017年の大統領選挙における方針の違いから左派戦線は解散した。そのため、フランス共産党にとって存在感を示すことが難しくなってきている。

フランス民主連合
(Union pour la Démocratie Française, UDF)
1978年にヴァレリー・ジスカール・デスタン大統領 (Valéry Giscard d'Estain) を中心として結成されたフランスの中道右派政党。1981年の大統領選挙でジスカール・デスタンが再選されなかったため、UDF は RPR と手を組み、社会党のフランソワ・ミッテランが大統領を務める中で、1986年の総選挙で連立与党にまで上り詰め、複数の閣僚を輩出した。2007年には民主運動 (Mouvement Démocrate, Modem) へと名称を改めた。

共和国連合
 (Rassemblement Pour la République, RPR)
1976年にドゴール派を掲げたジャック・シラクを中心に結成された政党。与党を複数回経験した。2002年に右派と中道右派をまとめるべく、UMPへと改組した。

国民運動連合
(Union pour un Mouvement Populaire, UMP)、共和党 (Les Républicains, LR)
RPRを前身とする右派政党。2002年結党当初は大統領多数派連合 (Union pour la Majorité Présidentielle, UMP) という名称だったが、大統領選挙で同党のシラクが当選し、大統領多数派を形成するための政党という位置づけが不要になったため、同年11月に国民運動連合に改称した。2004年にニコラ・サルコジ（Nicolas Sarkozy）が党代表に就任し、2007年には大統領選挙で勝利した。だが、2012年の大統領選挙でサルコジがフランソワ・オランドに敗れ、UMPは野党へと転落した。再起を目指し2015年5月に共和党へと改称した。

コンセルヴァトワール (Conservatoire)
教育機関に与えられる名称。多くの場合、音楽関連の機関や施設。

ゴンクール賞 (Prix Goncourt)
作家のエドモン・ド・ゴンクール (Edmond de Goncourt) の遺志により創設されたフランス最高峰の文学賞。10名の作家が審査員を務め、パリのドルアン (Drouant) というレストランで審議し、毎年受賞作品を決める。

高等師範学校 (Ecole Normale Supérieure, ENS)
中等教育および高等教育の教員を主に養成する難関校。自然科学・人文社会科学のいずれの専攻も用意している。多くの大物政治家やノーベル賞受賞者を輩出した。フランス人のフィールズ賞受賞者は全員高等師範学校出身である。

ALGÉRIE
アルジェリア

第三共和政の国民議会議員まで務めた
アルジェリアへの入植に尽力した名家の息子

ガブリエル・アボ
Gabriel Abbo
1883～1954

　ガブリエル・アボは1883年に、のちにアボと名付けられるボワ゠サクレ (Bois-Sacré、現・シディ・ダウー、Sidi Daoud) で生まれた。祖父と父親は、地中海に面し、ティージー・ウズー (Tizi Ouzou) の近くに位置する土地を開拓したことで知られる名士だ。

　祖父のアドラスト・アボ (Adraste Abbo) はイタリアとの国境と地中海の近くに位置するカステラール (Castellar) の市長だった。1871年にアドラストは土地を取得するためにアルジェリアを訪れた。当時は、アルジェリアで先住民による蜂起が生じており、先住民の運動を抑え込むためには入植が必要と考えられていた。アルザス (Alsace) とロレーヌ (Lorraine) 地方から、ドイツの占領を逃れるためにアルジェリアに入植した者も多かったが、人数が限られており、他の地域からの入植を促進する必要があった。そのため、当局はアルジェリアに移住する名士を支援することで、入植者を集めようとした。そこで、アドラストは自らが市長を務める自治体やその付近からアルジェリアに入植する家族を募る事業に乗り出したのだ。その結果、1872年にアルジェリアのボワ゠サクレに86の世帯が入植することになった。入植者の募集を行ったのはアドラストの息子で、ガブリエルの父親のレミュス (Rémus) だと思われる。

　この土地は無人ではなかった。約2000人の住民が9つの集落に分かれて居住している地だった。そこで、オリーブやイチジク、ブドウを栽培していた。つまり、先住民が所有していた土地の収用や買い取りにより、フランス人入植者の街は作られた。

　こうした事業の中、レミュスは1882年に結婚し、翌年にガブリエルが生まれた。ガブリエルの母親は1885年に亡くなっている。1886年から1914年までレミュスはボーヌ (Bône、現・アンナバ、Annaba) でドメーヌ・デュ・シャポー・ド・ジャンダルム (Domaine du Chapeau de Gendarme) というブドウの栽培地の経営を任された。同時期、アドラストは1898年に息子の住むボーヌで死亡した。1908年、ボワ゠サクレはアボに改称した。開拓者の名前が市の名前になったのだ。いかにこの土地がアボ家と深いつながりがあるかが分かる。1934年にはレミュスが亡くなった。亡くなる数年前にレジオン・ドヌールを受章していた。

　ガブリエルは第三共和政の下で、1921年から1924年までアルジェ選挙区選出の国民議会議員を務めた。その後はアルジェ県ブドウ生産者連盟の会長を務めた。1954年に祖父と父親が開拓した街で死亡した。

ドメーヌ・デュ・シャポー・ド・ジャンダルム
http://www.seybouse.info/seybouse/infos_diverses/mise_a_jour/maj94.html

フランスの有名実業家で
サッカー好きの眼鏡屋さん

アラン・アフルル
Alain Afflelou
1948〜

アラン・アフルルは1948年にオラン (Oran) の近くに位置するマスカラ（Mascara）で生まれた。アフルルの家庭は何世代も前からアルジェリアに住んでいたユダヤ人だった。父親のイザク (Isaac) は同じくオランの近くの都市シディ・ベル・アッベス (Sidi Bel Abbès) でパン屋を営んでいた。幼少期には、他のピエ・ノワール同様、家族で本土のヴィシー (Vichy) に湯治に出掛けて休みの期間を過ごした。

1962年のアルジェリア独立とともに、アフルルは14歳でフランス本土に渡り、最初はマルセイユ (Marseille) に居住するも、すぐにボルドー (Bordeaux) へ引っ越す。バカロレア取得後、パリで眼鏡技術者の資格をとり、1971年にはボルドーの医学部で補聴器技術者の資格を取得する。翌年には、24歳にしてボルドー近郊で自分の店舗を構える。1979年から、「アラン・アフルル」の名前で店舗をチェーン展開し、1985年には100店舗にまで拡大した。

眼鏡を売るためのコミュニケーションも卓越しており、1980年代半ばからは広告に自身が登場するようになった。そのため、アフルルの顔はフランス社会で広く知られるようになった。また、アフルルは1999年から"Tchin-Tchin"（乾杯の意）と称する革新的なサービスを開始した。1ユーロ多く払えば、追加で一本別の眼鏡が購入できるというものであり、このサービスは現在まで長く続いている、アフルル社を代表するサービスの一つとなった。

一方で、アフルル社はスポーツ・クラブのスポンサーとしても有名になった。1986年以降、アフルル社はサッカーにおいてはASモナコ (AS Monaco)、オランピック・マルセイユ (Olympique de Marseille)、パリ・サンジェルマン (Paris Saint-Germain) などのスポンサーを務め、本人は1991年から1996年まではFCジロンダン・ボルドー (FC Girondins de Bordeaux) の社長でもあった。

2013年、アフルル社は初めてアルジェリアに出店した。その際のインタビューで、アルジェにアフルルの店ができることを「とても象徴的」だと語った。

アフルルの店舗　https://media.afflelou.com

コルシカにルーツを持つフランス
民主連合副代表で国民議会議員

ピエール・アルベルティーニ
Pierre Albertini
1944 〜

ピエール・アルベルティーニは1944年にバトナ (Batna) というコンスタンティーヌ (Constantine) 近郊の内陸の街で生まれた。父親は本土のコルシカ (Corse) の出身で、母親はギリシャにルーツを持っていた。母親はアルジェリア滞在歴が長く、アラビア語を流暢に話した。彼は1962年10月28日にアルジェリアからオート＝ノルマンディー地域圏 (Haute-Normandie) のルーアン (Rouen) に到着した。それまで、パリを一度訪れたことはあったが、アルベルティーニにとってフランス本土といえば父の故郷であるコルシカだった。そのため、雨が降るノルマンディーの風景は新鮮だった。アルベルティーニはこの地域に留まることになる。

その後、アルベルティーニは公法の専門家としてキャリアを築き、ルーアン大学の教授になった。学者としてのキャリアを積みつつ、政治家としても積極的に活動した。1980年から2001年まで約20年にわたりモン＝サンテニャン (Mont-Saint-Aignan) というルーアンに隣接する街の市長を務めた。2001年にはルーアン市長に就任し、2008年までこの職を務めた。また、自治体の首長を務める傍ら、1993年から2007年まで国民議会議員を兼務した。立場としては中道保守であり、フランス民主連合 (Union pour la Démocratie Française, UDF) の副代表を務めた経験もある。国民議会議員およびルーアン市長を退任してからは、政党に属していない。

4人の子供がいる。妻は政治を嫌っており、全く公の場に出てこない。

著書 *La Crise de la loi : déclin ou mutation?*
（法の危機―衰退か、あるいは変化か？）

ドイツ軍の収容所で共産主義に目覚めた
構造主義マルクス主義の哲学界の大スター

ルイ・アルチュセール
Louis Althusser
1918～1990

アルチュセールは、1918年にビルマンドレイス（Birmendreïs、現・ビル・ムラッド・ライ、Bir Mourad Raïs）で生まれた。アルチュセールといえばマルクス主義を再解釈し、構造主義マルクス主義を提唱した20世紀を代表する哲学者の一人である。エティエンヌ・バリバール (Etienne Balibar) やジャック・ランシエール (Jacques Rancière) と著した『資本論を読む (Lire le Capital)』など多数の哲学書や、本人の死後出版された自伝『未来は長く続く (L'Avenir dure longtemps)』を残している。

母方はブルゴーニュ地方の貧しい家の出

母親はリュシエンヌ・ベルジェ (Lucienne Berger) という女性で、アルチュセールの母方の祖父母はブルゴーニュ地方 (Bourgogne) にあるモルヴァン (Morvan) という地域の出身である。貧しい祖父母は生計を立てるべく、新たな地における生活を検討した。祖父はマダガスカルへの移住を考えたが、遠すぎるという理由により祖母は反対し、結局二人はアルジェリアを移住先に決めた。新天地の辺鄙な場所で祖父は林務官の職に就いた。その後、戦争の勃発により、召集を受けた祖父はビルマンドレイスの営林署に勤務することとなった。それまでとは打って変わって、白人が多く住む都会の近くに居住することとなった。そこで祖父母はアルチュセール家に出会った。

戦死した婚約者の兄と結婚した母親

アルチュセール家はアルザス出身だった。普仏戦争の末、アルザスがドイツに占領されたため、アルジェリアに移住した。貧しかったため、のちに生まれるルイ・アルチュセールの父親となる長男のシャルル (Charles) は13歳から働き始めた。当初リュシエンヌが婚約していたのは長男ではなく、次男のルイ (Louis) とであった。婚約後、第一次世界大戦の勃発によってシャルルとルイは出征し、1917年にルイは戦死した。リュシエンヌの妹と婚約していたシャルルの申し出により、リュシエンヌはシャルルと結婚し、男児をもうけた。それが、ルイ・アルチュセールである。アルチュセールの自伝によれば、父親のシャルルは母親のリュシエンヌの肉体を痛めつけたり、彼女の貯蓄を使い切ったり、小学校の教員という職をリュシエンヌから奪ったり、と相当酷い態度をとる男性であった。

1932年にアルチュセール一家はフランス本土に渡る。父親は小学校卒業と高学歴ではなかったものの、銀行で出世し、アルジェ、マルセイユ、カサブランカ (Casablanca) そしてリヨン (Lyon) に住んだ。なお、母親を家庭に閉じ込める保守的な父親だったが、対独協力で有名なヴィシー政権下では銀行に勤めながらも体制に媚びることはしなかった。

ドイツ軍の捕虜となり、収容所で共産主義に目覚める

マルセイユの高校とリヨンの準備学校を経て、フランス最難関校の一つである高等師範学校に1939年に合格するも、アルチュセールはすぐに第二次世界大戦で動員された。そして、ドイツの捕虜になり、5年にわたり収容された。マルクス主義者として有名だが、アルチュセールはカトリックのどちらかといえば保守的な主張を持つ若者であった。彼の思想に大きな影響を与えたのは、収容所で知り合った共産主義者の捕虜の存在である。終戦後の1946年には、戦時中にレジスタンス運動に加わり、共産党員だったエレーヌ (Hélène) と出会った。1948年にはアルチュセールもフランス共産党に入党し、同年には復学した高等師範学校で博士号を取得した。その後30年あまり母校で哲学を教えることになる。

8歳年上のユダヤ人妻を絞殺

エレーヌはアルチュセールより8歳年上のユダヤ人女性で、13歳の時に孤児となり、映画監督のジャン・ルノワール (Jean Renoir) のアシスタントを務めた経験を持ち、アンドレ・マルロー (André Malraux) やルイ・アラゴン (Louis Aragon)、ジャック・ラカン (Jacques Lacan) と交友関係にあった。レジスタンス時代にはルゴシアン (Legotien) という苗字を名乗っていたが、本名はリットマン (Rytman) だった。長くアルチュセールと交際し、1976年に正式に結婚する。だが、4年後の1980年に夫により絞殺された。精神病を患い、何度も入院した経験を持っていたアルチュセールは犯行当時心神喪失状態にあり、責任能力がないと判断され、免訴となった。ただし、絞殺事件後は死去まで入退院を繰り返した。自伝の中でエレーヌの絞殺に言及している。

1990年、アルチュセールはイヴリーヌ県 (Yvelines) にあるラ・ヴェリエール (La Verrière) の病院で死を迎えた。

Lettres à Hélène（エレーヌへの手紙）

『ムッシュ・カステラの恋』で
最優秀助演女優賞を獲得した女優

アンヌ・アルヴァロ
Anne Alvaro
1951 ～

　アンヌ・アルヴァロは1951年にオランで生まれた。3歳の時にアルジェリアを後にし、フランス本土に移住した。本土ではパリの南東に位置するクレテイユ (Créteil) で育った。その街のコンセルヴァトワールに10歳の時に入学した。

　のちに、アルヴァロは現代劇に魅了され、1968年の学生運動を背景に生まれた複数の劇団に入った。そこで注目されるようになり、ボブ・ウィルソン (Bob Wilson) などといった著名な演出家の舞台に参加するようになった。1982年には、ジェラール・ドパルデュー (Gérard Depardieu) が主演を、アンジェイ・ワイダ (Andrzej Wajda) が監督を務めた『ダントン (*Danton*)』で映画デビューした。その後は、ラウル・ルイス (Raoul Ruiz) 監督などの映画に出演した。2001年には、大ヒットしたアニエス・ジャウイ (Agnès Jaoui) の『ムッシュ・カステラの恋 (*Le goût des autres*)』で、ジャン＝ピエール・バクリ (Jean-Pierre Bacri) やアラン・シャバ (Alain Chabat) と共演し、この年のセザールで最優秀助演女優賞を獲得した。舞台にも立ちながら、映画にも出演しつづけ、2007年のカンヌ国際映画祭で監督賞を受賞したジュリアン・シュナーベル (Julian Schnabel) の『潜水服は蝶の夢を見る (*Le scaphandre et le papillon*)』にも出演した。2014年には、同じくアルジェリア生まれのデザイナーであるイヴ・サン＝ローラン (Yves Saint-Laurent) の人生を描いたジャリル・レスペール (Jalil Lespert) 監督の『イヴ・サンローラン (*Yves Saint Laurent*)』に出演した。

『ムッシュ・カステラの恋』のDVDの裏面

アンテーヌ2の会長エルカバシュと
犬猿の中の人気キャスター

ポール・アマール
Paul Amar
1950～

　ポール・アマールは1950年にコンスタンティーヌで生まれた。父親は鉄道会社の職員で、両親はともに敬虔なユダヤ教徒だった。1961年、アルジェリア独立戦争のただ中でフランス本土のリヨンの地域に一家で移住した。

国際政治に精通したジャーナリスト

　その後、1971年にはジャーナリスト養成学校を卒業し、同じ年から公共ラジオ局のフランス・アンテール (France Inter) で国際ニュースを伝えるレポーターとして勤務し始めた。1973年から1974年の間はプノンペン、1975年から1977年まではワシントンの特派員を務めた。1979年には公共テレビ局のアンテーヌ2 (Antenne 2、現・フランス2、France 2) の政治部に移り、その翌年からニュースキャスターとして活躍した。順調に出世して、複数の番組を担当し、ニュースキャスターの傍ら、政治コメンテーターを務めるようになった。1992年には、フランス2のニュースキャスターとして最も権威ある20時のニュースに抜擢された。

問題視された演出

　しかしながら1994年には、司会を務めていた番組で、奇をてらった演出が問題視され、アマールは更迭されることになる。過去に激しく対立したことがあったジャン＝マリー・ルペンとベルナール・タピ (Bernard Tapie) が、欧州議会選挙の選挙運動期間に20時のニュースで討論をすることになっており、司会のアマールは二人にボクシング・グローブを渡した。ボクシング・グローブを目の前に出され、アマールに「使うと思いますか？」と訊かれたルペンは微笑みながら、「いいえ。私たちは使いませんよ。必要がありません。もしプレゼントだったのであれば、快く受け取ります」と答えた。そして、アマールに「ベルナール・タピさんも同様に穏和ということですね？」と訊かれたタピは「政治とはまじめなものです」と憮然と返答した。ボクシング・グローブの演出についてアマールのアシスタント一人以外誰も事前に知らされていなかったため、局の上層部はこの一幕を気に入らなかった。当時会長だったジャン＝ピエール・エルカバシュ (Jean-Pierre Elkabbach) がアマールを退職に追い込んだ、と言われている。ただし、エルカバシュは「彼をクビにはしていませんよ。8日間の謹慎にしたのです」と反論している。なお、ボクシング・グローブを出したのは、もともとタピとルペンの討論の司会を務めたくない、という意思を局に無視され、アマールが抵抗を示すために行ったともいわれている。

続くエルカバシュとの対立

　アマールとエルカバシュの対立はボクシング・グローブの件にとどまらない。アマールは、エルカバシュが1993年に公共放送フランス・テレビジョン (France Télévisions) の会長になった理由を当時予算大臣だったニコラ・サルコジに問いただし、エルカバシュを会長に据えると引き換えに、サルコジが当時大統領候補として応援していたエドゥアール・バラデュール (Edouard Balladur) を、公共放送の影響を利用して大統領に当選させる、という取引があったことを聞き出した。この件およびボクシング・グローブの件についてアマールは2014年に出版した自伝で語っており、自伝の宣伝として行ったインタビューでも何度もエルカバシュを批判している。特に、アマールは政治とメディアの癒着を問題視している。ところで、1995年の大統領選挙の結果だが、同じ党からバラデュールとジャック・シラクが出馬し、結局シラクが当選したため、選挙後においてはバラデュールとサルコジは暗黒の時代を過ごすこととなった。

　アマールは、2015年からイスラエルのi24newsという親イスラエル派と言われているニュース専門チャンネルでキャスターを務めている。中東こそが現在のニュースの「震源地」だと考えている、とインタビューでアマールは話している。

修復を繰り返してきたローマ時代に建設されたエル・カンタラ橋　1856-1857

コンスタンティーヌ /Constantine

　コンスタンティーヌはアルジェリア第三の都市で、約45万人の人口を誇る。コンスタンティーヌ県の県都でもある。アルジェやオランのように海には面しておらず、地中海に比較的近い北東の内陸都市だ。

　歴史は古く、紀元前3世紀にはキルタ (Cirta) という名前でヌミディア王国の首都だった。その後、カエサルに敗れ、ヌミディアは没落し、地域一帯はローマ帝国の支配下に置かれる。その後、キルタは一度破壊されたが、ローマ皇帝コンスタンティヌス1世の指示により再建され、彼の名前からコンスタンティーヌという都市名になった。

　コンスタンティーヌの西部はフランスの影響を受けた建築が目立つが、東部には18世紀に建てられたモスクをはじめとするイスラムの建築が目立つ。

アルジェリア内戦の最中、武装イスラム集団によるティビリヌの修道士惨殺から免れた神父

アメデ神父
Père Amédée
1920 〜 2008

　ジャン・ノト (Jean Noto) は 1920 年にアルジェリアで生まれた。宣教師として活動したのちに、ノートルダム・ド・ラトラス修道院 (Abbaye Notre-Dame de l'Atlas) に入った。

歴史ある修道院

　この修道院は厳律シトー会、通称トラピスト会に属している。起源は 1843 年に、南仏にある厳律シトー会のノートルダム・デグベル修道院 (Abbaye Notre-Dame d'Aiguebelle) の修道士が、近代的な農業の技術を現地の住民に教えるためにアルジェリアへと渡り、修道院を作ったことにある。その後、20 世紀に入ると宗教団体に関わる法律の制定により、修道士たちはアルジェリアを去るが、1930 年代には現在のスロベニアに位置する修道院の修道士がアルジェリアに到着した。そして、彼らは 1938 年にティビリヌ (Tibhirine) というメデア (Médéa) にほど近い場所で、ノートルダム・デグベル修道院の管轄下で、ノートルダム・ド・ラトラス修道院を築いた。

地元住民に親しまれていた神父

　この修道院でジャン・ノトは、アメデという名前で 1946 年から神父の活動をしていた。1996 年に起きた後述の事件の際に在籍していた修道士の中では最古参だった。アメデ神父はアルジェリア独立後にアルジェリア国籍を取得し、地元のアラビア語を話すといっ、他の修道士とは異なる背景を持っていた。看護師の訓練も受けており、1960 年代には地元の子供たちに対する予防医学の活動を行っていた。また、同じころには、修道院の敷地に学校を設け、地元の住民と近しい関係を保った。地元住民からは賢人や長老といった意味を持つ「シャイフ」というアラビア語の言葉を用いた「シャイフ・アメデ (Cheikh Amédée)」と呼ばれ、親しまれていた。

ムスリムと共生する特殊な修道院

　この修道院は、少なくともアルジェリア独立後には、地元の住民をカトリックに改宗させる活動を全く行っていなかった点が特徴的だ。独立に伴い、アルジェリアのカトリック教会は約 100 万人の信者を失った。そのため、解放されたアルジェリアにはカトリック教徒が極めて少なかった。それでも、カトリック人口を増やそうという意図を持たず、現地の人々と調和した生活を送ろうとノートルダム・ド・ラトラスの修道士らは心がけていた。彼らは「祈りをささげる他の者の中で、祈りをささげる者」として自らを認識していた。

　ティビリヌにはモスクがないため、修道士たちは自分たちの敷地の一部をムスリムの礼拝の場とした。また、医師でもあった修道士のリュック (Frère Luc) は多くの住民を診察し、1990 年代に生じたアルジェリア内戦の際には、イスラム原理主義を掲げる過激派の負傷者を手当てすることもあった。なお、リュックはアルジェリア独立戦争時には人質として独立派に捕らわれつつも、負傷した者を治療したことが功を奏し、一週間後に解放されたという経験も持っていた。

　修道士らはトラピスト会のルールに準じ、カトリック聖職者の中でも最も厳しい戒律を遵守した質素な生活を送っていた。診察や教

ティビリヌの修道院

育といった活動に加え、広い菜園で果物や野菜、はちみつを作っていた。それらの品を頻繁にメデアまで持っていき、販売していた。

　カトリック教徒が激減した環境で修道院が存続できた理由として、アメデ神父の存在が挙げられる。修道院には現地の者を修道士として雇うルールが存在し、生まれも国籍もアルジェリアというアメデ神父は、修道院で唯一アルジェリアに出自を持つ者だった。

アルジェリア内戦勃発と修道士らの困難

　慎ましく、地元の人々との和を重んじて暮らしていた修道士らだったが、1990年代には軍によるクーデターとそれに伴うアルジェリア政府軍と反政府勢力の間で内戦が勃発し、修道院の存続は危ぶまれた。修道士らはアルジェリアに残るのか、退避するのかについて何度も話し合い、ティビリヌに留まることに決めていた。近隣でクロアチア人のキリスト教徒労働者が殺害される事件が起きたり、イスラム主義を掲げる反政府武装集団が修道院に革命税を徴収しに来たり、キリスト教聖職者が殺害される事件が生じたりし、身の危険は確かだった。それでも、彼らはティビリヌに残った。殉職を希望していたわけではなく、逃げ場を持たない地元の者たちとの連帯が彼らをアルジェリアに留まらせた。

　内戦ではアルジェリア軍といわゆるイスラム過激派が激しく対立したが、修道士らは中立を守ろうと努めた。そのため、修道士らは前者を「平野の兄弟 (frères des plaines)」、後者を「山の兄弟 (frères des montagnes)」と呼んだ。

ティビリヌ修道士殺害事件

　修道院を揺るがす事件は1996年3月26日から27日の夜に起きた。ゲストが宿泊している中で、20名ほどの集団が修道院に入り、9人中7人の修道士を連行していった。ジャン＝ピエール神父 (Père Jean-Pierre) とアメ

デ神父は離れた棟で寝ており、修道院の守衛が「修道士は7人か」と訊かれ、「そのとおりだ」と答えたため、拉致を免れた。物音で彼らは何かが起きていたことに気づいていたが、最初に拉致だとわかったのはアメデ神父だった。電話線が切られていたため、翌日自動車で直接メデアまで訪れて通報した。事件直後にアメデはジャン＝ピエールに、「彼らは殺さない。だって、殺したかったら、すぐに実行していたでしょう」と言ったという。

その後、4月18日、武装イスラム集団 (Groupe Islamique Armé, GIA) が犯行声明を出し、5月21日には「7名の修道士の喉を掻っ切った」と発表した。ところが、GIAが修道士を殺害した、と簡単に結論付けることはできない。GIAは人質や敵の喉を掻っ切る習慣を有していたが、修道士らは頭部を切断されていたからである。遺体の残りは見つかっていない。そもそも、拉致の数週間後に、GIAは、修道士らは無事だと主張し、拘禁されている仲間との交換を提案していた。しかし、反政府勢力─アルジェリア政府─フランス政府の三者による交渉は失敗に終わった。その後、GIAによる修道院殺害声明が出たため、アルジェリア政府の公式見解では、GIAのリーダーが「異教徒」の象徴たる修道士の命を奪い、自らの権威を強化しようとしたとされた。ただし、修道士らの頭部しか見つからなかった点をアルジェリア政府が隠蔽しようとした経緯があり、司法解剖も行われなかったため、GIAの声明どおり喉を掻っ切ったことが死因なのか、頭部切断が死因なのかは不明であり、GIAが彼らを殺害したのかもわかっていない。

一部の者は、アルジェリア諜報機関が犯人だとしている。アルジェリア政府が、時に反政府勢力に治療を施していた修道士らを疎んでおり、諜報機関のスパイをGIAに潜入させ、反政府勢力を操って、修道士らを拉致・殺害した、とする主張がなされているのである。この説のとおりであれば、政府は、世論におけるGIAの信頼を失墜させると同時に、修道士らを厄介払いすることができただろう。ただし、この説は証明されていない。また別の者は、殺害自体は計画されていなかったが、拉致された修道士がより過激で暴力的な集団に引き渡されるという手違いが生じ、殺害事件に発展した、と慎重な見解を述べている。一方で、ヘリコプターからアルジェリア軍が、修道士らをGIAと誤認し、射撃した、という説も有名だ。つまり、誤射を隠蔽するために、修道士の頭部を切断し、反政府勢力に罪を擦り付けようとした、とする説だ。ただし、切断された頭部には弾痕が認められなかったため、さらなる調査は必要だが、この説が有力とは言い難い。2015年には、一度埋葬された頭部の発掘により行われた調査の結果、死後に頭部切断が行われた可能性が高いことが明らかになった。ただし、遺体の残りがないため、死因は解明できておらず、アルジェリア政府の協力も消極的であり、調査の進み具合は鈍い。

修道院は再建を目指したが、計画は頓挫し、修道院としての機能を失った。ただし、祈りの場として宗教を問わず訪問者を歓迎すると同時に、菜園で多様な植物を栽培し続けている。

この事件を受け、一時アルジェにいたが、結局アメデ神父は2001年に故郷のアルジェリアを去り、生き残ったジャン＝ピエール神父とともにモロッコの修道院に移った。その後、病気のため、ノートルダム・デグベル修道院に移り、2008年に死亡した。2010年には『神々と男たち』という映画がティビリヌの事件を描き、フランス国内で大ヒットした。

ハンガリー人の父を持つピエ・ノワールや
アルジェリアを舞台にした映画を撮った監督

アレクサンドル・アルカディ
Alexandre Arcady
1947 ～

アレクサンドル・アルカディは1947年にアルジェで生まれた。母親はユダヤ系で、父親はフランスの外国人部隊に所属するハンガリー人だ。アルジェリア独立戦争により、1961年、フランス本土へと家族とともに渡る。多くのピエ・ノワールが「追放」とも捉えた移住は、アルカディの映画製作に大きく影響する。

アルジェリアへの強い愛着を持ちつつも、アルカディはユダヤ人としてのアイデンティティを強く抱いている。若い頃は、ハショメル・ハツァイル (Hashomer Hatzair) というシオニストの社会主義系団体で活動していた経験があり、2013年の団体設立100周年記念の式典にも現れた。

本格的に映画を製作するようになる前の1972年に、アルカディは Avoir 20 ans dans les Aurès（20歳、アレス地域で）というアルジェリア独立戦争を描いた映画に、アルジェリア独立戦争に出征し、脱走する兵士の役で出演する。

1979年には、戦争を逃れるために、アルジェリアからマルセイユに移住した家族を題材とする『我が心のシロッコ (Le Coup de sirocco)』で初監督を務めた。この作品には、同じくユダヤ人でアルジェリア生まれのロジェ・アナン (Roger Hanin) やパトリック・ブリュエル (Patrick Bruel) が出演している。その2年後には、『流血の絆／野望篇 (Le Grand Pardon)』というユダヤ系ピエ・ノワールのマフィアを扱った映画を製作する。この映画でもアナンが主役を張っている。アナンとブリュエルは1983年にフランスで公開されたアルカディの『大カーニバル (Le Grand Carnaval)』という、米軍による上陸を前にしたアルジェリア住民の話を物語る映画にも出演している。その後、アルジェリアを舞台にした映画や、ピエ・ノワールが登場する映画を数多く世に送り出した。2012年にはフランス語で執筆活動を行っているアルジェリア人作家ヤスミナ・カドラ (Yasmina Khadra) の『昼が夜に負うもの (Ce que le jour doit à la nuit)』を映画化した。公開時のインタビューでは、アルジェリア人のカドラとアルジェリアのユダヤ系フランス人のアルカディが「神聖なる同盟」を成した結果、出来上がった映画だとアルカディは語っている。

『昼が夜に負うもの』のポスター

『フレンチ・カンカン』で
ジャン・ギャバンと共演した大スター

フランソワーズ・アルヌール
Françoise Arnoul
1931 〜

フランソワーズ・アルヌールは 1931 年にコンスタンティーヌで生まれた。父親は軍人で、母親は役者だった。もともと、フランソワーズはゴーチュ (Gautsch) という父親の苗字だったが、アルザスの苗字で、発音しづらく、綴りも間違えられやすかった。そのため、母親は、役者の道を進む娘の芸名にアルヌールという父親のミドルネームを採用した。母親もアルザス地方の出身だったが、父親のキリスト教徒の一家とは異なり、ユダヤ教の家庭に生まれた。

モロッコで過ごした子供時代

ゴーチュ一家はアルジェリアを一時離れ、父親の赴任先が決まるのをパリで待っていた。モロッコに赴任先が決まると、一家でラバト (Rabat) に引っ越した。アルヌールは芸術を愛していた母親に勧められて、7 歳からラバト一評判のいいバレエ教室に通った。その後、フランスが第二次世界大戦でドイツに敗れ、ヴィシー政権が誕生すると、エリート軍人だった父親は対独協力政策を実施していた副首相のピエール・ラヴァル (Pierre Laval) を批判し、退役したのち、カサブランカで漁業の仕事に就いた。

フランス本土で本格的に芝居を開始

大戦を経て、アルヌールはフランス本土に引っ越し、ミシェル・ピコリ (Michel Piccoli) やアヌック・エーメ (Anouk Aimée) らと同じ演劇学校に入学した。その後、スカウトされ、18 歳の時にウィリー・ロジエ (Willy Rozier) の L'Epave（漂流物）で主演を任され、有名になる。そして、1955 年にはジャン・ルノワール監督の『フレンチ・カンカン (French Cancan)』でジャン・ギャバン (Jean Gabin) と共演し、アルヌールの代表作となった。ギャバンとは同じ年にアンリ・ヴェルヌイユ (Henri Verneuil) の『ヘッドライト (Des gens sans importance)』でも共演している。

社会問題への取り組み

アルヌールはチュニジアのカイルアン (Kairouan) で生まれたジョルジュ・クラヴェンヌ (Georges Cravenne) というプロデューサーと結婚していたが、のちに離婚し、映画監督のベルナール・ポール (Bernard Paul) と再婚した（チュニジア生まれ、ジョルジュ・クラヴェンヌ参照）。ポールと社会運動に力を入れるようになり、1960 年代になるとアルヌールの映画出演は少なくなった。アルヌールが重視したのは、当時禁止されていた人工妊娠中絶の権利だ。1971 年には、人工妊娠中絶の権利、すなわち女性の自らの体に対する自己決定権を認める必要性を説いた「343 人の宣言 (Le manifeste des 343)」がヌーヴェル・オプセルヴァトゥール誌に載り、アルヌールも名前を連ねた。他にも、哲

学者のシモーヌ・ド・ボーヴォワール (Simone de Beauvoir)、女優のカトリーヌ・ドヌーヴ (Catherine Deneuve)、作家のマルグリット・デュラス (Marguerite Duras) やフランソワーズ・サガン (Françoise Sagan) がこの宣言に署名している。その後は、ペースは落ちているものの、映画に出演し続けている。2001年にはジャン・ギャバンに関するドキュメンタリーにもジャン＝ポール・ベルモンド (Jean-Paul Belmondo) らとともに出演した。

石ノ森章太郎の『サイボーグ009』に登場する003＝フランソワーズ・アルヌールは彼女にちなんでいる。

『ヘッドライト』のポスター

「343人の宣言」

『フレンチ・カンカン』のポスター

フランス支配下のカメルーンで
医療の発展に力を入れた医師

ルイ＝ポール・オジュラ
Louis-Paul Aujoulat
1910 ～ 1973

ルイ＝ポール・オジュラは1910年にサイダ (Saïda) という内陸の街で生まれた。父親は教員だった。子供の頃から成績優秀で、スポーツも得意だったオジュラは、早いうちからスペインから来た移民に読み書きを教えるなど弱者を救済する活動も行っていた。

フランス本土で医学を学ぶ

17歳になると、フランス本土北部にあるリール (Lille) 大学に入学し、医師の道を歩み始めた。1934年にはナンシー (Nancy) 大学で博士号を取得し、当時のフランス最年少の博士となった。リールはカトリック教会が強く、学生街および工業地でもあった。当時は、キリスト教の考えを社会全体に浸透させることに教会は注力しており、学生と若い労働者に教会の価値観を広めるにあたり、リールは格好の場所だった。そうした背景から「キリスト教労働者青年連盟 (Jeunesse ouvrière chrétienne, JOC)」や「キリスト教学生青年連盟 (Jeunesse estudiantine chrétienne, JEC)」などが発足した。オジュラはこうした動きと連動して1932年に、「人種間の友愛的統一を目的とした団体」であるアド・ルケム (Ad Lucem、ラテン語で「光へ」の意) を結成した。

カメルーンの医療の状況を知り、拠点とする

当初、オジュラはマダガスカルのアンタナナリボ (Antananarivo) で生理学を教えたいと考えていたが、カメルーンの医師不足が叫ばれており、ひとまずカメルーンを訪問することにした。現地では、プロテスタント系団体による医療体制が上手く機能していることや、カトリック系の団体が苦戦していること、エフーク (Efok) という街に18ヶ月に一度しか医師が訪れないことなどを知り、医療をめぐる現状を変えるべく、カメルーンを活動拠点に決めた。

結婚した直後の1936年から、オジュラはカメルーンで活動するようになる。当時、カメルーンはドイツの支配を経て、ヴェルサイユ条約および国際連盟の決定に基づき、イギリスとフランスの統治領に分割されていた。オジュラにとって、医師であることはフランス領で宣教するにあたって大いに役立った。多くのキリスト教徒は社会貢献、とりわけ医療と教育がキリスト教の普及につながると考えていたからだ。当時のカメルーンの医療は、プロテスタントが一部整備していたとはいえ、まったく不充分だった。そうした中、オジュラはヤウンデ (Yaoundé) から40キロメートルほど離れたエフークに大規模な医療センターを10年ほどかけて建設した。その後は、エフークまで足を運ぶことが困難な人のために複数の診療所を開設した。その際、いかなる公的な援助も受けずにアド・ルケムを通じてオジュラは活動した。こうした貢献

はヤウンデの司教区以外からも評価され、他の地域にもオジュラは活動範囲を拡大していった。ちなみに、オジュラは医師として勤めながらも、時にはレンガ製造工や左官といった医療とは縁のない業務もこなしていた。さらに、カメルーン人の聖職者のリクルートにも携わっていた。

独立の気運の高まりとフランス国民議会議員としてのキャリア

その後、第二次世界大戦を経て、カメルーンではフランス領とイギリス領の統一および独立を目指す動きが出てきた。フランス当局は植民地の独立を真っ向から拒絶した。こうした動きと相まって、オジュラは政治家に転身した。カメルーン人からも、ヨーロッパ人からも高く評価されていたオジュラは、1945年から1955年までカメルーン選出のフランス国民議会議員を務めた。フランス人の議員として、フランスの領土を守り、大国としての地位を維持することに尽力した。また、植民地の人々をフランス本土のフランス人に近づけるための生活水準向上なども必要だと考えていた。アフリカをよく知り、地域への貢献を高く評価されていたことから、フランス本土ではカメルーンのみならず、アフリカにおける政策に最も影響を与える人物となった。また、先住民族も必ずしも独立を望んでおらず、医療を提供したオジュラを支持する者は少なくなかった。

その結果、1951年から1952年の終わりまで第二次ルネ・プレヴァン (René Pleven) 内閣、エドガー・フォール (Edgar Faure) 内閣、アントワーヌ・ピネー (Antoine Pinay) 内閣で海外領土閣外大臣を務めた。そして、数ヶ月ではあるが、1954年にはピエール・マンデス=フランス (Pierre Mendès-France) 内閣で厚生大臣となったあと、同年の内閣改造後を経て、翌年まで労働大臣となった。

1956年の国民議会選挙にカメルーンから出馬するも、自身が育てた右腕だった黒人のアンドレ=マリー・ムビダ (André-Marie Mbida) に敗れた。独立への期待が膨らむ中で、先住民族にとってヨーロッパ人のオジュラは好ましい存在ではなくなっていた。また、ヨーロッパ人の目にオジュラは改革派に映り、危険な存在だった。この落選を機に、政界から退いた。

その後は、世界保健機関 (World Health Organization, WHO) や、高等教育機関などで勤務しつつ、多くの講演会の講師も務めた。自伝を執筆する計画を立てていたが、実現することなく1973年に死去した。

著書 *Aujourd'hui, l'Afrique* (今、アフリカ)

経済学者、随筆家、小説家、大統領のブレーンなど肩書が多すぎる人

ジャック・アタリ
Jacques Attali
1943～

ジャック・アタリは1943年に二卵性双生児の兄弟のベルナール (Bernard) とともに、アルジェで生まれた。ユダヤ人の家庭だった。父方の家系は「ベルベルに深くルーツを持つユダヤ教」の家、というほど古くからアルジェリアに根差した人びとだった。ジャック・アタリは自身のアイデンティティについて「私はアルジェリア人です。父親と母親の家族の母語はアラビア語でした。私たちはピエ・ノワールではありません」と語っている。本人は、アラブ人と接することなく育ち、アラビア語はほぼ話せない。

1954年に独立戦争が始まると、父親のシモン (Simon) は早くもパリへの移住を決意し、一家は1956年にパリへ引っ越す。その後、アタリは大変に輝かしい経歴を築いた。エコール・ポリテクニーク (Ecole Polytechnique)（首席で卒業）、パリ国立高等鉱業学校 (Ecole nationale supérieure des mines de Paris)、パリ政治学院 (Institut d'Etudes Politiques de Paris, Sciences Po Paris)、国立行政学院 (Ecole nationale d'administration, ENA) を卒業し、経済学の博士号を取ったというこれ以上ないような学歴を誇っている。ポリテクニークなどで経済学を教えたのち、1980年に「反飢餓行動 (Action contre la faim)」という人道支援団体を設立した。1981年から同じくアルジェリア生まれのジョルジュ・ダイヤン (Georges Dayan) から紹介を受けて、フランソワ・ミッテラン大統領のブレーンを10年間務めた（用語解説「フランソワ・ミッテラン」参照）。1991年には、発足したばかりの欧州復興開発銀行 (European Bank for Reconstruction and Development, EBRD) の初代総裁に就任した。1993年に総裁の座を退くと、その翌年にコンサルティングの会社を設立する。1998年には「プラネット・ファイナンス (PlaNet Finance)」という団体を創設し、マイクロファイナンスを通じて貧困をなくす活動を始めた。

これ以上ないほどの高学歴のアタリは、経済や政治に関わる傍ら、小説を書いたり、指揮者として活動したりしており、歌手バルバラ (Barbara) のために歌詞を書き下ろしたこともある。執筆した本は50冊を超える。

一方で、双子の兄弟のベルナールも国立行政学院を卒業するほどの秀才であり、官僚の経験を経て、1988年から1993年までフランスのフラッグ・キャリアであるエールフランス (Air France) の社長を歴任するなど、ジャック同様にエリートコースを歩んでいる。

フランス映画史に残るおバカ映画『ザ・カンニング』で大ブレークした大物俳優

ダニエル・オートゥイユ
Daniel Auteuil
1950〜

ダニエル・オートゥイユは1950年にアルジェで生まれた。両親ともに歌手であり、子供の頃から劇場によく足を運んだ。生まれはアルジェだが、そこで過ごした時間は短く、育った場所は主に本土のアヴィニョン(Avignon)である。

フランスで最も有名な俳優養成所であるフロラン演劇学校(Cours Florent)で学び、舞台を中心に1970年代に活躍する。1980年には、クロード・ジディ(Claude Zidi)監督のフランス映画史に残るおバカ映画『ザ・カンニング　IQ=0 (Les Sous-doués)』に出演し、人気俳優となる。フランスの高校を卒業する際に受ける国家試験のバカロレアに合格するためにあらゆる手段を講じてカンニングする、というコメディである。翌年には『ザ・カンニング　アルバイト情報 (Les Sous-doués en vacances)』というカンニングとは無関係の続編まで製作され、前作に続いてオートゥイユは主役を務めた。

おバカ路線から一転して、1986年にクロード・ベリ監督(Claude Berri)の『愛と宿命の泉 Part1／フロレット家のジャン (Jean de Florette)』という時代劇に出演し、セザール賞の主演男優賞を受賞する。この作品と続編である同監督の『泉のマノン (Manon des sources)』でジェラール・ドパルデューなどと並ぶ実力派俳優として名をはせるようになった。その結果、高い評価を受けているクロード・ソーテ監督(Claude Sautet)の『僕と一緒に幾日か (Quelques jours avec moi)』(1988年)や『愛を弾く女 (Un cœur en hiver)』(1992年)、アンドレ・テシネ監督(André Téchiné)の『私の好きな季節 (Ma saison préférée)』(1993年)や『夜の子供たち (Les voleurs)』(1996年)に出演した。なお、『愛を弾く女』では当時の配偶者であったエマニュエル・ベアール（Emmanuelle Béart）と共演している。

演技の評価が高まり、フランスを代表する俳優として知られるようになると、1996年にはジャコ・ヴァン・ドルマル監督(Jaco Van Dormael)の『八日目 (Le huitième jour)』でカンヌ国際映画祭男優賞を共演したパスカル・デュケンヌ (Pascal Duquenne) とともに受賞した。ダウン症の青年と中年男性の友情を描く作品であり、実際にダウン症者であるデュケンヌが起用されている。

カスバ 1930年

👣 アルジェ /Alger

　アルジェリアの首都であり、アルジェ県の県都でもあるアルジェは国内で一番多くの人口を抱えている。アルジェリア統計局によると、近郊を含めると、2008年には約236万人の人口がいた。首都であるゆえに、中央省庁などの国家権力機関もアルジェに集中している。アルジェはアルジェリア最大の港も持っている。

　美術館・博物館が多数あり、たとえばバルドー博物館 (El-mathaf El-ouatani Bardo, Musée National de Préhistoire et d'Ethnographie du Bardo) は旧石器時代から新石器時代までの品を展示しており、観光客に人気だ。また、美しい建築もアルジェの魅力である。ノートルダム・ダフリク大聖堂 (Basilique Notre-Dame d'Afrique) は1872年に建てられたカトリックの教会で、ムスリムが圧倒的に多い国の首都においては特殊な建物であり、人気の観光地であるとともに、植民地支配の過去を物語る建物だ。もちろん、素晴らしいモスクもあり、ケチャーワ・モスク (Djamaa Ketchaoua, Mosquée Ketchaoua) は1992年に世界遺産に登録されたアルジェのカスバ (Casbah) と呼ばれる旧市街地に位置している。ケチャーワ・モスクは1436年に建てられ、1832年にはフランスの統治下で聖フィリップ教会 (Cathédrale Saint-Philippe) と改名され、カトリック教会として利用された。アルジェのカスバは紀元前4世紀からの古い歴史を持ち、イスラム教的な特徴を持つ地区である。住宅の白い建物とその間にある坂や細い階段が印象的だ。その他にもオスマン帝国統治下で建てられた宮殿などがある。こうした建築

1982年に独立20周年を記念して建てられたアルジェリア独立戦争殉教者記念塔

は16世紀から17世紀にかけて北アフリカを超えて、アンダルシアやサブサハラ地域にまで広く影響を及ぼした。

　アルジェの高台には、1982年に独立20周年を記念して独立戦争殉教者記念塔 (Mémorial du martyr) が建てられた。92メートルに及ぶ高さの塔は三枚のヤシの葉をイメージして設計された。

　アルジェ近郊にはフワーリー・ブーメディエン科学技術大学 (Université des sciences et de la technologie Houari-Boumediene) があり、2016年のアラブ地域の大学ランキングでは、アルジェリアの大学として最高位の31位となった実績を持っている。九州大学や筑波大学の協定締結校でもある。

カスバに位置するある建物の中

ゴンクール賞の審議を戸棚から盗み聞きし、
一躍有名になった出版界の異端児

アラン・アヤシュ
Alain Ayache
1936 〜 2008

　アラン・アヤシュは1936年にアルジェで生まれた。とても若い頃から報道に興味を持っていた。13歳の時にある卓球大会で優勝すると、自らの写真と、自身で書いた記事をエコー・ダルジェ紙 (L'écho d'Alger) に持ち込んだ。少年の気概に感心した編集部はこの記事を受理したという。

　1958年、ドルーアン (Drouant) というパリのレストランでの出来事がアヤシュを有名にした。このレストランでは毎年注目を浴びる文学賞であるゴンクール賞 (Prix Goncourt) の審議が行われる。この年、まだ若かったアヤシュは事前にレストラン内を調査し、審議当日には小さな戸棚に隠れ、審議を盗み聞きし、録音した。本人によれば、事前調査の際に、レストランのオーナーと鉢合わせてしまったが、もし偵察に成功したら、著名レストランのマキシム (Maxim's) に招待すると言われたらしい。結局、この約束が果たされたのかは不明だ。アヤシュが聴いた審議は、文学についてほぼ触れずに、多くの時間がドゴールの政治と、今後ドゴールが独裁政権を確立する危険性について割かれていた（用語解説「シャルル・ドゴール」参照）。この一件でアヤシュは有名になった。1983年にアヤシュは再度、ゴンクール賞の審議を密かに録音し、自身が1971年に創刊したル・メイユール誌 (Le Meilleur) の誌面に90分間の審議の全文を公開した。

　1958年からパリ＝プレス紙 (Paris-Presse)、1960年からはオー・ゼクート誌 (Aux Ecoutes) で記者として経験を積み、1971年に立ち上げたル・メイユール誌は創刊当初は競馬予想を主軸としていたが、のちに政治などにもテーマを広げるようになった。アヤシュは1990年代には医療関係の大衆誌や女性誌、2000年代には料理雑誌を自らが設立した会社から出版していた。

　若くして活躍し、独学で出版界に飛び込んだ変わり者として有名だったアヤシュは2008年に亡くなった。

エコー・ド・ラ・プレス・エ・ド・ピュブリシテ誌（Echo de la presse et de la publicité）の表紙に載ったアヤシュ

シルヴィ・ヴァルタンの秘書を経て、伝説的な子供番組『クラブ・ドロテ』をプロデュース

ジャン＝リュック・アズレ
Jean-Luc Azoulay
1947 ～

ジャン＝リュック・アズレは 1947 年にセティフで生まれた。母親は専業主婦で、父親は数学の教諭として勤めていた。スペインにルーツを持つユダヤ系の家庭だった。

1962 年にフランス本土へと渡り、パリ近郊のマラコフ (Malakoff) に引っ越した。医師を目指して勉強していたが、歌手のシルヴィ・ヴァルタン (Sylvie Vartan) に魅了され、ファンクラブを結成し、いわゆる追っかけを始めた。その結果、当時はまだヴァルタンの秘書だった歌手のカルロス (Carlos) に見出され、アズレはカルロスのアシスタントになり、1966 年から 1976 年までヴァルタンの下で働いた。この頃からジャン＝フランソワ・ポリ (Jean-François Porry) のペンネームで歌を書き始めた。カルロスが 1968 年より歌手として活動し始めると、アズレは医学部を退学し、ヴァルタンの秘書となった。この時期にヴァルタンの来日にも同行していた。

ヴァルタンの夫は同じく歌手のジョニー・アリデー (Johnny Halliday) であったが、1976 年に彼と離婚すると、ヴァルタンはアメリカに活動拠点を移すことにした。ヴァルタンの渡米を機に、アズレはクロード・ベルダ (Claude Berda) という実業家とフランスでレコード会社を 1977 年に設立し、フランス製のディスコ音楽を世界中に売るとともに、ジャン・マレー (Jean Marais) による『星の王子さま (*Le Petit Prince*)』の朗読を収録した子供向けのレコードを大ヒットさせた。1978 年には子供向け番組の司会を務めていたドロテ (Dorothée) を知り、歌手活動をしないかと持ち掛けた。最初は拒絶していたが、歌うことを受け入れたドロテは多大な人気を得る。アズレは 1987 年に *Club Dorothée* (クラブ・ドロテ) という伝説的な人気を博した子供向け番組をプロデュースした。その後、子供やティーンエージャー向けドラマの *Hélène et les Garçons* (エレーヌと男子たち) などを生み出した。

Club Dorothée (クラブ・ドロテ)

『恋するシャンソン』や『ムッシュ・カステラの恋』の脚本を手がけた俳優兼脚本家

ジャン＝ピエール・バクリ
Jean-Pierre Bacri
1951 〜

ジャン＝ピエール・バクリは1951年にカスティリオーネ（Castiglione、現・ブー・イスマイル、Bou Ismaïl）で生まれた。父親は郵便局に勤めながら、週末は映画館で案内係をしていた。1962年、アルジェリアが解放された年に家族揃ってカンヌ（Cannes）に移住する。バクリは、父親の週末の仕事で映画と出会ったものの、すぐには映画産業で仕事をしようとは思わなかった。当初はフランス語とラテン語の教師になることを目指していた。

しかし、1976年にパリに引っ越すと、広告業界に身を置き、コピーライターとして働きながら、シモン演劇学校(Cours Simon)で芝居の勉強をした。演劇学校で俳優の道を進みながらも、台本の執筆にも力を入れた。そうして1977年には *Tout simplement*（ただ単純に）、1978年には *Le Timbre*（切手）、1979年には *Le doux visage de l'amour*（愛の優しい顔つき）、と次々に演劇の作品を発表した。

映画にも数本出演し、1981年に公開されたアレクサンドル・アルカディ監督の『流血の絆／野望篇』で俳優として注目されるようになった。その後、リュック・ベッソン(Luc Besson)の『サブウェイ(*Subway*)』(1985年)に出演し、1986年のセザール最優秀助演男優賞にノミネートされた。その後、ディアーヌ・キュリス(Diane Kurys)の『セ・ラ・ヴィ(*La Baule-les-Pins*)』(1990年)などといった著名な監督の作品に俳優として起用された。こうした様々な映画に出演する中で、不平不満を多く言いながらも優しい心を持つ男性の役が定着するようになった。

一方で、1990年代以降は脚本家として、チュニジアのユダヤ系家族に出自を持つアニエス・ジャウイとの共同執筆が本格化する。二人はバクリの劇を映画化した『キッチンでの出来事(*Cuisine et dépendances*)』(1992年)、アラン・レネ監督（Alain Resnais）の『スモーキング／ノースモーキング(*Smoking/No Smoking*)』(1993年)と『恋するシャンソン(*On connaît la chanson*)』(1997年)、セドリック・クラピッシュ監督（Cédric Klapisch）の『家族の気分(*Un air de famille*)』(1996年)、ジャウイが自ら監督した『ムッシュ・カステラの恋』(2000年)や『御伽噺の終わりに(*Au bout du conte*)』(2013年)など風刺の効いた心温まる作品を世に送り出してきた。

過酷な家庭環境からアンチレイシズムに
目覚めた政治的コメディアン

ギイ・ブドス
Guy Bedos
1934 ～

ギイ・ブドスは1934年にアルジェで生まれた。16歳でフランス本土に移住したため、アルジェリア独立戦争時は本土にいた。独立戦争勃発前から彼のアルジェリアでの生活は恐怖に満ちていた。ヨーロッパ系住民の殺害などが身近に起きていたからである。早いうちにアルジェリアを出たことを「ラッキーだった」とのちに語っている。独立戦争時にアルジェリアに在住していたら、秘密軍事組織（OAS）に加わっていたかもしれない、とブドスは振り返る。

ブドスはパリに移住した後、国立高等舞台芸術学校 (Ecole nationale supérieure des arts et techniques du théâtre) で演劇を学び、1950年代に舞台と映画でデビューする。ジャン・ルノワール (Jean Renoir) の『捉えられた伍長 (*Le Caporal épinglé*)』（1962年）や、日本では未公開のイヴ・ロベール (Yves Robert) の作品に複数出演する。また、キャバレーでもユーモア作家として多くのワン・マン・ショーで舞台に立ち、人気を得るようになった。

ブドスは自身の幼少期を語る際に、たびたび母親と継父に対する嫌悪を振り返る。母親はレイシストで、ユダヤ人とアラブ人がアルジェリアで衝突している中「殺し合えばいいのよ。それだけ減るんだから」と吐き捨てたこともあるとブドスは話している。また、継父は母親に暴力を振るい、母親はギイに暴力を振るう、という苦しい子供時代を送っていた。

母親のレイシズムを見て育ったブドスはアンチレイシズムに目覚め、左派への支持を公言するようになる。彼は、ミッテランと親交があったという（用語解説「フランソワ・ミッテラン」参照）。また、右派でありながら左派政治家を内閣に登用していたサルコジからは政治家への転身を打診されたが「〔罠には〕引っかからなかった」とブドスは話す。

自身のアイデンティティに関しては「アルジェリア人」だとたびたび述べており、アルベール・カミュ (Albert Camus) に強い親近感を持っているとしている。

『捉えられた伍長』のポスター

俳優ジャン＝ポールの父親で、対独協力に加担してしまった彫刻家

ポール・ベルモンド
Paul Belmondo
1898 〜 1982

ポール・ベルモンドは 1898 年にアルジェでイタリア系の家族に生まれた。1913 年からアルジェの美術大学で建築を専攻した。1917 年には戦争の勃発により兵士として動員され、初めてフランス本土に足を踏み入れることになる。のちに怪我のため除隊になり、アルジェに戻った。

公私ともに順調な戦間期

1920 年代に、のちのベルモンドのキャリアに大きな影響を与える出会いをする。1921 年から奨学金を得てパリ国立高等美術学校 (Ecole nationale supérieure des beaux-arts) に進学し、シャルル・デスピオ (Charles Despiau) に師事する。北アフリカやアルジェリアの賞を受賞したり、アルジェの建物の大掛かりな浅浮彫りを受注したりするようになった。

また、同窓のマドレーヌ (Madeleine) と結婚し、息子のアラン (Alain) とジャン＝ポール、娘のミュリエル (Muriel) を儲ける。言うまでもないが、ジャン＝ポールとは、ジャン＝リュック・ゴダール監督 (Jean-Luc Godard) の『勝手にしやがれ (A bout de souffle)』(1959 年) やアラン・ドロン (Alain Delon) とともに『ボルサリーノ (Borsalino)』(1970 年) に出演していたあのジャン＝ポール・ベルモンドである。

第二次世界大戦とナチスのプロパガンダ

1939 年にはニューヨークで開催された万博で、フランス館のために浅浮彫りを製作するなど、ポール・ベルモンドの彫刻家としてのキャリアは順調のように見えた。しかし、再び戦争が始まり、動員され、1940 年にドイツ軍の捕虜となった。その後、脱走に成功し、同年 8 月には動員解除が行われたものの、ドイツによる占領は、フランス人芸術家にとって大きな環境の変化をもたらした。翌年 11 月に、ドイツ人彫刻家であり、ナチス政権のお抱えの芸術家となっていたアルノ・ブレーカー (Arno Breker) が主催したドイツ旅行にベルモンドは招かれた。この旅行はナチス政権がプロパガンダのために開催したイベントであった。ベルモンドの他にデスピオやケース・ファン・ドンゲン (Kees Van Dongen)、アンドレ・デュノワイエ・ド・スゴンザック (André Dunoyer de Segonzac) やモーリス・ド・ヴラマンク (Maurice de Vlaminck) が参加した。ところが、フランスの解放後は対独協力に参加した人々が多くの公職などから排除されるようになり、このドイツ旅行に参加したベルモンドは一年間作品を販売したり展示したりすることを禁止された。

こうしてベルモンドの彫刻家としてのキャリアに影を落とした占領期に関して、息子のジャン＝ポールはいくつかの弁明をしている。まず、ドイツ旅行に関しては、旅行に多くのフランス人芸術家が参加すれば、ドイツで拘束された若手フランス人芸術家が釈放される、とドイツ側から約束されていた、とジャン＝ポールはいう。また、フランス解放後の販売および展示の禁止に関しては象徴的な措置にすぎず、実際には実施さえされなかったという。しかも、父親はレジスタンスに加わった多くの人たちを友達に持ち、その中でもドゴールと特に仲が良かったらしい (用語解説「シャルル・ドゴール」参照)。

ベルモンド作「ケレース」

戦後のキャリアと美術館の開館

　実際に、ドイツの占領下におけるベルモンドの姿勢は問題視されたものの、1952年から1969年まではパリ国立高等美術学校で教鞭を取り、1960年には権威ある芸術アカデミー (Académie des beaux-arts) の会員に選出され、その後は国から複数の勲章を授与されている。

　ベルモンドは1982年にパリ近郊で亡くなった。ベルモンド一家の寄付により、パリに隣接するブローニュ＝ビヤンクール市 (Boulogne-Billancourt) が所有する18世紀のシャトーの中に、市立ポール・ベルモンド美術館 (Musée Paul Belmondo) が2010年に開館した。2007年、ベルモンド一家はポール・ベルモンドの作品のほぼ全てにあたる259点の彫刻、444点のメダル、約900点のデッサン等を市に寄付した。

ポール・ベルモンド美術館を特集したコネサンス・デ・ザール誌 (*Connaissances des Arts*)

アルジェリア独立戦争は「戦争」だったのか？

　本書では「アルジェリア独立戦争」という言葉で、1954年から1962年まで続いたアルジェリアの独立をめぐる武力紛争を呼んでいる。これは当時のフランス側やアルジェリア側のいずれの立場にも立たず、中立的に紛争を指し示そうとしているからだ。そもそも、この紛争をどのように呼ぶかは、多分に政治的な論争なのだ。

　アルジェリアでは「解放戦争」や「革命」といった言葉で当時の紛争を呼んでいる。アルジェリア側からすれば、フランスの支配からの「解放」をもたらした、アルジェリアとフランスの間で起きた「戦争」であり、アルジェリアという独立国家の誕生を可能とした「革命」だ。実際にアルジェリアのフランス語新聞は「アルジェリア革命 (Révolution algérienne)」という呼称を使用している。こうした認識がアルジェリアで広く共有されている背景には、フランスによる統治から独立国家へと体制を劇的に変えたという紛争の特質が「革命」に当てはまるという点に加えて、独立後の政府の特徴が挙げられる。独立運動において主導的な立場にあったアルジェリア民族解放戦線 (Front de Libération Nationale, FLN) は独立後に政党に変身し、一党独裁政権を続けた。1980年代の終わりに多党制が実現し、内戦を経て、FLNは弱体化するも、大統領を輩出し続け、強い影響力を保持している。FLNはその権力の正統性をまさに「解放戦争」であり「革命」であったアルジェリア独立戦争中の自らの活動に求めている。だからこそ、この紛争をFLNは神話化し、アルジェリア人が一致団結し、フランスの支配からの解放のために戦ったことにしている。実際には独立派の間で激しい対立が生じ、フランス軍とともに戦ったアルジェリア人もいるため、FLNは歴史の一部を隠蔽しているといえる。

　一方で、フランスでは一般的に「アルジェリア戦争 (guerre d'Algérie)」という呼称を使用する。しかしながら、公式には「戦争」ではないことになっていた。なぜならば、紛争当時、アルジェリアは独立国家ではなかったため、紛争はあくまで国内の治安維持活動だったからだ。つまり、公式な戦争とは独立国家間の武力行使を伴う紛争であり、アルジェリアの独立を招いた武力紛争は、この定義に当てはまらない、という認識を政府は持っていた。1954年11月のインタビューで、当時内務大臣だったフランソワ・ミッテランは「戦争状態のように見えることは避けなければならない」と発言し、あくまで国内の紛争であることを強調した（用語解説「フランソワ・ミッテラン」参照）。新聞も、当時は「戦争 (guerre)」ではなく、「アルジェリアの騒乱 (événements d'Algérie)」と表現していた。

　紛争をどのように認識するのか、という政治的な課題に加え、紛争後には極めて具体的な問題が生じた。戦争ではない、という政府の認識は、アルジェリアで活動した兵士の福利厚生・社会保障に深刻な打撃を与えた。すなわち、兵士は、戦争で戦った元戦闘員という身分を得るか否かによって、年金受給額をはじめ、さまざまな福利の面で影響を受ける。元戦闘員と認められれば税制優遇の対象になったり、より高い年金額を受給できたりする。逆に、戦争で戦った経験を持たない軍人は、こうした優遇措置の対象にはならない。そのため、アルジェリア独立戦争が戦争ではない、という公式見解は、アルジェリアに派兵された軍人が元戦闘員として認められ

「アルジェリア戦争とチュニジアおよびモロッコにおける戦闘でフランスのために亡くなった者へ 1952-1962」と彫られた凱旋門のプレート

ず、優遇措置の対象外になる、という結果をもたらした。この問題に対処するため、1967年に元戦闘員が受けられる福利厚生の一部を、アルジェリア独立戦争で派兵された元兵士にも認める法律が成立した。そして、1974年には、元戦闘員とまったく同じ身分をアルジェリア独立戦争で戦った兵士に与える重要な法律が制定された。こうした措置は、アルジェリアで活動した軍人が構成する団体が権利の拡大を主張し続けた成果である。

だが、注意すべきなのは、1974年の法律は、戦争で戦った元戦闘員と同等の身分をアルジェリアで活動した兵士に与えることだけを定めている点である。言い換えれば、この法律はアルジェリア独立戦争が戦争だった、とは認めていない。アルジェリア独立戦争はあくまで、法律上は「北アフリカにおける活動」とされ続けた。一般的なフランス語として「アルジェリア戦争」という言葉が広く通用しているにもかかわらず、法律上、そして公式には戦争として認められていない状態が1974年以降も続いた。

この呼称をめぐって、1990年代に変化が訪れる。1996年にはシラクが、紛争を戦争として認めてほしいと要請する退役軍人の団体との面談で、「アルジェリア戦争」という呼称を公式に認める法律の制定に意欲を見せた。1997年には大臣が演説で「アルジェリア戦争」という言葉を使用し、1999年2月にはパリの凱旋門に「アルジェリア戦争とチュニジアおよびモロッコにおける戦闘でフランスのために亡くなった者へ 1952-1962 (Aux Morts pour la France lors de la guerre d'Algérie et des combats de Tunisie et du Maroc 1952-1962)」と刻まれたプレートが設置された。そして、同年10月には「アルジェリア戦争」という呼称を正式に認める法律が制定された。アルジェリア独立戦争が戦争であったことをフランス政府が認めるまで、約40年かかった。

このように、アルジェリアとフランスでは独立戦争をめぐる公式見解が実態とかけ離れていたり、両国間で異なる言葉が同じ紛争を指したりしている。言葉の使い方一つとっても、独立戦争当時の対立が現在でも強く影響していることが窺える。

左派のミッテランを支持したり、右派のサルコジの参事官を務めたりした記者

ジョルジュ＝マルク・ベナム
Georges-Marc Benamou
1957 ～

　ジョルジュ＝マルク・ベナムは 1957 年にサイダ (Saïda) で生まれた。アルジェリアの独立に伴い、ベナムの一家は事態を呑み込めないまま本土のニースに引っ越した。

　ベナムは、若い頃は極左の団体に出入りしていたものの、そうした団体にとどまることはなかった。パリに行くという野望が実現すると、ベルナール＝アンリ・レヴィ (Bernard-Henri Lévy) や、イヴ・サン＝ローランの恋人であるピエール・ベルジェ (Pierre Bergé) などと知り合った（アルジェリア生まれ、ベルナール＝アンリ・レヴィおよびイヴ・サン＝ローラン参照）。1981 年にミッテランが大統領に就任すると、ベルジェは社会党政権に懸念を示し、フランス国外に仕事の拠点を移そうと考えたが、ミッテランの文化政策に魅せられ、ミッテランを支持する雑誌を作ろうと考えた（用語解説「フランソワ・ミッテラン」参照）。そこで、まだ 28 歳だったベナムが編集者に起用された。また、レヴィは創刊にあたり、自身のネットワークを駆使した。その結果、グローブ誌 (Globe) が誕生したのだ。ルモンド紙 (Le Monde) はこの月刊誌を「1980 年代の左派の典型」と評し、シックでありながら、スノッブだったと形容している。

　また、ベナムはベルジェの支援を受けながら、レヴィとともに SOS ラシズム (SOS Racisme) という人権保護団体を設立した。グローブ誌は SOS ラシズムの主張を広める役割を担っていた。ただし、3 名とも 1991 年に SOS ラシズム内の湾岸戦争に対する平和主義的姿勢に反対し、団体から離れた。

　1994 年にグローブ誌は廃刊となるが、ベナムはベルジェを通じミッテランと近しくなった。毎週土曜日は 3 人でリップ (Lipp) というパリのレストランで昼食をともにしたという。ただし、ミッテランをよく知るようになり、任期満了の 1995 年に元大統領の最後の日々に関する本を出版したが、事実とは異なる点が多かった。ベナムは記憶違いだと釈明したものの、ベルジェは彼を許さなかった。

　その後、ベナムは多数の本を執筆し、いずれもヒットした。彼の政治的立場は左派に近かったが、2007 年には右派のサルコジの大統領選挙戦に携わった。サルコジ政権が発足すると文化政策参事官に就任したが、その翌年にこの職を退いた。サルコジと女性記者との関係を暴露した疑いがベナムの更迭につながった可能性が指摘されている。

　なお、女優のエルザ・ジルベルスタイン (Elsa Zylberstein) と一時期交際していたが、その後別れた。

お人好しの見た目で時に軽率な行動を取り、舞台も映画もバラエティ番組もこなす俳優

ジャン・ベンギギ
Jean Benguigui
1944 ～

ジャン・ベンギギは 1944 年にオランで生まれた。家庭はユダヤ系だった。

オランで鑑賞したモリエール (Molière) の『タルチュフ (Le Tartuffe ou l'Imposteur)』に感銘を受け、14歳で役者を目指すようになった。母親は、「あなたの見た目では難しいわよ」と警告していたらしいが、少年は諦めなかった。

18歳を目前にしたとき、アルジェリア独立戦争が終盤を迎え、秘密軍事組織（OAS）がジャン・ベンギギをリクルートしに来た。ベンギギはこの翌日に本土のトゥールーズ (Toulouse) に渡った。本人によれば、身なりでピエ・ノワールだと周りの人々はすぐに気づいた。また、たまたま入ったレストランがフランス本土の OAS が利用していた拠点だったため、アルジェリアから本土に逃げたピエ・ノワールであることを必死に隠したという。その後、本土の暮らしを経験し、自身が他のフランス人とは異なる、「アルジェリアのフランス人」であることに気付いた。

1966 年からは、俳優として活動するようになった。実験的な舞台や様々な映画に出演するようになる。1976 年にはアルジェリア独立戦争時のフランス軍による拷問を描いた、アンリ・アレッグ (Henri Alleg) の『尋問 (La question)』を映画化した作品に出演した（コラム「アルジェリア独立戦争時の検閲と拷問の告発」参照）。また、1979 年にはベルトラン・ブリエ監督 (Bertrand Blier) の『料理は冷たくして (Buffet froid)』に出演した。その後は、『流血の絆／野望篇』（1981 年）など、ベンギギ同様にアルジェリア出身であるアルカディ監督の作品に複数回起用された。そして、ジェラール・ドパルデューやカトリーヌ・ドヌーヴなどの大物と共演する俳優になった。なお、人がよさそうな見た目から、コメディに多数出演している。

お人よしに見えるとはいえ、実際には軽率で浅はかといえる行動も起こしている。空港でチェックインのために並ぶのが面倒で、視覚障害者のふりをして、優先的に手続きを行ったことを自ら語っている。なお、本人によれば、その際に跛行していた客が先にチェックインしたが、その人物は足が悪いふりをしていた、同じく俳優のミシェル・セロー (Michel Serrault) だったことが直後に分かった。

他方で政治的には、ユダヤ系の出自を持っていることを認めながらも、宗教は私的領域に属するため、公の場から排除し、人々が同じ価値を共有することで民主主義的な社会を維持できると考えている。また、自身の著作でも、先祖にちなんだダヴィッドというユダヤ的な名前をミドルネームに持っているものの、ジャンという名前がダヴィッドに先行するのは、フランス社会が掲げる価値に由来しているからだ、と語っている。

IBM フランスの社長に就任し、アメリカの
IBM 本社副社長にまで上り詰めたエリート

アラン・ベニシュ
Alain Bénichou
1959 〜

アラン・ベニシュは 1959 年にオランで生まれた。アルジェリア独立戦争に伴い、ベニシュ一家は 1962 年にアルジェリアを離れた。そして、カンヌとニース (Nice) の間に位置し、地中海に面したアンティーブ (Antibes) へと渡った。

本土に移住したのち、ベニシュはパリ近郊にある高等電気学校 (École supérieure d'électricité, Supélec) を 1983 年に卒業し、翌年に IBM に就職した。その後、IBM の様々部署でキャリアを積み、2010 年には IBM フランス (IBM France) の社長に就任した。2015 年に社長の座を退くと、ベニシュはアメリカの IBM 本社の副社長に任命された。

オラン/Oran

オランはアルジェから西に約 430 キロメートル離れた、地中海に面した都市だ。アルジェリア第二の都市であり、オラン県の県都でもある。アルジェリア統計局によれば、近郊を含めて、2008 年には約 80 万人の人口をオランは抱えていた。この人口はアルジェに次いで、アルジェリアで二番目に多いが、アルジェの約 3 分の 1 の人口であり、いかにアルジェに住民が集中しているかがうかがえる。

オランは 10 世紀にアンダルシアから来た者が作り上げた都市で、14 世紀にはユダヤ人が迫害を逃れようとスペインから移民してきた。そのため、モスクだけではなく、シナゴーグもあり、19 世紀中盤には 17 のユダヤ教施設があった。独立後はユダヤ人コミュニティがなくなり、オランの大シナゴーグは 1975 年からアブダラー・ベン・サラム (Abdellah Ben Salam) という名のモスクに変わった。かつてシナゴーグだったモスクは旅行者の訪問先の一つとなっている。また、ユダヤ人はほぼいなくなったものの、食文化などにおいてユダヤ文化の影響は今でも見受けられる。

オラン近郊にはムハンマド・ブーディアフ科学技術大学 (Université des sciences et de la technologie d'Oran - Mohamed-Boudiaf) があり、2016 年のアラブ地域のランキングで 59 位となり、健闘した。筑波大学の協定締結校である。

アブダラー・ベン・サラム・モスク

オラン 1844年

ヌーヴェル・オプセルヴァトゥール誌の編集長などを経験したメディア人

ピエール・ベニシュ
Pierre Bénichou
1938〜

ピエール・ベニシュは 1938 年にオランで生まれた。父親のアンドレ (André) は 1910 年に貧しいユダヤ系の家庭で生まれた。アンドレの両親は敬虔なユダヤ教徒だったが、アンドレとピエールのおじのポール (Paul) は宗教的儀式に熱心ではなかった。アンドレは哲学の教諭だったが、1941 年にユダヤ人を排除する政策の一環で、職を失った。その後、オランでデカルト学校 (Cours Descartes) という私立学校を、学校教育から追放されたユダヤ人の子供たちのために設立した。そこでは、アルベール・カミュも教鞭をとった。この学校はアルジェリアが独立する 1962 年まで続いた。

デカルト学校は大成功したが、アンドレは息子のピエールを連れて、1947 年にパリへと引っ越した。そこでは裕福な暮らしができた上に、パリの知識人や芸術家と頻繁に交流する生活を送った。

大学教員として勤務する父親やおじとは異なり、ピエール・ベニシュは大学の中退し、記者を志すようになった。インターン生としてフランス＝ソワール紙 (France-Soir) で働き、記者としての頭角を現した。その後、1961 年にジュール・ド・フランス誌 (Jours de France) の記者になった。左派寄りの考えを持つ一方で、アルジェリアの独立に反対する者を批判する記事の執筆を受け入れられず、雑誌の編集部を去った。ベニシュは独立自体に反対だったのではなく、アルジェリアに関わるドゴールの政策が気に入らなかったのだ。とりわけ、独立に伴いアルジェリアに在住していた大勢のフランス人がフランス本土に移住せざるを得なくなった事態はベニシュにとって受け入れがたかった。ユダヤ人が何世紀も前からアルジェリアの地に住んでいたにもかかわらず、他のフランス人と同様に本土への移住を余儀なくされたことはベニシュを怒らせた (用語解説「シャルル・ドゴール」参照)。

その後、月刊誌の編集長を経て、1966 年にヌーヴェル・オプセルヴァトゥール誌の編集長に抜擢され、一躍知名度を上げた。のちにラジオ番組やテレビ番組にも多数出演するようになった。

ベニシュは記者のアリックス・デュフォール (Alix Dufaure) と結婚したが、妻を 2012 年に亡くしている。デュフォールは、実業家のローラン・ランドン (Laurent Lindon) との初婚の際に生まれた俳優ヴァンサン・ランドン (Vincent Lindon) の母親でもある。

アルベール・カミュの記念碑に文字を掘る
役目を務める程の親交があった芸術家

ルイ・ベニスティ
Louis Bénisti
1903〜1995

ルイ・ベニスティは1903年にアルジェで生まれた。「1910年ごろに生まれた」と記述している芸術家事典もあるが、息子のジャン＝ピエール (Jean-Pierre) などが寄稿した雑誌のルイ・ベニスティ特集号では、複数の寄稿文で1903年となっている。

ベニスティは、当時アルジェにいた多くの名だたる文化人と交流があった。当初、宝飾業を職業としていたが、美術の世界に入ると、同じくアルジェリア生まれの作家アルベール・カミュや画家で都市計画家ジャン・ド・メゾンスール (Jean de Maisonseul) などと知り合った。カミュはベニスティを高く評価しており、二人は舞台でともに仕事をした。ベニスティはマスクと衣装を担当した。その他にも、アルジェリア生まれの詩人のジャン・セナック (Jean Sénac) やジャン・ペレグリ (Jean Pelégri) などとも親交が深かった（アルジェリア生まれ、アルベール・カミュ、ジャン・ド・メゾンスールおよびジャン・セナック参照）。

カミュが亡くなった時には、彼と親しくしていた友人たちの間で、記念碑を建てる計画が持ち上がった。地中海に面したティパザ (Tipasa) の地域に位置するシュヌア (Chenoua) という山に記念碑は建てられ、ベニスティが石に文字を掘る役割を担った。アルジェリア独立戦争の終結まであと1年ほどという1961年4月に除幕式が執り行われた。

アルジェリア独立後は、1972年までエル・ビアール (El Biar) に住み続けた。妻で医師のソランジュ (Solange) はルイのそばで仕事を続け、とりわけ女性と子供の診察を行った。しかし、1970年代に二人は退職し、フランス本土のエクサンプロヴァンス (Aix-en-Provence) に移住した。1995年に移住先で亡くなった。

展覧会のポスター

ベニスティの展覧会のカタログ

「フランスのキース・リチャーズ」と言われたギタリスト

ルイ・ベルティニャック
Louis Bertignac
1954 ～

ルイ・ベルティニャックは1954年にオランで生まれた。父親はユダヤ人で母親はスペイン人である。3歳の時にフランス本土に移住する。つまり、アルジェリア独立戦争真っ只中の時期である。最初はパリに近郊に住むも、間もなくしてパリの17区に引っ越す。

1970年代に入ると、ローリング・ストーンズ、ビートルズ、レッド・ツェッペリンのファンだったベルティニャックは音楽活動を始める。コンサートでサポートのギタリストを務めたり、のちにテレフォン (Téléphone) のベースを担当する、当時の恋人コリーヌ・マリエノー (Corine Marienneau) とハードロックのバンドを組んだりした。

大きな転機となるのは1976年である。この年、一緒に演奏するはずだったミュージシャンにキャンセルされてしまったジャン＝ルイ・オベール (Jean-Louis Aubert) とリシャール・コリンカ (Richard Kolinka) は代役を探していた。そこで、彼らはルイとコリーヌに声をかけた。当初、オベールは女性と組みたくないと考えていたが、結局この4人でバンドを結成した。最初は「！」という名前だったが、すぐに「テレフォン」へと改名する。ライヴの回数を重ね、翌年にはデビュー・アルバムが発売された。イギリスのロックから強い影響を受けた音楽は早くも大人気となり、フランス製のロックがなかなか売れない中で、大きな快挙を成し遂げる。

1981年にはレコード会社を移籍し、外国でも活動するようになるが、フランス国内における人気とは異なり、国外での売れ行きは芳しくなかった。1986年には、メンバー間、とりわけマリエノとオベールの間の意見の違いがバンドを解散に追い込んだ。

その後、ベルティニャックはバンドを組んだり、ソロ活動に力を入れたりする。2012年と2013年にはオーディション番組「ザ・ボイス」の審査員を務めた。

2015年には、1980年代のカーラ・ブルーニ (Carla Bruni) との関係を雑誌で語った。のちにサルコジ元大統領の夫人となったブルーニは当時16歳でベルティニャックはすでに30歳だった。まだモデルではなかったブルーニはテレフォンのファンで、ベルティニャックの自宅を探し当て、尋ねに来たという。二人は2年に及び交際した。その後、それぞれの道を歩んだ二人は2002年に発売されたブルーニのデビュー・アルバムで歌手とプロデューサーという立場で再会した。

植民地支配の影響に思いをめぐらせた
イスラム社会を専門とした人類学者

ジャック・ベルク
Jacques Berque
1910～1995

ジャック・ベルクは1910年に内陸に位置するフレンダ (Frenda) で生まれた。父親はフランス南西部のベアルヌ地域 (Béarn) の出身で、母親はスペイン人だった。ジャック・ベルクは敬虔なカトリックだった。

アルジェで高校を卒業すると、パリ大学に進学するも、大学をつまらなく感じ、教職に就くことを諦め、アルジェリアに戻る。この時の滞在でアラビア語と乗馬を習得した。1932年には兵役でモロッコに渡る。そして、モロッコで行政職に就き、現地住民を「管理」する立場になる。この職務は「原住民の人々に私を近づけつつ遠ざけた」とベルクは語っている。モロッコで過ごした日々の中で、アラブ人社会を心地よく感じた一方、植民地支配がもたらした土地所有の弊害にも注目するようになった。この頃に最初の研究書を出版し、歴史学者のマルク・ブロック (Marc Bloch) などから注目され始める。

第二次世界大戦では動員されるも、フランスの敗戦により除隊になり、1943年にはモロッコのラバトにある「原住民担当室」の行政職に就く。1944にはモロッコで、そして翌年にはアルジェリアで独立を要求する主張が強まると、ベルクは1946年に出版した *Mémoire*（回顧）で新たなフランス―モロッコ関係への提言を行った。また、時を同じくしてベルクは同僚の力を得て、官僚の権威主義に対抗する形でヨーロッパ系住民に限られていた農業の機械化を進めようとする。ただし、こうした姿勢は嫌われ、1947年にアトラス山脈 (Atlas) の地方に左遷される。この左遷についてベルクは「有益だった」と振り返っている。

その後、1953年から1955年までベルクは国際連合教育科学文化機関 (United Nations Educational, Scientific and Cultural Organization, UNESCO) の職員としてエジプトに滞在する。そして、1956年から1981年までの25年間、ベルクはフランスの特別高等教育機関であるコレージュ・ド・フランス (Collège de France) でイスラム社会の専門家として教鞭をとる。

ベルクは人類学と社会史のアプローチからマグレブの人々を考察し、個別の民族を研究した。そして、マグレブ全体の多様性を理解し、マグレブの未来に貢献しようと考えていた。植民地支配に関しては、「産業革命により不均衡になった権力関係」だと主張しており、被支配者たる先住民は自らの文化を失い、西洋文化が支配的になると考えている。ただし、先住民には「覆せないアイデンティティの意識」である宗教が残るとしている。

また、ベルクの業績は人類学研究にとどまらない。約20年かけて作成され、1990年にようやく出版が実現したコーランのフランス語訳も彼の代表作となっている。

コレージュ・ド・フランスを退職すると、1985年まで第三世界との科学協力および移民の子供の教育に関するフランス政府主催の二つの会議で議長を務めた。1995年に亡くなった。

ラバトで1942年に生まれた息子のオーギュスタン (Augustin) は人文地理の学者であり、専門は日本である。とりわけ風土論を専門としており、多くの本が日本語訳され、日本でも出版されている。

フランスの国民的炭酸「オランジーナ」を広めた実業家

ジャン＝クロード・ブトン
Jean-Claude Beton
1925～2013

　ジャン＝クロード・ブトンは1925年にアルジェから約30キロ離れたブファリック(Boufarik)で生まれた。家庭は裕福だった。1935年、父のレオンはスペインのバレンシアに住む薬剤師が開発した飲料と出会う。当初、レオンはスペイン語で「小さなオレンジ」を意味する「ナランヒーナ(Naranjina)」と名付けるも、「オランジーナ(Orangina)」に商品名を替える。この年のアルジェリアの地方紙には、とても小さいものの、オランジーナの広告が載っている。この炭酸飲料は、アルジェリアで人気を得始めるも、スペインの内戦勃発や第二次世界大戦により、事業はいったん中断する。

　その後、シディ・ベル・アッベスで農業技師として学業を修めたジャン＝クロードは1947年に父親が発売した炭酸飲料の事業を再開する。「ナランヒーナ北アフリカ社」を設立し、出身地であるブファリック産のオレンジを使用して製造を始めた。1951年にはフランス本土で事業を展開した。

　アルジェリア解放目前の1961年に本社は名前を変えて、マルセイユ(Marseille)へと移転する。夏や地中海を想起させるベルナール・ヴィルモ(Bernard Villemot)によるデザインを起用し、1951年から使用してきたオランジーナ特有の丸い形状のビンを登場させた広告などをきっかけに、オランジーナの人気は上昇していく。アルジェリア独立戦争に出征した軍人は、戦地でオランジーナの味に親しみ、植民地の解放に伴い本土へ帰ってきてからもオランジーナの人気を後押しした。

　1990年代にはピエ・ノワールであるアラン・シャバがオランジーナのテレビ広告を何度も監督した。特徴的な形をしたビンの着ぐるみを着た登場人物が印象的なコマーシャルであり、フランス国立視聴覚研究所のホームページでもアーカイブ化されている。

　オランジーナはペルノ・リカール社(Pernod Ricard)などの傘下を経て、2009年にサントリーの傘下に入り、2012年に日本でもオランジーナの販売が開始した。

　オランジーナの事業から身を引いたブトンは、1990年代にはワインの事業などに手を出した。2013年にマルセイユで死去した。

1935年のガゼット・ド・モスタガネム紙に載ったオランジーナの広告

アルジェリアのワイン

アルジェリアのワイン製造は19世紀のフランスによる侵攻以来、主要な産業として続いている。実際には、ブドウの栽培の歴史は極めて古く、少なくとも3500年前から続いていると思われる。

近年のアルジェリアのワイン

2015年の報道によれば、アルジェリアは南アフリカに次いでアフリカ第二のワイン生産国であり、第五の輸入国でもある。モロッコはアフリカ第三の生産国で、チュニジアでもワインを製造している。ワインの輸出量が世界で最も多いスペイン、イタリア、そしてフランスと、歴史的にも地理的にも近いマグレブ三国ではワイン製造が重要な産業となっている。ワインの審査機関である国際ぶどう・ぶどう酒機構 (Office International de la vigne et du vin, OIV) によれば、アフリカ大陸でワインを製造している国は上記の国以外に主にエジプトとマダガスカルであり、その他の国のワイン製造量は極めて少ない。アフリカ諸国の製造量を比較すると、南アフリカが2012年に1056万9000ヘクトリットルを誇っており、断トツだ。同年にアルジェリアは49万2000ヘクトリットル、モロッコは34万5000ヘクトリットル、チュニジアは28万4000ヘクトリットルだった。他のアフリカ諸国は10万0000ヘクトリットル未満だった。ちなみに日本は80万ヘクトリットルだった。

19世紀のワイン事情

アルジェリアのワイン産業史を振り返ると、フランス侵攻の直後から19世紀の終盤までは、生産は順調に進んでいなかった。生産者は融資を得ることができず、経営的に苦しかった。さらに、暑さがブドウ果汁の適切な発酵を妨げ、出来上がったワインも変質してしまうことが多く、技術的な壁にぶつかった。そのため、生産者は低品質のワインに香料を加えていた。アルジェリア・ワインが、1873年のウィーン万国博覧会で極めて低い評価しか得られなかったのは当然だろう。

ところが、フランス本土のブドウおよびワイン生産を襲った悲劇がアルジェリアのワイン産業を救うことになる。1863年からブドウネアブラムシ病がフランス本土で徐々に蔓延し、消費に対し生産が追い付かない状態に陥った。ゆえに、1870年代から1880年代までスペインのワインをフランス本土は大量に輸入したが、のちにアルジェリア・ワインの消費の可能性を農業省などが真剣に検討するようになった。とりわけ、フランス本土のワイン産業が悲鳴を上げている間に、スペインなどのワイン産業が発展し、フランス本土などへの輸出で潤い、フランス・ワインの競争力が失われることが懸念された。

こうした経緯から、アルジェリアのフランス人に中央省庁などはブドウの栽培に積極的に取り組むよう要請したが、フランス経済のため、という愛国心を刺激するメッセージだけでは充分な動機を与えることはできなかった。大きな動機付けとなったのは融資だ。農産者が融資を受けられるようにしたため、1880年ごろから急速にアルジェリアのブドウ畑は増えた。しかも、ワインの品質の低さを克服する技術の発展もアルジェリア・ワインの進歩に貢献した。まずは、発酵中の果汁を冷却する技術が取り入れられたが、1900年ごろからは、冷却よりも、本土で流行した亜硫酸や酵母を添加するようになった。こうして、高品質のワインをアルジェリアで生産できるようになった。

オランのワイン会社

ただし、ワイン産業の発展の裏には問題も生じていた。アルジェリアでもブドウネアブラムシ病が発生し、1885年から20世紀の頭までアルジェリアのブドウ畑の再建が重要となった。しかし、貸金業者は虫害の流行に伴い、債権の回収を急いだ。そして、焦げ付いた貸金の担保となっていた多くの土地は不良債権化し、アルジェリア銀行 (Banque d'Algérie) やアルジェリア不動産銀行 (Crédit Foncier d'Algérie) は多数のブドウ畑の所有者となった。その結果、1890年代には銀行が下請け会社を通じてワイン産業を担うようになった。こうした逆境の中で、フランス本土におけるブドウネアブラムシ病の克服は代替品として扱われていたアルジェリア・ワインの消費を低迷させ、アルジェリアのワイン産業再建は急務となった。

地理学者のイルドベール・イスナール (Hildebert Isnard) によれば、フランス本土でブドウ畑がネアブラムシにむしばまれている時に、アルジェリアでフランス本土製ワインと同様のテーブル・ワインなどを作り続けたことが誤りだった。言い換えれば、フランスでブドウ栽培が再興すれば、アルジェリア・ワインはすたれる可能性が高く、甘口ワインやアルコール強化ワイン、ベルモットなどの原料となるミステル (mistelle) といったフランス本土で売れ続けることが確かなブドウ加工品を主要商品としなかったことがアルジェリア・ワインの低迷を不可避とした。つまり、本土とは異なる商品を提供できることがアルジェリアの経済的価値だったはずなのに、本土で作られている製品の類似品をアルジェリアが生産したことが産業再興の失敗を招いた。

アルジェリア・ワインと本土のワインの関係

1900年頃は、フランス本土のワイン産業

137 ORAN. — Exportation des vins d'Algérie, Quai du Sénégal. — ND.

オランの港から輸出されるワインの樽

　が活気づき、アルジェリアのワイン産業を改革する必要が生じた。最終的に、外国産のワインの関税を上げ、スペインやイタリアのワインを排除し、アルジェリアのワインを国内市場において優遇する措置が取られた。加えて、補助金や借金の優遇金利などが実施された。その後は、アルジェリアのワインの売れ行きは好転し、本土が必要とする輸入ワインの75％をアルジェリアが供給した。ワイン関連商品の生産は拡大し、アルジェリアの主要産業の一つとなった。質もよく、1930年にパリで開かれた農業展示会では、審査員がボルドーとアルジェリア・ワインを選り分けることができなかったという。

　その後、アルジェリアのブドウ栽培を制限する法案が提出されたことにより、法律発効前に多くのブドウを植え、栽培規模を拡大しようとする者が急増した。その動きに乗じて、銀行も多額の資金を生産者に貸し付けた。しかしながら、フランス本土では、アルジェリア・ワインが本土のワインを脅かすとして強い批判が飛び交った。そのため、アルジェリアと本土の間でワイン生産をめぐる対立が生まれた。こうした対立を目の当たりにしたフランス政府はワイン産業規程を策定した。栽培や製造過程、販売に関わる規制が始まったのだ。これらの規制はフランス・ワインに比べ、アルジェリア・ワインをより厳しく締め付ける内容のものだった。こうした逆風の中、追い打ちをかけるように、1934年および1935年には本土とアルジェリアでブドウが豊作となり、ワインは過剰供給となった。多くのアルジェリア・ワイン生産者は債務を返済できなくなり、倒産した。

　アルジェリア・ワインが危機に直面したため、入植者はアルジェリアから本土以外にも他の植民地や外国にワイン製造用ブドウ果汁を輸出するようになった。また、フランス政

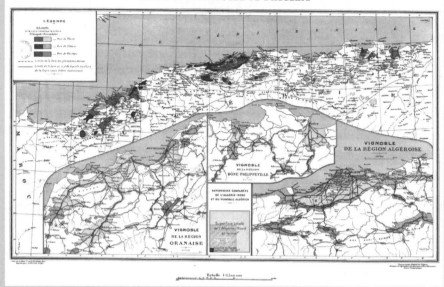

アルジェリアのワイン生産に関する地図　1927年

府もアルジェリア・ワインの危機が植民地政策の危機を招きかねないと考え、債務者の土地を収用しない措置などをとった。政府がとった策は効果を発揮し、1936年のフランス本土の不作と相まって、アルジェリア・ワインは危機から脱し、第二次世界大戦まで好調だった。

　なお、アルジェリアの主要産業となった当初、ワイン産業は人の移動を促した。たとえば、本土のリヨンからブジー（Bougie、現・ベジャイア、Bejaia）やボーヌの周辺への移住はワイン産業が促進した。都市部以外にヨーロッパ系の人々を入植させる効果がワイン産業にはあった。その他にも、穀物を栽培していた土地を去り、ブドウ栽培が可能な土地に引っ越し、ワイン産業に転向した者や、ワイン産業の低迷期には借金に苦しみ、ワイン畑を手放し、移動せざるを得なかった者もおり、ワイン産業はアルジェリア内の移動ももたらした。

先住民族と入植者の非対称な関係とワイン産業

　ところで、ワイン産業は、他の農業生産と同様に、先住民族の土地の奪取によって成り立っていた。また、多くの人手を必要とするワイン産業は、先住民族の労働に大きく頼っていた。19世紀の終わりまで、ワイン製造はヨーロッパ系住民の仕事だったが、産業の危機が訪れると、経費削減が必要となった。それに伴い、人件費を削ろうとする経営者が、ワイン製造業から離れたヨーロッパ系住民の代わりに、先住民族を安い賃金で雇用するようになった。1914年には、ヨーロッパ系住民と先住民族の労働力の入れ替えはほぼ完了していた。そのため、ブドウ畑は多くの先住民族の収入源だった。また、他業種と比較して、ワイン産業に従事する先住民族の賃金は高かったという。ただし、フランス統

オランのワインのラベル

治下では、ブドウ畑の所有者になることができた先住民族は極めて少なく、イスナールは1947年の論文で、栽培地の7%が先住民族の所有物であり、残りはすべてヨーロッパ系住民のものだと示している。つまり、賃金労働者としてヨーロッパ人経営者に依存する先住民族と、栽培地を所有する経済的にも権力的にも優位に立つ入植者の間の差をワイン産業は固定化したともいえる。

アルジェリア独立後のワイン産業

1962年にアルジェリアは独立したが、その後もワインの生産を続けた。当初、フランスは1968年まではアルジェリア・ワインの大半を買い取る約束をしていたが、この約束は反故にされ、アルジェリアは他の輸出先を模索せざるを得なくなった。その結果、ソビエト連邦やフランスの植民地だったアフリカ諸国にワインを売るようになった。加えて、多くのブドウ畑は他の農産物を栽培するための土地へと生まれ変わった。ただし、1968年には全国ワイン販売社 (Office National de la Commercialisation des Vins, ONCV) という公社ができ、アルジェリア・ワインの販売に尽力した。1990年より、同社は株式会社化し、自社のワイン生産に加えて、2640のワイン生産者と提携している。品質管理などを行い、商品のトレーサビリティや有機ブドウのワイン生産、輸出に向いた高級な品種の栽培などに力を入れている。2015年の報道によると、ONCVのワインの約8割は国内で、残りの約2割は外国で消費されている。

ただし、アルジェリア人のワイン消費量は極めて少なく、15歳以上の個人が一年で飲む量は約1リットルだ。2003年から2012年までこの数字はほぼ一定だ。これに対して、同じ時期を比べると、フランス人は一年間で約50から70リットルも消費している。

なお、アルジェリア独特の気候で育ったブドウで作ったワインはヨーロッパのワインとは異なる。ただし、フランス統治時代に植えられた品種を主に使用しており、外国でもなじみの品種を使っているため、輸出に向いているといえるだろう。

200以上の役を主に舞台でこなした
ベルギーで活躍する女優

ジャクリーヌ・ビル
Jacqueline Bir
1934 ～

ジャクリーヌ・ビルは1934年にオランで生まれた。家庭は農家だった。父親は音楽が好きで、夜にはヴァイオリンを弾く習慣を持っていた。母親は娘をジャック (Jacques) という男子の名前で呼んでいた。ジャクリーヌの前に、死産となった男の子がいた名残だ。

ジャクリーヌ・ビルは子供の頃から舞台に立つことが好きだった。学芸会などの行事に積極的に取り組み、歌も好きだった。偶然ながらコンセルヴァトワールの教員が学芸会を見てビルの才能に気付いた。本人は喜んだものの、両親は役者になることよりも、まずは娘が高等学校を卒業することを優先した。

その後、ビルは1953年に18歳でアルジェリアを去り、ジャン＝ルイ・バロー (Jean-Louis Barrault) などの下でパリのコンセルヴァトワールで演劇を学ぶことになった。クラスメートにはジャン＝ポール・ベルモンドらがおり、クロード・ヴォルテール (Claude Volter) とも知り合った。ヴォルテールは当時ベルギー領だった現・コンゴ民主共和国のマタディ (Matadi) で生まれたベルギー人で、16歳の時にブリュッセルのコンセルヴァトワールに入学し、17歳でパリのコンセルヴァトワールに入学した青年だった。ビルとヴォルテールはアフリカで生まれ育ち、ともに演劇に情熱を注いでいたため、意気投合した。

ビルとヴォルテールが息子のフィリップを儲けると、二人はブリュッセルに移住した。ビルは女優として、ヴォルテールは演出家として活動した。ビルは1967年にイエジー・スコリモフスキ (Jerzy Skolimowski) の『出発 (*Le Départ*)』に出演した。その後は多くの舞台に出演した。

ビルは1997年のル・ソワール紙 (*Le Soir*) のインタビューで、「今でもある意味自分をアルジェリア人だと思っているわ。人生の最初の18年間を過ごしたからね。私のルーツです」と語っている。そしてこの「ルーツ」は「エネルギーと光の源泉」だと話している。ただし、ビルは一度もアルジェリアに戻っていない。独立戦争前にフランス本土に渡っており、「異なる世界、異なる人生に私は移っていたから、アルジェリアに戻りたいと思わなかったの」と述べている。

フィリップの弟のファビアンは演劇に興味を示さなかったが、長男のフィリップは両親と同じ道を選んだ。ジャン＝ポール・ラプノー監督 (Jean-Paul Rappeneau) の『シラノ・ド・ベルジュラック (*Cyrano de Bergerac*)』(1990年) などに出演した。

2002年にクロード・ヴォルテールは亡くなった。2005年には息子のフィリップ・ヴォルテールが自殺している。

家族の死後もビルは大役ではないものの、映画やテレビ・ドラマに出演している。

ヴィシー政権を代表する軍人ダルランを
暗殺した王党派青年

フェルナン・ボニエ・
ド・ラ・シャペル
Fernand Bonnier de La Chapelle
1922～1942

　フェルナン・ボニエ・ド・ラ・シャペルは 1922 年にアルジェで生まれた。父親のウジェーヌ・ボニエ・ド・ラ・シャペル (Eugène Bonnier de La Chapelle) は新聞記者であり、ラ・デペシュ・アルジェリエンヌ紙 (*La Dépêche algérienne*) に記事を書いていた。イタリア人の母親とは離婚していた。この母親がデッラ・カペッラ (della Capella) という苗字だったため、ウジェーヌがこれをフランス語に訳してボニエという氏に付け加え、ボニエ・ド・ラ・シャペルと名乗るようになった、という説がある。この説はさまざまな書籍で事実のように語られているが、歴史家のアラン・ドゥコー (Alain Decaux) によれば全くのでたらめであり、何代も前からボニエ・ド・ラ・シャペルが戸籍上の苗字である。ウジェーヌは離婚後、ユダヤ人女性と再婚した。

　ボニエは 1930 年代にパリに渡り、おじの下で学校生活を送る。フランスは第二次世界大戦で早々にドイツに敗れ、占領されるが、ボニエは反ドイツを掲げた 1940 年 11 月 11 日のデモに参加するほど、ドイツに敵対心を抱いていた。1942 年にはアルジェに戻り、バカロレアを受験し、合格する。この年のクリスマス・イブにボニエはフランソワ・ダルラン (François Darlan) を殺すことになる。暗殺を実行することになったのは、若い仲間たちとくじを引いて、ボニエが「当たった」からと言われている。

首相として任命され、失脚するまでのダルラン

　フランソワ・ダルランは暗殺された当時、首相のポストから失脚して、フランス軍のトップにいた。海軍の大物となったダルランは、何代も前から船乗りがいた家系に 1881 年に生まれた。父親のジャン＝バティスト (Jean-Baptiste) はフリーメイソンと深い関係にある共和主義を掲げる左派の政治家で、1896 年には司法大臣になった。母親はダルランが 3 歳の時に亡くなっている。14 歳の頃から海軍に入るための準備学校に通い、狭き門の海軍士官学校に進学する。その後は第一次世界大戦で戦ったのち、フリーメイソンの高官である傍ら、軍や政府で重要な職に就き、順調に出世していく。1940 年にフランスはドイツに占領されると、フィリップ・ペタン元帥率いるドイツに協力的な政権が誕生した。ダルランは、この政権で海軍大臣に任命される。その後、ドイツ政府に近すぎると認識されたピエール・ラヴァル首相はペタン元帥に解任され、ピエール＝エティエンヌ・フランダン (Pierre-Étienne Flandin) が後任に就くも、すぐにダルランが首相の座を奪った。ダルランは対独協力に批判的ではなかったが、遅くとも 1941 年にはドイツの勝利を確信できなくなっていた。そして徐々に対独協力に注力し過ぎている軍人を参謀本部からはずし、連合国との関係強化を図るが、1942 年 4 月にはペタンがドイツ政府の圧力に折れ、ダルランを解任し、ラヴァルを首相として呼び戻した。その後、ダルランは政府の要職から離れ、陸海空軍の総司令官の役職のみ残された。

アルジェリアと複雑な戦況

　1942 年 10 月にダルラン家に衝撃が走る。アルジェリアを訪れていた息子のアラン (Alain) がポリオにかかり、入院した。ダル

暗殺されたダルラン

ラン夫人はすぐにアルジェリアに向かった。ダルランはその数日後に予定されていた仕事でアルジェリアへと渡り、その際に息子を病院で見舞った。この一件以降、ダルランはアルジェリアで多くの時間を過ごすようになる。

1942年のダルランを取り巻く事情は極めて複雑だった。ダルランはヴィシー政権に忠実でいたい一方で、不信感からナチス政権とは少々距離を置いていた。また、連合国の勝利を想定しており、紆余曲折を経て、11月8日の「トーチ作戦」と呼ばれた英米軍アルジェリア上陸作戦後に停戦を受け入れた。その際、ヴィシー政権と相談し、政府の承認を得たいとダルランは考えていたが、北アフリカとフランス本土の間の通信は容易ではなく、政府のお墨付きを得ないまま停戦に踏み切ったのだ。11月11日にはドイツ軍が、ドイツ占領下ではなくヴィシー政権支配下のフランス本土の自由地域 (zone libre) に侵攻したため、ダルランは北アフリカを連合国とともに枢軸国から守ることを定めた。その結果、アフリカのフランス軍司令官となり、アメリカ政府はダルランを、フランスを代表する唯一

の窓口として扱うようになった。

こうしたダルランの行動を受け、ヴィシー政権は、ダルランの公職解任、フランス国籍剥奪、資産没収という極めて厳しい処分を下した。

ダルランに対するレジスタンスの立場

一方で、ヴィシー政権に反対するレジスタンスの人たちはダルランとナチス政権を憎んでいた。特にレジスタンスの中でも共和主義者は軍人を嫌っていたため、ダルランをよく思っていなかった。

連合軍の上陸を支援した若い世代も、高いリスクを冒したにもかかわらず、ヴィシー政権の要人だったダルランが担がれることに反対の立場だった。

また、ドゴール派も当然、ダルランによる統治に批判的であり、一刻も早くドゴールが北アフリカを統治することを願った。ドゴール自身は上陸作戦の情報を知らされておらず、ダルランの起用をアメリカ政府による過ちだと非難した（用語解説「シャルル・ドゴール」参照）。

王党派のレジスタンスとダルラン殺害計画

さらに、レジスタンスの中には王党派もいた。彼らは反ドイツ、反ヴィシー、反共和政をかかげ、パリ伯アンリ (Henri d'Orléans, comte de Paris) による統治を希望していた。レジスタンスの中ではドゴールを応援する者が多かったものの、ドゴールは北アフリカで不人気であった。また、ドゴールが共和制を復活させる可能性があったため、王党派は彼を激しく嫌っていた。この王党派の者たちがダルランの暗殺を企てたのである。その中でも、米軍上陸後に、ダルランを嫌いつつも、彼の下で北アフリカの警察を統括する職に就いたアンリ・ダティエ・ド・ラ・ヴィジュ

1941年、ナチスのゲーリング（右）とヴィシー政権を率いるペタン元帥（中央）と並んで歩くダルラン（左）

リ (Henri d'Astier de La Vigerie) は重大な役割を担った。ダティエはアメリカ政府との関係を維持するためにひとまず与えられた職に就いた。ダティエはパリ伯と親交があり、ダルラン暗殺当時、マラリアを患ったパリ伯を家に泊めていた。また、暗殺を企てた王党派にはコルディエ (Père Cordier) という神父がおり、ダティエらとともに行動をとった。

アルジェリアの統治を目指したパリ伯は、ダルランの死後、ドゴールを政治指導者に、フランス軍のナンバー2のアンリ・ジロー (Henri Giraud) を軍のトップに据えようと構想していた。ダティエをはじめとする王党派らはパリ伯による統治を具体的に計画し、アメリカ政府の承認を得る段階まで準備を進めていた。その一環としてダルランの殺害が企てられた。

パリ伯が暗殺計画にどの程度関わっていたのかは不明である。一説によればパリ伯の指示により、王党派が暗殺を謀ったといわれている。ダティエの妻は、パリ伯が指示を出した、と証言しているが本人は否定している。しかも、暗殺の直前の12月22日にパリ伯はアルジェを去ってしまう。アメリカ政府が、パリ伯による王位継承案に首を縦に振らなかったからだ、という一説もある。

パリ伯の関与の度合いは明らかではないが、王党派のダティエやコルディエが計画を練ったことは明白である。

ダルラン殺害におけるイギリス政府の関与の可能性

イギリス政府やアメリカ政府がどの程度この計画に関わっていたのかは明らかになっていないが、イギリス政府がダルランの暗殺を指示したという証言もある。イギリス政府は

ダルランの死を報じるエコー・ダルジェ

　北アフリカにおけるレジスタンス活動のために、アンリ・ダティエの兄弟でドゴール派レジスタンスのフランソワ・ダティエ・ド・ラ・ヴィジュリ (François d'Astier de La Vigerie) に 40000 米ドルを渡している。フランソワはその金をアンリに渡したが、そのうち 2000 ドルはボニエが逮捕時に所持していた。残りの 38000 ドルはのちにアンリ・ダティエの自宅で押収された。この経緯を踏まえると、イギリス政府とフランソワ・ダティエがダルランの失脚、あるいは暗殺までの企てに参加したように思われる。ところが、フランソワ・ダティエのアルジェリア滞在はわずか4日と、北アフリカの状況を充分に理解するには短かったといえる。彼がダルランを統治者の座から引き下ろす計画にどれほど関与したのかは未だに不明だ。

ダルラン暗殺とボニエに下された処分

　暗殺は 1942 年 12 月 24 日に実行された。ボニエはコルディエ神父に会いに行き、赦免を受け、計画を確認し、銃を受け取った。計画を実施するために、モラン (Morand) という偽名のパスポートも用意されていた。ダルランを銃殺したのち、あらかじめ開放されていた窓から逃げようとするも、すぐに逮捕さ

れる。逮捕されてもダティエらがどうにか逃がしてくれる、とボニエは確信していた。しかしながら、暗殺からボニエの最期までは物事が速やかに決定されていった。事件の翌日に軍事法廷でボニエは裁かれ、即日結審となった。判決は降格および死刑だった。しかも刑は翌朝に執行されることとなった。息子がダルランを殺害したと知ったウジェーヌは複数の有力者に連絡し、どうにか恩赦を受けられないか必死に模索した。ダティエやコルディエたちも深夜に電話で連絡を取り合い、ボニエを救おうとした。ボニエ自身は助かることを確信しており、みせかけの処刑シーンを行うと考えていた。結局、周囲の努力もむなしく、助かるという本人の確信は裏切られ、26日の朝に射殺という形でボニエは処刑された。

ダルランはもともと自身の立場を長くは堅持できないと認識していた。極めて多くの勢力がダルランに対し批判的だった。本人もヴィシー政権やその支持者、ドゴールやその支持者、そして連合軍の上陸を支援した者たちがそれぞれに彼の失脚を望んでいることを理解していた。12月23日にはアメリカ政府関係者に、自身を標的とした暗殺が4つも計画中である、と語っていた。

ダルランとボニエの死後

ダルランの死後、パリ伯が統治することはなく、ダルランの下で軍のナンバー2だったジローがダルランの後任に就く。パリ伯はダルランの暗殺後、モロッコ、そしてスペインに渡り、アルジェリアで権力の座に就くという目論見は失敗した。ダティエやコルディエはダルランの暗殺に関与したとして逮捕されるも、公訴棄却の決定がなされた。その後1943年10月にダティエはドゴールによりコンパニオン・ド・ラ・リベラシオン (Compagnon de la Libération) というフランス解放勲章 (Ordre de la Libération) を授与された。

ボニエの墓石には「フランスのために死す (Mort pour la France)」と刻まれている。また、たとえその行為が犯罪であったとしても、フランスの解放に資する行為を正統とする1943年の政令の一種であるオルドナンスに基づき、ボニエに対する死刑判決をアルジェ控訴院は1945年に無効とした。さらに、1953年にはフランス軍の勲章も授与された。一方で、ダルランの墓石にも「フランスのために死す」と彫られていたが、1947年にこの文言は取り除かれた。

アンリ・ダティエ・ド・ラ・ヴィジュリ

パリ伯

『女は女である』や『イノセンツ』に出演したヌーヴェル・ヴァーグの二枚目俳優

ジャン＝クロード・ブリアリ
Jean-Claude Brialy
1933〜2007

　ジャン＝クロード・ブリアリは1933年にオマル（Aumale、現・スール・エル・ゴスラーン、Sour El Ghozlane）で生まれた。父親はブルターニュ出身の軍人で、母親はオーヴェルニュ地方の出身だった。両親は息子の誕生の前年にアルジェリアに移住した。オマル以外にも父親の転勤でブリダ（Blida）やボーヌに住んだ。アルジェリアに居住したのは8歳までで、フランス本土ではマルセイユやストラスブールなどで過ごした。ストラスブールでバカロレアを取得し、演劇学校に通った。そこでは賞をもらうほどの実力を見せるようになる。その後、東方演劇センター（現・ストラスブール国立劇場）で演劇の勉強を続ける。また、舞台で活動し、とりわけジャン＝ポール・サルトル（Jean-Paul Sartre）の『汚れた手（Les Mains sales）』などに出演した。

大物映画監督の作品に多数出演

　兵役の際には、ドイツのバーデン＝バーデン（Baden-Baden）で過ごし、軍の映画部に配属される。そこでは、短編を撮影する機会に恵まれる。この時期にジャン・マレーと知り合い、応援を受ける。兵役期間が終了すると、1954年にパリに引っ越す。1956年にはジャック・ピノトー（Jacques Pinoteau）の映画で銀幕デビューを飾る。また、パリではフランスで最も権威があり、ヌーヴェル・ヴァーグ（Nouvelle Vague）の映画作家を輩出したことで有名な映画評論誌のカイエ・デュ・シネマ誌（Cahiers du Cinéma）と深く関わっている監督たちと付き合うようになる。クロード・シャブロル監督（Claude Chabrol）とは『美しきセルジュ（Le beau Serge）』（1958年）や『いとこ同志（Les cousins）』（1959年）で共に働き、次第にブリアリの名は世に広く知られるようになる。その後は、同じくヌーヴェル・ヴァーグのジャン＝リュック・ゴダール監督の『女は女である（Une femme est une femme）』（1960年）、フランソワ・トリュフォー監督（François Truffaut）の『大人は判ってくれない（Les Quatre Cents Coups）』（1959年）や『黒衣の花嫁（La mariée était en noir）』（1967年）、そして、エリック・ロメール監督（Eric Rohmer）の『クレールの膝（Le Genou de Claire）』（1969年）に出演しヌーヴェル・ヴァーグの代表的な俳優となる。

　これらの監督以外にもルイ・マル（Louis Malle）、ルイス・ブニュエル（Luis Buñuel）、アンドレ・テシネ、パトリス・シェロー（Patrice Chéreau）などといった巨匠の映画に多数出演し、半世紀にわたるキャリアで約180本にも上る作品に出演した。1988年にはテシネ監督の『イノセンツ（Les Innocents）』の演技が評価され、セザール賞の最優秀助演男優賞を受賞する。

ブリアリとアルジェリア

　ブリアリがアルジェリアに滞在した期間は短いが、アルジェリアで過ごした日々が彼を海や太陽、果樹園の香りなどを愛する男性にした。のちにアルジェリアで過ごした時期に関して「楽園」の思い出を持っていると彼は振り返っている。こうした幸せな日々を思い出すために、フランス本土に移ってからチュニジアやモロッコで休暇を過ごしたという。また、アルジェリアにもたびたび訪れている。

　ブリアリはアルジェリア独立戦争時にはアルジェリアにいなかったが、植民地支配に反対し、独立を支持した。一方で、アルジェリアを繁栄させたフランス人たちが土地を追われ、資産を失ったことには強い憤りを抱いたと語る。

　2007年にパリの自宅で74歳にして亡くなった。顔が広いことで知られていたブリアリの葬儀にはサルコジ大統領（当時）、女優のジャンヌ・モロー (Jeanne Moreau)、カトリーヌ・ドヌーヴ、俳優のアラン・ドロン、パリ市長（当時）のベルトラン・ドラノエ (Bertrand Delanoë)、歌手のシャルル・アズナヴール (Charles Aznavour) などといった著名人が参列した。

『女は女である』のポスター

『クレールの膝』のポスター

アンナバの病院 1880年

👣 アンナバ /Annaba

　アンナバは約34万人の人口を有するアルジェリア第4の都市であり、アンナバ県の県都でもある。地中海に面し、チュニジア国境の近くに位置している。

　古代より、ヒッポ・レギウス (Hippo Regius)、ヒッポ (Hippo)、ボーヌ (Bône)、アンナバなどと名前を変えてきた都市である。396年にアウグスティヌスが司教となったキリスト教の歴史がある都市としても知られている。彼はこの都市で聖職者として活動したことから、「ヒッポのアウグスティヌス」と呼ばれている。

　近年の動向を振り返ると、1992年に当時大統領だったムハンマド・ブーディアフ (Mohamed Boudiaf) がアンナバで講演中に殺害された。彼は早くから独立運動に参加したが、独立後には一党独裁政権を樹立したアルジェリア民族解放戦線 (FLN) と対立し、死刑宣告を受け、モロッコで亡命生活を送るようになった。ところが、28年の亡命生活を経て、1991年に、クーデターを起こした軍がブーディアフをアルジェリアに呼び戻した。彼は大統領に就任し、アルジェリアの民主化を目指した。しかし、1992年6月29日にアンナバで暗殺された。軍と対立していたイスラム救国戦線 (Front Islamique du Salut, al-Jabhah al-Islāmiyah lil-Inqādh) が暗殺を企てたと思われたが、犯人は軍の特殊部隊の兵士だった。結局、殺害の指示を出した者がいるのか、それとも単独犯だったのかなど、事件の真相は明らかになっていない。なお、ブーディアフの講演はテレビ中継されていたため、今でもインターネットで殺害時の映像が視聴できる。

　こうした悲劇に見舞われたものの、その後

アンナバの風景　http://cartepostale-ancienne.fr/

の内戦では暴力行為にあまりさらされなかったため、アンナバは多くの人々がアルジェなどから移住してきた都市でもある。また、海に面しているため、多くの観光客を魅了している地でもある。

アンナバ駅

出生時の名前が不明なポーカー好きの
歌手兼俳優

パトリック・ブリュエル
Patrick Bruel
1959 〜

パトリック・ブリュエルは1959年にトレムセン (Tlemcen) で生まれる。ユダヤ系ベルベル人の家庭に生まれ、戸籍上の苗字はベンギギである。ユダヤ系ベルベル人は、ムスリムによる侵略よりずっと前からアルジェリアの位置する地域に住んでおり、自身の家系は少なくとも14世紀のとある詩人にまでさかのぼるという。

突然のフランス本土への移動

1960年に両親が離婚し、まだ3歳だった1962年のアルジェリア独立時に学校教員の母親と二人で飛行機に乗ってフランス本土に渡り、パリ近郊のアルジャントゥイユ (Argenteuil) に引っ越した。ブリュエルによれば、この頃すでに父親や母方の家族は本土に移住していた。だが、ブリュエルにとって母親との移住は唐突だったようだ。なぜ突然移住しなければならないのか、当時は理解できなかったと振り返っている。トレムセン市の総務担当課長だった祖父が、独立派による奇襲計画をフランス軍に通報し、犯行を防いだため、アルジェリア民族解放戦線 (FLN) による報復を恐れて慌てて本土に渡った、とのちに分かったという。

音楽と芝居の道へ

若い頃はジョルジュ・ブラッサンス (Georges Brassens) やジャック・ブレル (Jacques Brel)、セルジュ・ゲンスブール (Serge Gainsbourg) の音楽に夢中になるが、ローリング・ストーンズでロックにも目覚める。アンリ4世高等学校 (Lycée Henri IV) というフランス有数の進学校に通うもバカロレアでは失敗を喫し、もともと好んでいた歌や芝居の道に進もうと考えた。その結果、1979年に同じくユダヤ系でアルジェリア生まれのアルカディが監督した『我が心のシロッコ』に出演する。その後も複数のアルカディ作品に出演した。

映画と舞台で人気が出たブリュエルは1980年代から歌手として活動を開始する。ファースト・アルバムにも収録されている1984年と1985年にリリースしたシングルがヒットするが、爆発的な人気を得たのは1989年のセカンド・アルバムのリリースの際である。特に *Casser la voix* (声をつぶす) が大ヒットとなり、フランスで最も注目される音楽賞であるヴィクトワール・ド・ラ・ミュージック (Victoires de la Musique) の最優秀ミュージック・ビデオ賞を1990年に受賞した。

映画と楽曲が売れるようになったブリュエルはハリウッドで俳優として挑戦し、名作のリメイクであるシドニー・ポラック監督 (Sydney Pollack) の『サブリナ *Sabrina*』(1995年) などに出演するも、高い評価を得られなかった。

その後はフランス国内の映画に出続ける。『ジャガー(*Le Jaguar*)』(1996年)ではジャン・レノと共演し、クロード・シャブロルやクロード・ミレール (Claude Miller)、ダニエル・トンプソン (Danièle Thompson) といった名だたる映画監督の作品に抜擢される。出演した作品は約50に上る。俳優業の傍ら、音楽活動にも熱心であり、売れたアルバムの枚数は1400万枚を誇る。

活躍は映画と音楽にとどまらず、ポーカーでもブリュエルは輝かしい才能を見せつける。特筆すべきなのは、1998年の由緒あるポーカーの世界大会であるワールド・シリーズ・オブ・ポーカーの Limit Hold'em 部門で優勝した経験である。また、2006年にはポーカーの教本も出版している。

アルジェリアへの思い

アルジェリアを去ったのが3歳の時だったため、出生地の思い出は少ないようだが、2011年に出版した対談本ではアルジェリアに対する思いや自身の出自について語っている。自分の出自に対する愛着を見せる一方で、アルジェリアに戻ったことは一度もないようだ。何度もアルジェリアに戻り、トレムセンでコンサートを開きたいと考えたらしいが、祖父の反対や安全面の問題により実現していない。ただし、アラビア語を「私のルーツ」として認識し、複数回アラビア語で歌を披露した経験を持つ。

本名をめぐる謎

最後に、ブリュエルの最も大きな謎は本名だ。モーリス・ベンギギが出生時の本名だと考えられているが、その根拠は1990年の勲章授与を発表する政令にある。この政令を以てブリュエルは勲章を与えられるのだが、条文には「パトリック・ブリュエルことモーリス・ベンギギ氏。歌手、役者」とあり、苗字だけでなく名前も芸名だと思われる。しかしながら、本人は名前を変えたことはなく、パトリック・ベンギギが出生時の名前だと主張している。名前をめぐる議論はフランス語版ウィキペディアにも載っており、ブリュエル本人はこのウェブサイトを問題視している。

Casser la voix（声をつぶす）

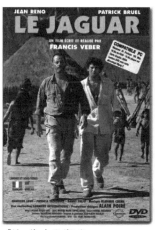

『ジャガー』のポスター

アルジェリア生まれのフランス人を
代表するノーベル賞作家

アルベール・カミュ
Albert Camus
1913 〜 1960

アルベール・カミュは 1913 年にモンドヴィ（Mondovi、現・ドレアン、Dréan）で生まれた。カミュ一家はとても貧しく、父親のリュシアン (Lucien) はワイン生産業に携わっており、リュシアンの 3 歳年上である母親のカトリーヌ・エレーヌ (Catherine Hélène) はスペインに出自を持つ読み書きのできない聴覚障害者だった。彼女は読唇により他人の発言を「聞き取る」習慣を持っていた。リュシアンは最も早くからアルジェリアに入植した者を先祖に持っていた。ワイン生産においては、オーナーが最も偉く、リュシアンが収穫されたブドウを加工し、醸造するというワイン製造業のヒエラルキーでは下の方の職位についていた。1914 年になると、リュシアンは第一次世界大戦に動員され、同年 10 月にフランス本土で戦死する。息子のアルベールとともに生活できた期間は 8 ヶ月である。

父親リュシアンが亡くなり、カトリーヌ・エレーヌと兄のリュシアン、そして幼いアルベールは、カトリーヌ・エレーヌの母親で、娘と紛らわしいながら同じ名前を持つカトリーヌと兄弟のエティエンヌ (Etienne) とともにアルジェのアパートに引っ越した。カトリーヌ・エレーヌと同様に伯父のエティエンヌは聴覚障害を抱えていた。そのため、伯父と母親は言葉を発することが少なかった。

カミュを取り巻く教育環境

新しい住居は、アルジェのアラブ人街に隣接する貧しい地区にあり、アパートには水道がなかった。語彙が少なく、発音が不明瞭だったカトリーヌ・エレーヌは家政婦の仕事をし、子供たちの教育は祖母のカトリーヌが主に担当した。祖母はとても厳しかったという。しかし、アルベールはアルジェでそれなりに幸せな時代を送った。同様の経済的状況に置かれたスペイン人やアラブ人の子供たちを友人に持ち、市立図書館で本への情熱を培った。

そして、アルベールは学校で人生において決定的に重要な出会いをする。ルイ・ジェルマン (Louis Germain) という教諭が彼の勉学の才能に気付いたのだ。また、戦争で動員された経験を持つこの教諭は特に戦災孤児の世話に注力していた。アルベールは、フランス語の成績がクラスで一番であり、さらに戦災孤児だった。そのため、ジェルマンはカミュ家の人々を、アルベールを奨学金で進学させるよう説得した。そして彼が奨学金を得て、良い学校に進学するべく、無償でジェルマンは補講を行った。

高校に進学したカミュは、サッカーに熱中するようになる。また、この頃には裕福な中産階級の子供と知り合い、自身の貧困状態を意識するようになる。そのせいで自身や家族を恥ずかしく思うようになったと同時に、家族を恥ずかしく思うこと自体に罪悪感を抱い

た。

カミュは17歳の時にバカロレアを取得し、大学に進学した。サッカーも続けたが、あるとき吐血し、病院を受診したところ、結核に罹患していることが発覚した。そのため、サッカーを辞めざるを得なかった。

アルジェ大学では哲学を学ぶも、結核の病歴のせいで教諭資格を得られず、記者への道を模索した。1932年には、ベルクソンやニーチェに関するいくつかの記事を初めて世に送る。この時期には、アルジェの知識人との交流を通じて、米文学やクラシック音楽などを知るようになった。

結婚生活と記者のキャリア

また、この頃にシモーヌ・イエ (Simone Hié) という自由奔放な女性と知り合う。大胆で挑発的な服装を好み、かつモルヒネ中毒だったシモーヌの気を惹くために、カミュは麻薬を薬剤師の友人から手に入れ、彼女に渡していた。1934年に二人は結婚する。シモーヌの家族はこの婚姻が長続きしないと考えていた。不幸なことに、この予感は的中する。シモーヌの薬物中毒が二人の関係に悪影響をもたらしたのみならず、彼女は薬物を提供してくれる医師と浮気をしていたのだ。この事態を知ったカミュは離婚を決意する。

結婚生活が上手くいかない中、カミュは執筆活動と政治活動に力を入れる。結婚後、共産党に入党し、戯曲などを執筆する。1936年にシモーヌと別れ、私生活では苦い思いをしつつも、翌年には中欧旅行を綴った初の書籍『裏と表 (L'Envers et l'Endroit)』を出版する。政治的立場の対立から1937年には共産党を追放される。共産党は反植民地主義を掲げた闘争から離れていた。しかも、独立派のアルジェリア人民党の幹部が逮捕されると、共産党の党員らは競合する勢力のメンバーが苦境に立たされたことに喜んだ。こうした共産党の態度はカミュの思考とかけ離れていた。1938年には左派のアルジェ・レピュブリカン紙 (Alger Républicain) の記者となる。

1940年になるとフランシーヌ・フォール (Francine Faure) という女性と再婚し、パリに渡る。1943年よりレジスタンスの地下新聞だったコンバ紙 (Combat) 紙の記者となり、1944年から1947年まで編集長を務めた。第二次世界大戦中は小説『異邦人 (L'étranger)』と哲学エッセーの『シーシュポスの神話 (Le Mythe de Sisyphe)』を発表する。1945年8月8日のコンバ紙では、日本で原爆が投下されたことを受け、「機械の文明は野蛮の最終段階に達した。そう遠くない将来、集団自殺か科学の業績の理性的な利用のいずれかを選択しなければならなくなった」と批判的な社説を発表した。この年にはフランシーヌとの間にカトリーヌとジャンという双子が生まれている。1947年には小説『ペスト (La Peste)』を発表する。

「カミュ=サルトル論争」

カミュは、ジャン=ポール・サルトルと論争を巻き起こしたことでも有名だ。二人は1943年に知り合い、互いの作品に批判的な立場を持ちながらも、友人関係になる。しかし、1951年に『反抗的人間 (L'Homme révolté)』を出版すると、サルトルから痛烈な批判を受けた。『反抗的人間』は、暴力に対する二人の考え方の対立を明確化するきっかけとなった。革命を起こすための暴力に反対するカミュに対し、サルトルは構造的な暴力を是正する必要性とその是正に利用する暴力の正当性を論じた。当時の政治的文脈に鑑みれば、カミュは共産主義体制をナチズムやファシズムと同様の全体主義体制と理解し、より良い世界の構築のためであっても、人を

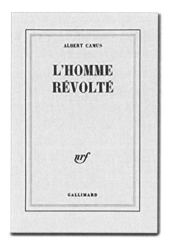
『反抗的人間』

殺す行為は正当化できないと考えていた。そのため、共産主義体制に批判的であり、のちにアルジェリア独立戦争においては独立派およびフランス軍による暴力に反対した。一方でサルトルは、資本主義や植民地主義が人々を抑圧するシステムであると主張し、その恩恵を受けるブルジョワジーを非難した。すなわち、二人は政治的暴力の異なる側面を批判していたのだが、互いに反論する形で立論しており、かつ、冷戦という政治的背景が対立を促していたため、相互補完的な議論を展開していた二人の間で妥協は得られなかった。

アルジェリア独立戦争における立場

アルベール・カミュを最も苦しめた出来事はアルジェリア独立戦争だろう。アルジェリアに対する愛着を強く持っていた上、母親がアルジェに住み続けていることもあり、先住民族に対する抑圧には反対しつつも、唐突な独立には賛成せず、ヨーロッパ系住民と先住民族がともに平和的に共生できるようになることを望んでいた。具体的には、アルジェリアを植民地とせず、ヨーロッパ系住民と先住民族が平等な身分で共生できる自治権を持った地区にすることを構想していた。その結果、カミュは、独立を支持していた左派政党や左翼知識人からは非難され、アルジェリアの独立に強固に反対していた者からは裏切り者扱いされた。1956年、カミュは「市民休戦 (Trêve civile)」を呼びかけ、両陣営に民間人を殺さないよう求めた。この声明に対し、強硬な反独立派は「カミュ、死ね！(À mort Camus !)」というスローガンを唱えた。カミュの希望は叶えられなかった。

ノーベル文学賞受賞

アルジェリアの独立をめぐって混乱が続く中、1957年にカミュは40代にしてノーベル文学賞を受賞する。当時、フランス人ではアンドレ・マルローの受賞が有力視されており、他にはアイルランドのサミュエル・ベケット (Samuel Beckett) やソ連のボリス・パステルナーク (Boris Pasternak) の名前が挙がっていた。若いカミュの受賞はフランス国内で必ずしも喜びを以て迎えられなかった。たとえば、右派言論者からは、ノーベル賞が一般的にキャリアの終盤にいる作家に与えられることを踏まえ、「スウェーデン・アカデミーは、この決定により、カミュは終わったと考えていることを明らかにした」などと揶揄した。左派は、時代遅れのブルジョワ的ヒューマニズムに則った優等生の思想家がノーベル賞を受賞した、などと受賞を批評した。なお、授賞式の演説でカミュは、「世界が解体する」ことを阻止しなければならないと警鐘を鳴らし、一刻も早く「国家間の平和を復活させる」必要性を説いた。また、進学を熱心に勧めてくれた教諭ルイ・ジェルマンに賞を捧げた。

1959年から『最初の人間 (Le Premier Homme)』という新たな小説に取り掛かるが、

翌年1月4日に交通事故でカミュは亡くなる。小説は未完のままだ。

カミュの作品に対する評価

　アルベール・カミュは文学において大きな影響力を持ったが、アルジェリアの現在の若年層にはあまり認知されていないようだ。学校教育で取り上げられていないためだ。フランスによる統治時代を経験したアルジェリア人の間ではより認知度が高い。ただし、カミュの評価は分かれる。カミュの小説に対する評価とは別に、アルジェリアの独立に反対したことに対し批判的な立場を取るアルジェリア人は今も少なくない。

　植民地主義や西洋中心主義を批判するエドワード・サイード (Edward Said) は、カミュの文学作品においても植民地主義的な思考が見て取れると指摘する。サイードにとってカミュは、普遍主義を標榜しながらも、植民地主義的な思考に根差した作家である。『異邦人』や『ペスト』では被害者はアラブ人だが、いずれのアラブ人にも名前が登場しないのに対して、フランス人の登場人物には名前がつけられている、とサイードは指摘する。また、当時の教科書には、フランスがアルジェリアで病院や学校、役所といった社会の基盤を作ったという記述が目立ち、フランスがアルジェリアの発展に寄与したことが強調されているが、それと同じような観点からの記述がカミュの小説の中にも見られると論じている。サイードは、カミュの著作が結局のところ、フランス人読者向けのフランス人入植者による作品になっている、と主張しているのである。

　偉大な作品を残した作家という評価と、政治的にも文学的にも問題を抱えた作家という評価のどちらも可能であろう。マグレブ史の専門家であるバンジャマン・ストラは次のようにカミュについて語る。

　「カミュは絶えず人々を考えこませる。暴力との関係、テロリズムの否定、身内や故郷を失くす恐怖、平等の必要性とアルジェリア人のナショナリズムに対する盲目。カミュの作品は霧の中にそびえたつ宮殿のようだ。読者が近づけば近づくほど、建物は複雑に見える。だが、その華麗さを失うことはない。」

　ところで、アルベール・カミュは日本で活動しているタレントであるセイン・カミュ (Thane Camus) の大叔父、つまり祖父母のいずれかの弟である。カミュの『客 (L'Hôte)』という短編小説を原作とした映画『涙するまで、生きる (Loin des hommes)』が2015年に日本で公開された際には、イベントにセイン・カミュが登壇した。

植民地支配の贖罪感から解放された
国史教育に力を入れるべきと主張する歴史家

ディミトリ・カザリ
Dimitri Casali
1960 〜

　ディミトリ・カザリは1960年にコンスタンティーヌで生まれた。音楽と歴史が大好きだったカザリはトゥールーズ大学に進学し、ロック・バンドでも活動した。その後、「ナポレオン時代の音楽神話」という論文で修士号を取得した。

　カザリは1997年から2003年まで中等教育の場で教諭として勤務した。特にその活動は低学力の生徒が多く、教育優先地域 (Zone d'éducation Prioritaire, ZEP) の指定を受けた地域に集中した。そうした教育現場で、中学生が歴史に興味を持てるよう、学習対象の時代の絵画や楽曲の分析を取り入れた「ヒストロック (Historock)」と名付けた教授法を編み出した。また、学校教育を超えて、広い読者層に向けた歴史の書籍を多数執筆し、歴史知識の普及に努めている。

　カザリの主たる考えは、歴史教育はまず国史教育であるべきで、その中心はクロヴィス (Clovis) やナポレオン (Napoléon) といった偉大な歴史上の人物だという。言い換えれば、自国の歴史に対し批判的なまなざしを養成する植民地支配やフランス以外の地域の歴史よりも、ポリティカリー・コレクトから解放されたフランス中心の歴史をカザリは重視している。そのため、フランス以外の歴史を取り入れた教育改革に極めて批判的な立場をとっている。こうした立場から、2011年に *L'Altermanuel d'Histoire de France : Ce que nos enfants n'apprennent plus au collège*（もう一つのフランス史の教科書——私たちの子供が中学で習わなくなった歴史——）を出版した。

　さらにカザリの主張は、多数の雑誌等の媒体に寄稿やインタビューを通じて登場している。1961年10月17日の事件で警察による暴力があったことをオランド大統領が認めた件について訊かれた際には、2012年のインタビューで「フランス人は独自性を好んでいるようです。我々は世界で唯一、悔恨の文化を過激に展開しています。（中略）ヨーロッパの大国（ポルトガル、オランダ、イギリス、ドイツ、イタリアなど）はいずれも植民地を持ちましたし、どの大きな文明も膨張主義的な時代を経験しました。しかしながら、我々だけが唯一罪悪感を抱く戦略をとっています。」と答えた（コラム「1961年10月17日の事件」参照）。

北米流フェミニズムとは一線を画す
女性をテーマにした人気作家

マリー・カルディナル
Marie Cardinal
1929～2001

マリー・カルディナルは1929年にアルジェで生まれた。裕福な家庭だったが、生後すぐに両親は離婚した。1836年からアルジェリアに移住した家族の子孫だった母親に育られた。

パリ大学で哲学を修め、1953年に演出家のジャン＝ピエール・ロンファール（Jean-Pierre Ronfard）と結婚した。その後、3人の子供を儲けながら、1960年までギリシャ、ポルトガル、オーストリアやカナダのフランス人学校で教諭として勤務した。1969年から夫をカナダにおいて、パリに生活の拠点を移した。その後、18年にわたりゴーストライティングの仕事に携わった。ただし、1978年のラジオ放送でジゼル・アリミなどのゴーストライターだとささやかれている点に関して、本人はそうした仕事をしたことはないと断言している（チュニジア生まれ、ジゼル・アリミ参照）。

カルディナルは1962年に初めての小説 *Ecoutez la mer*（海を聴け）を発表した。その後、彼女の知名度を上げたのは1973年の *La Clé Sur La Porte*（鍵は刺さったまま）だろう。常に鍵を開けたままにして、若者を家に受け入れる女性を描いた。また、*Les Mots Pour Le Dire*（それをいうための言葉）では、家庭における女性の立場、女性の身体の問題、精神分析による解放を扱い、とりわけ多くの女性読者を獲得した。この作品は1983年にニコール・ガルシアを主演に迎え、映画化されている（アルジェリア生まれ、ニコール・ガルシア参照）。自伝的なこれらの作品に基づけば、カルディナルをフェミニストと位置付けることができるが、彼女をフェミニズム運動のインテリとして認める者は生前いなかった。また、本人も活動家ではなく、いずれ女性が社会でより心地よく生活できることを望む一人の作家であると認識していた。とりわけ、北米で見たフェミニズム運動に対しては「ラディカルだ」と感じ、与しない立場をとっていた。

2001年に亡くなった。

Les Mots Pour le Dire（それをいうための言葉）を原作にした映画のポスター

Algérie

1961年10月17日の事件

1961年10月17日に起きた事件はアルジェリア独立戦争史のみならず、フランス現代史の中でも極端に暴力的な出来事といえるだろう。「虐殺」と呼ばれるほど衝撃的な事件だった。

独立に関する交渉が進む中のパリにおける外出禁止令

この頃にはすでにフランス政府とアルジェリア民族解放戦線（FLN）の間で交渉が進んでいた。一方で、独立派と反独立派の対立は激しかった。そうした文脈の中で、いわばテロ対策として10月5日にパリで夜間外出禁止令が出た。これは「アルジェリア人ムスリムの労働者」のみを対象としたものだった。

こうした夜間外出禁止令は1958年9月2日にも出されていた。「夜間（中略）、とりわけ21時30分から朝の5時30分まで」パリおよびパリ近郊の道路を使用することが「北アフリカ人労働者」に禁止された。FLNによる石油関連施設に対する連続襲撃があった直後にこの禁止令は発せられた。だが、禁止令の文言があいまいで、強い実質的な効力があるとは言えなかった。外出が必要な者に対しては通行許可が下り、警察も禁止令を厳格に適用するための組織を持っていなかった。また、FLNはこの禁止令を無視してよいと認識し、組織内文書にもそのような記述が残っている。

1961年10月5日には新たな夜間外出禁止令が発動されると、その日から「ムスリムが経営もしくは利用する飲料提供店」は19時に閉店しなければならなくなり、さらに、彼女ら・彼らは少人数グループで移動することも避けなければならなくなった。だが、その後、夜間外出禁止令発動中も職務などの理由により特定の企業の社員や職種の者は集団的に外出許可を得られた。さらに、個別に外出許可を申請し、許可証を得た者は14000人のアルジェリア人に上る。個別の許可証が相当数発行された事実は、柔軟な対応などと肯定的に捉えられる一方で、申請者の登録による情報収集が警察にとって可能となったことも過去の研究で指摘されている。また、アルジェリア独立戦争の専門家のシルヴィ・テノー（Sylvie Thénault）は、FLNのテロへの対策として講じられた夜間外出禁止令等は、テロの防止というよりも、パリおよびその近郊に在住するアルジェリア人の管理の強化に貢献し、掲げられた目的と実際に講じられた策の間に乖離があると論じている。

FLNによる夜間デモの呼びかけと取り締まり

1961年10月17日の事件はこうした中で生じた。FLNは10月17日から20日まで連夜デモを行うよう、当日の17日に呼び掛けた。呼びかけの文書には、いかなる武器も持たないこと、いかなる挑発にも反応しないこと、落ち着きを持って夜間外出禁止令を破ることが指示されていた。実際にデモ参加者が武器や武器になりうるものを所持していないか、FLNのメンバーが確認する場合もあった。デモでは、アルジェリア人らはいたって静かに行進し、看板を持つ者はいたが、横断幕はなかったという。「FLN万歳！」や「自由なアルジェリア万歳！」「アルジェリア人のアルジェリア！」などと声をあげる者やアルジェリアの革命歌を歌う者はいたが、脅威を示すような攻撃的なスローガンはなかった。

ところが、デモ行進をしていた者のみならず、勤務を終えたばかりのアルジェリア人やデモに向かうアルジェリア人が大勢警察の暴

力に晒された。武力を排除した平和的なデモ行進をFLNが予定していたことは、警察も把握していた。それにもかかわらず彼女ら・彼らは警棒などで何度も激しく打たれ、殴られ、蹴られた。絞首されたり、骨折したりする場合も少なくなかった。目を失った者や耳をちぎられた者もいる。警察は銃も使用し、警告なく発砲したケースもある。負傷し、殺されたアルジェリア人は多数いる。警察は男性も女性も区別せずに暴力を振るった。幼児を抱えた女性も警察による暴行の被害に遭った。警察に対する暴力や、警察の指示に対する強い抵抗がないにもかかわらず、警官らは殴り、蹴り、発砲した。一斉検挙されたアルジェリア人は、パリの15区に位置し、1960年にできたばかりのコンサートなどを行うホールのパレ・デ・スポール (Palais des Sports) などにバスで移送された。警察署に連れていかれた者もいる。

この一斉検挙にはアラブ人が構成する補助警官部隊 (Force de Police Auxiliaire, FPA) も参加した。つまり、ハルキがパリのアルジェリア人の取り締まりに力を貸したことになる。たとえば、FPAはバスなどに乗り込み、見た目がアラブ人の乗客を選び、降りるよう指示し、アルジェリア人を収容場所に移送するためのバスに乗るよう強制した。その際に、FPAの者はアラビア語で脅迫するような言葉を発したり、警棒でアルジェリア人を叩いたりなどした。

収容場所に到着したアルジェリア人はさらに肉体的に痛めつけられた。そこでは、殴打や絞首が横行した。拘禁された際に、「ドゴール万歳」と叫ぶこと強要された者もいる。拘禁の際の状況は劣悪で、生きているのか死んでいるのかわからないような状態の血まみれの者が床に倒れており、用を足したい者はその場でするしかなかった。場合によっては、用を足したい者は警官によって外に出され、二度と戻ってこなかった。また、セーヌ川 (Seine) にアルジェリア人が突き落とされる場面を目撃したという証言が多数ある。生還した者もいるが、川の流れが速く、溺死した者も多い。

被害者の人数と事件の特徴

結局、この一日だけで、1万人以上が逮捕された。翌日には、2名のアルジェリア人が死亡した、と警察は発表した。その数日後に、ロジェ・フレ内務大臣 (Roger Frey) は6名が死亡したと報告した。しかし、死者数は明らかにこの数字よりも多い。この虐殺で命を落としたアルジェリア人の数は論争となっている。FLNは死者200名、行方不明者400名とした。リベラシオン紙 (*Libération*) は少なくとも40名の司法解剖があったと報じた。この虐殺の専門家であるジャン=リュック・エノディ (Jean-Luc Einodi) は、死者の数を200名程度と見ている。

この一斉検挙の特徴は、デモ参加者以外も対象となった点、および、検挙の基準があいまいだった点だろう。アルジェリア人が検挙の標的となっていたはずだが、検挙されたアラブ人の隣に座っていた金髪で目が青いカビール人が検挙の対象とならなかったことや、アルジェリア人ではない警察吏の息子がアルジェリア人と間違われて警察の暴力に遭ったことなどが報告されている。暴行され、拘禁された者の中にはポルトガル人もおり、「ポルトガル人だ！」と訴えて、ようやく釈放された者もいた。捕まえたスペイン人をどうしたらよいのかわからず、困惑する警官もいた。検挙方法や検挙基準が具体的に警察の中で示されたとは考え難い事例が上記のように多数見受けられる。

この事件はフランス人、つまりアラブ人で

はないフランス市民にとっては、あまり関係のないことのように認識された。デモに参加したフランス人はごくわずかで、大勢のアルジェリア人が非道な暴力の被害に遭っているにもかかわらず、フランス人は通常の生活を続けた。セーヌ川に突き落とされたアルジェリア人を救助しようとしたフランス人女性の証言なども残っているが、こうした行動に出た者は少ない。

事件の反響

事件翌日に、多くの新聞がこの事件について一面を割いた。いずれの新聞も、「叫び、威嚇する群衆」とアルジェリア人を形容したり、アルジェリア人が「暴行を加え、敵意を表す叫び声をあげながら、首都の中心街に流れ込んできた」と語ったりし、アルジェリア人が脅威をもたらす集団として行動したという記事を載せた。新聞各紙がこうした論調の記事を出した中、警察による取り締まりの態勢の評価は唯一新聞によって異なっていた。一部の新聞は警察の配備が不充分だったと指摘し、内務省の責任を問うた一方で、警察の行動を称賛する新聞もあった。

この虐殺を問題視する者もいなくはなかった。だが、共産党や労働組合はアルジェリアの独立を支持していたものの、警察の取り締まりに反対するデモなどは行わなかった。学生団体が唯一動員を行ったが、10月の終わりに集まった人数は数百に止まった。また、サルトルが編集長を務めていたレ・タン・モデルヌ誌 (Les temps modernes) は早くから「虐殺」や「ポグロム」という語で事件を表現したが、警視総監のモーリス・パポン (Maurice Papon) はレ・タン・モデルヌ誌をはじめ、国家権力に批判的ないくつかの雑誌や新聞の差し押さえを命じた。政治家の中では、国民議会議員のウジェーヌ・クロディウス=プティ (Eugène Claudius-Petit) がこの事件を問題視した。第二次世界大戦時にレジスタンスに加わった彼は、「近いうちに（中略）、黄色いダビデの星の経験を経て、黄色い三日月の恥を知る日が来るのでしょうか。（中略）文明や制度が人間の心と精神と理性の奥から追い出すことに苦労している、人種差別という醜い怪物が野に放たれているのです」と発言した。だが、この虐殺の責任を取った者はおらず、翌年には恩赦の対象となった。

事件の忘却と否定

その後、この虐殺はフランス社会で忘れられていった。忘却からこの事件が掘り起こされたのは1991年のことだ。事件の30周年に当たる年にエノディは La Bataille de Paris : 17 octobre 1961 （パリの戦い —— 1961年10月17日）を出版し、ラジオ、テレビなどの番組に多数出演した。この著作は、事件に関して初めて本格的に行われた調査に基づいたものだった。この出版を機に、フランス社会で虐殺について史実が広く知られるようになった。また、1961年にミシェル・ドブレ首相 (Michel Debré) の下で警察・諜報関連の職に就いていたコンスタンタン・メル

モーリス・パポン

ニック (Constantin Melnik) も、1991 年に新聞の取材に応じ、100 から 300 名ほどのアルジェリア人が死亡したことを当時から知っていたと告白した。政府の公式見解を覆す、要人による初めての証言だった。しかしながら、この年に市民団体の発案により、セーヌ川に架かるパリ近郊の橋に、川に投げ棄てられたアルジェリア人を悼む記念碑が建てられたが、県知事の指示により撤去された。この撤去をエノディは「フランス国家による犯罪認定の拒否」だと指摘している。

その後も、国や警察関係者による虐殺の事実を否定する行為が多発した。警視総監として 1961 年の警察による取り締まりの責任者であった警視総監のパポンは何度も自らの責任を否認し、政治的な意図により自身の発言が歪曲されることを恐れて、一部の取材も拒否した。さらに、1996 年にはアルジェリアのリベルテ紙（Liberté）の 10 月 17 日版が、フランスで販売されるためにリヨン空港に到着したが、国境警察はこれを差し押さえた。この日の新聞には、ナチスドイツに占領されたフランスで官僚としてユダヤ人の迫害に携わったモーリス・パポンが、独立戦争時にアルジェリア人に対する弾圧を命令していた、という内容の記事を一面に掲載していた。国境なき記者団は、差し押さえは「前時代的」な「検閲の措置」だと内務省に抗議した。その結果、差し押さえの措置は解除されたが、国家レベルでこうした出版物の流通を阻止しようとしたことは明らかだ。警察資料へのアクセスも難しく、エノディは研究のために資料の開示を請求したが、60 年経過しないと開示しないという原則に基づき、警察は請求に応じなかった。1991 年以降、社会的にも資料の開示に対する期待や要求は高まり、この動きに社会党も賛同した。

エノディが著した La Bataille de Paris : 17 octobre 1961（パリの戦いー 1961 年 10 月 17 日）

ウジェーヌ・クロディウス＝プティ

「1961年10月17日の平和的な集会に対する流血を招いた鎮圧の際に命を落とした多数のアルジェリア人を偲んで」と刻まれたサン＝ミシェル橋に設置されたプレート

事件に対する社会的関心の高まりと国家による事件の認定

　1961年の虐殺に対する関心の高まりに、1997年に拍車がかかった。左派内閣発足とパポン裁判がきっかけだった。資料の開示に前向きな姿勢をとっていた社会党が中心となった内閣が発足した数か月後に、ユダヤ人の迫害への関与をめぐるパポンの裁判が始まった。パポン裁判では、警視総監時代の行為は直接的に問われなかったが、パポンの経歴を振り返る際に、アルジェリア人に対する弾圧は避けて通れない出来事だった。この裁判はメディアでも大きく取り上げられ、アルジェリア独立戦争時の警察の行動が再度問題視されるようになった。その結果、1997年10月に文化大臣が虐殺に関する資料を開示すると発表した。ただし、開示プロセスは円滑には進まず、紆余曲折を経て、少しずつ資料が閲覧できるようになっていった。また、1998年にパポンはエノディを名誉棄損で訴えたが、翌年に下された判決では、エノディが勝訴し、パポンは上訴しなかった。1961年10月17日にパリで起きた虐殺の事実解明および認知度向上におけるエノディの貢献は極めて大きい。

　2001年に初めてこの虐殺に関する記念プレートがフランスで設置された。40周年を迎えた日に、パリのサン＝ミシェル橋にプレートがつけられ、パリ市長のベルトラン・ドラノエが除幕式に参加した。これは、虐殺の記憶を風化させないための重要な装置の一つである一方で、設置に反対した勢力もいた。警察関係者などに加えて、主に右派の市議会議員がこの記念プレートを問題視した。パリ4区と5区をつなぐサン＝ミシェル橋 (Pont Saint-Michel) の4区側にこのプレートが設置されたのも、5区の区長が右派で、4区の区長が社会党選出だからだ。

　その後、オランドは大統領に就任すると、2012年10月17日に「1961年10月17日に、独立への権利のためにデモンストレーションを行っていたアルジェリア人が非道な取り締まりにより命を落としました。共和国はこうした事実を明確に認めます」とする簡潔な声明を出した。この声明では、責任の所在は明らかになっていないが、国家レベルで虐殺が重大な事件として認められた。

ピエ・ノワールのネタで売れた
コメディアン兼音楽家

ロベール・カステル
Robert Castel
1933〜

　ロベール・カステルは1933年にアルジェのバブ・エル・ウエド地区 (Bab El Oued) で生まれた。本名はロベール・モワイヤル (Robert Moyal) だ。ユダヤ系の父親はアルジェリアのアラブ系アンダルシア音楽であるシャアビ (chaabi) の巨匠のリリー・ラバッシ (Lili Labassi) だ。リリー・ラバッシは作曲、作詞、演奏を行うアルジェリア音楽の大物だ。そのため、ロベールは子供の頃から音楽にあふれた生活を送っていた。父親とともに5歳で初舞台を経験する。ギター以外に、幼少期から北アフリカの伝統的な打楽器であるタールを弾いていた。

　大学で文学を修めたのち、学校教諭となる傍ら、エコー・ダルジェ紙で音楽評論家として活動した。だが、舞台に立つことが好きだったカステルはアルジェの地方演劇センターの劇団とともに1957年にパリで *La Famille Hernandez* (エルナンデス家) というアルジェの人々を描いたアドリブを多用した劇を上演した。15公演が予定されていたが、大人気となり、計1717回もカステルはこの劇で舞台に立つこととなる。また、俳優陣は異なるが、劇の人気は1965年の映画化につながった。ところが、この時期に舞台に上がると、「国に帰れ、くそピエ・ノワール！」と叫ぶ観客もいたと本人は語っており、アルジェリア独立戦争時代の複雑な社会的背景がうかがえる。こうした経験から、自身のコミュニティに良いイメージを与えるための笑いを交えた舞台をカステルは重視してきたのだ。

　このような人気を博した舞台に出演するも、カステルはアルジェリア独立戦争中に28か月にも及ぶ徴兵でアルジェリアのモロッコ国境付近に駐在した。

　その後は、妻となった、『エルナンデス家』で共演したピエ・ノワールのリュセット・サユケ (Lucette Sahuquet) と多くのコントを手掛ける。二人はピエ・ノワールの生活を題材としたコントを量産した。また、二人は1982年に、アルジェリアに戻るピエ・ノワールのカップルを描いた映画『ハッサン・タクシー (*Hassan taxi*)』に出演した。だが、1987年にリュセットが死去し、カステルは一年間活動を休止する。

　映画で脇役を多く演じつつ、カステルは音楽活動にも力を入れ続けた。父親のリリー・ラバッシへのオマージュ公演として、エスパス・ラシ (Espace Rachi) というパリのユダヤ美術とユダヤ文化の施設でコンサートを開いた。さらに、2003年にはサフィネス・ブスビア (Safinez Bousbia) というシャアビに魅せられた女性が、アルジェリアのユダヤ人およびアラブ人演奏家を集めて「エル・グスト (El Gusto)」というシャアビの楽団を結成し、カステルは歌とヴァイオリンを担当した。2012年にはブスビアが監督したドキュメンタリー『エル・グスト』が公開され、新聞では「〔アルジェの古い街である〕カスバの『ブエナ・ビスタ・ソシアル・クラブ』」と評された。カステルは「アラブ系アンダルシア音楽は私のDNAに刻まれている」と話すほど音楽を愛しているようだ。

エディット・ピアフの恋人だった
ボクシングのチャンピオン

マルセル・セルダン
Marcel Cerdan
1916～1949

マルセル・セルダン（本名マルスラン・セルダン、Marcellin Cerdan）は 1916 年にシディ・ベル・アッベスで生まれた。父親はフランス本土のルション (Roussillon) の出身で、母親はスペインに出自を持つ。

ボクシングで頭角を現す

貧しかった一家は 1922 年にモロッコのカサブランカへ引っ越し、そこで子供時代を過ごした。そして、セルダンは 8 歳にして 3 人の兄たちと同様にボクシングを習い始めた。ボクシングですぐに頭角を現したマルセルを見て、父親は息子をボクサーに育てようと決心する。マルセル本人はサッカーを愛しつつも、ボクシングの道を突き進んでいく。1937 年にはマネージャーと正式に契約し、翌年にはフランスチャンピオンになった。その後、ヨーロッパ王者となるまで昇りつめた。

1939 年にはモロッコでフランス軍に動員される。だが、モロッコに留まるため、戦闘に加わらず、1940 年に除隊した。そして、モロッコ代表のサッカー選手として活躍した。翌年にはレジスタンスの活動家と交流を持ち、彼女ら・彼らに共感したものの、活動自体には加わらなかった。また、1941 年からはアルジェやマルセイユなどドイツ軍が占領していない都市でボクシングの試合に出た。1942 年にはアメリカに渡り、試合に挑めるかと思われたが、アメリカが戦争に参戦したため、不可能となってしまう。そのため、ドイツの占領下にあるフランスの地域でボクサーとして試合を重ねることになった。

戦争がまだ続いていた 1943 年に、セルダンはマリネット・ロペス (Marinette Lopez) と結婚し、同年に第一子のマルセル・ジュニアが誕生した。また、この時期からアメリカ人との対戦も可能となり、アメリカでも有名になった。勝利を積み重ねる中、1945 年には息子のルネ (René) が生まれた。エディット・ピアフ (Edith Piaf) と知り合うのはその翌年のことである。

ピアフとの関係

1946 年 7 月 7 日に試合で勝利した夜に、セルダンはピアフのコンサートに足を運んだ。その際に二人は会ったがすぐに意気投合はせず、翌年に両者がアメリカで活動するようになってから、二人の距離は縮まった。既婚者で子供がいたが、セルダンはピアフのコンサートに行き、ピアフはセルダンの試合を観戦し、1948 年には二人で家まで買うに至った。そこでピアフは『愛の賛歌 (Hymne à l'amour)』を作った。その間に、1947 年にセルダンにはマリネットとの間に 3 人目の子供が生まれていた。

ピアフとセルダンの恋愛は 1949 年のセルダンの突然の死によって終わりを遂げた。フランスからニューヨークへ船で移動する予定

だったセルダンは、ニューヨークにいたピアフからの電話を受け、より早くピアフに会うために飛行機で移動することを決めた。満席のため、飛行機に乗ることが困難かと思われた中、あるカップルが航空券を譲渡してくれたため、ニューヨーク行きのエールフランスの便に乗ることができた。だが、セルダンが搭乗したロッキード・コンステレーション機はアゾレス諸島で墜落した。乗員48名全員が死亡した。セルダンは33歳だった。セルダンの遺体はカサブランカに輸送され、2日にわたり一般の参列者が安置所に弔問に訪れた。

息子のマルセルによれば、セルダンの死はマリネットとピアフを接近させた。当時は、女性は家事と育児をし、男性は外で好きなことをするという考えが一般的であったため、マリネットは夫の不貞を知ってはいたものの、特別な感情を表に出すことはなかったという。結局、1950年にピアフはカサブランカを訪れ、セルダン一家と親睦を深めることになった。また、数か月後には、セルダン一家はピアフの邸宅を訪問するほど親密になったと息子は振り返っている。

セルダンは123戦119勝をおさめ、その内61回KO勝ちした。一度もKO負けを喫したことはない。試合が開始すれば、物凄い速さで攻撃を仕掛け、相手に反撃の余地を与えずに攻め続けるスタイルを確立した。そのため、「モロッコの爆撃機」という異名をとった。

エディット・ピアフと
http://www.marcelcerdan.com

雑誌 The Ring（リング）の表紙 1947年

ユーモアあふれる実力派芸人・
俳優・監督・脚本家

アラン・シャバ
Alain Chabat
1958 ～

アラン・シャバは1958年にオランで生まれる。アルジェリア独立戦争のただ中に生まれ、戦争終結後の1963年に5歳でフランス本土に移住する。ユダヤ系の家庭に生まれたが、子供の頃は自身がユダヤ人であることを知らなかった。

新規開局したテレビ局で大活躍

フランス本土に渡り、バンド・デシネ (bande dessinée)（フランスやベルギーなどのマンガ）に没頭し、漫画家を一時期は目指すも、1980年からラジオで才能を開花させる。ラジオやテレビ番組の制作をしていたピエール・レスキュール (Pierre Lescure) と1984年にラジオ局で出会い、その年に開局を迎えた有料テレビ局のキャナル・プリュス (Canal+) で仕事をしないかと誘われる。この真新しい局の話抜きでシャバのキャリアは語れない。映画やサッカー中継を主に有料で放送し、昼や夜の早い時間帯を無料で放送する新しい局で、シャバは天気予報を伝えたり、番組の司会を担当したりするようになる。1987年には局の同僚であるブルーノ・カレット (Bruno Carette) とシャンタル・ロビ (Chantal Lauby)、そしてドミニク・ファルジア (Dominique Farrugia) とともにお笑い4人組のレ・ニュル (Les Nuls,「バカたち」) を結成する。この4人でまずはSFとコメディを融合させたテレビ・ドラマを制作する。また、Canal+ の歴史的番組「ニュル・パール・アイユール (Nulle Part Ailleurs,「ここ以外のどこでもない」の意)」ではウソのニュースを紹介する、いわば虚構新聞のようなコーナーを受け持ち、その他にもコントを演じる。残念ながら1989年にカレットが亡くなり、レ・ニュルは3人組になる。

俳優および監督としてのキャリア

シャバは映画でも成功をおさめるようになる。一人でいくつかの映画に出演するが、最初の大ヒットはレ・ニュル主演の『カンヌ映画祭殺人事件 (La Cité de la peur)』(1994年) である。その後は一人で映画の分野で大活躍を見せる。1995年の『彼女の彼は、彼女 (Gazon maudit)』ではマッチョで浮気性な男性の役を演じ、セザールで最優秀男優賞にノミネートされた。1996年には初監督作品の『ディディエ (Didier)』で主演も務める。人間の姿に変わり、サッカー・チームで活躍する犬の役を立派に演じ切り、再度セザールの最優秀男優賞にノミネートされる。受賞を逃すも、この年の最優秀初監督作品賞を授与された。2000年にはジャン＝ピエール・バクリが脚本と主演を担当した『ムッシュ・カステラの恋』にも出演し、観客を多く動員し、評論家からも称賛される作品に恵まれる（アルジェリア生まれ、ジャン＝ピエール・バクリ参照）。

一方で1990年代にはオランジーナのCM

を複数撮影し、オランジーナのイメージ刷新に成功する。オランジーナのCMではシャバのユーモアあふれるセンスが色濃く出ている。特徴的な形のビンの着ぐるみを着た人物が激しくジェットコースターなどで揺らされる、という内容である。これは、オランジーナを飲む際に、あらかじめ振って沈殿した果肉を液体とよく混ぜるよう、ユーモアを交えて告げる広告である。

他にも、実写化や映画化の企画にも多く参加する。たとえば、2002年には、ガリアを舞台としたフランスを代表するバンド・デシネの『アステリックス (*Astérix*)』の実写コメディ映画『ミッション・クレオパトラ (*Astérix et Obélix : Mission Cléopâtre*)』で脚本と演出を担当し、自らもカエサルの役で出演した。ジェラール・ドパルデューやモニカ・ベルッチ (Monica Bellucci) の名前がキャストに並ぶ豪華な映画となった。バンド・デシネの映画化はこれにとどまらず、2012年にはベルギーの大人気漫画で想像上の動物が主人公である『マルスピラミ (*Marsupilami*)』の映画化を手掛けると同時に、役者としても出演した。いずれの漫画の実写化でもCanal+と縁の深く、モロッコにルーツを持つフランス人コメディアンのジャメル・ドゥブーズ (Jamel Debbouze) とともにキャストを張っている。

政治的な主張を声高に表明することのないシャバだが、婉曲的に自らの考えを表すことはあった。たとえば、ユダヤ人の伝統の中で育っていないシャバは、2002年のインタビューで「ナチスに囲まれると自分のことをユダヤ人だと強く感じるし、シオニストに囲まれると自分のことをナチスだと強く感じる」と語り、遠まわしにイスラエル政府に対する批判的姿勢を見せている。

『カンヌ映画祭殺人事件』のポスター

『ディディエ』のポスター

カミュなどのアルジェリア生まれの
フランス人作家を見出した編集者

エドモン・シャルロ
Edmond Charlot
1915〜2004

　エドモン・シャルロは1915年にアルジェで生まれた。高校生の時に同じ学校に通い、共にサッカーをプレイしたアルベール・カミュと知り合った（アルジェリア生まれ、アルベール・カミュ参照）。当時アルジェで教員をしていた哲学者のジャン・グルニエ（Jean Grenier）に二人は影響され、シャルロは20歳にして学生街に「真の富（Les Vraies Richesses）」という名の書店兼画廊兼出版社を開店した。1936年から1948年まで、シャルロはカミュに加え、ジュール・ロワ（Jules Roy）やエマニュエル・ロブレス（Emmanuel Roblès）などの著作を出版した（アルジェリア生まれ、ジュール・ロワおよびエマニュエル・ロブレス参照）。「真の富」はカミュが「新たな地中海文化」と呼んだ文芸運動の一つの重要な拠点となった。

　第二次世界大戦中には新たなシリーズを創設し、出版部門はさらに発展した。「戦時下フランスの本（les Livres de la France en guerre)」というシリーズからは1941年にアメリカ人作家のガートルード・スタイン（Gertrude Stein）の『パリ・フランス　個人的回想（Paris France)』などを出版した。こうした出版活動を「ドゴール派」と捉えたヴィシー政権にシャルロは3週間拘留された。

　戦後にパリに出版社を移し、ヴァージニア・ウルフ（Virginia Woolf）やキリスト教徒でベルベル人の作家のジャン・アムルーシュ（Jean Amrouche）などを出版した。また、シャルロが出版したロワの『幸福の谷間（La Vallée heureuse)』は70万部売れ、ルノド賞（Prix Renaudot）を受賞した。

　成功を収めた出版社に成長したが、借金に苦しみ、銀行から融資を受けられず、シャルロは1949年から1950年にかけてアルジェに拠点を戻した。

　1962年にアルジェリアが独立すると、フランス―アルジェリア間の文化交流事業に携わるようになった。その後、1980年には南仏に引っ越し、ジャン・ド・メゾンスールやジャン・セナックなどを出版した（アルジェリア生まれ、ジャン・ド・メゾンスールおよびジャン・セナック参照）。

　2004年にシャルロはベジエ（Béziers）で亡くなった。

聖典を翻訳し、宗教間の相互理解に
努めた人物

アンドレ・シュラキ
André Chouraqui
1917〜2007

アンドレ・シュラキは1917年にオランの近くに位置するアイン・ティムシェント(Aïn Témouchent)で生まれた。父親のイサーク・シュラキ(Isaac Chouraqui)は卸売業を営み、母親のメレハ・メイヤー(Meleha Meyer)と同様にスペインからアルジェリアに渡ったユダヤ人の家系の出だった。シュラキ家は裕福で、10人いた子供たちの教育に熱心だった。

多言語環境で育ったシュラキ

アンドレ・シュラキはムスリムとユダヤ人とキリスト教徒に囲まれて育ち、ムスリムとはアラビア語、家族とはフランス語、シナゴーグではヘブライ語を話す日常を子供の頃に送った。ユダヤ系の家庭だったが、キリスト教の聖書を読む機会も家庭の中で豊富だった。「3つの言語、3つの聖典、3つの宗教、3つの文化が常に頭の中で行き来していた」と幼少期を振り返り、語っている。

パリで法律、ヘブライ語およびアラム語を学び、1939年にオランで弁護士となる。1940年初頭には数か月に及びサハラ砂漠に滞在し、イスラム法の判事にフランス語を教え、見返りにコーランとアラビア語のレッスンを受けた。

しかし、ヴィシー政権が誕生すると、ユダヤ人という理由で法曹の仕事を務められなくなった。そして、フランス本土でレジスタンス活動に加わり、ユダヤ人の子供を匿い、身分証明書の偽造などを行った。レジスタンス活動では、プロテスタントの人々の協力を得た。

終戦後にはアルジェに戻り、再び法曹として勤務するも、1958年にはイスラエルに移住した。そこでは、ダヴィド・ベン=グリオン首相(David Ben-Gurion)のアドバイザーを無償で務めたり、エルサレム市の副市長に選出されたりした。なお、フランス国籍を保持しながらも、イスラエル国籍を取得した。

聖典の翻訳

シュラキの最も重要な功績は聖書の翻訳であろう。1972年に翻訳作業を開始し、約2年間、翻訳作業を一人で行い、専門家に複数回原稿を見てもらったのち、1974年から1977年にかけて、26巻に及ぶフランス語に翻訳した聖書を出版した。シュラキは、ユダヤの伝統に則った見出しを採用し、注釈などを一切加えなかった。のちに、訳を見直し、大量の注釈や資料を添えたものも出版した。一方で、1985年からはコーランの訳にも着手し、1990年に *L'Appel*（呼びかけ）という題で出版した。

シュラキの翻訳は原典重視である点に特徴がある。原典が使用している言葉の音や語源を優先し、原典の力強さや情緒を表そうとした。そのため、直訳も多い。すなわち、読者を聖典に歩み寄らせるスタイルであり、従来

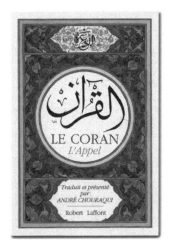

L'Appel（呼びかけ）

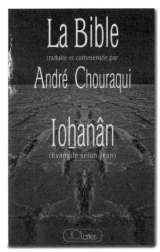

シュラキが訳した新約聖書（ヨハネによる福音書）

のような訳書を読者に合わせる訳出方法とは異なる。そのため、シュラキによる聖書の翻訳は書店で売れたが、多くの批判の対象ともなった。

宗教間の対話への尽力

　シュラキは世界中の要人や団体と面会する機会を得たとともに、さまざまな土地を訪れた。1969年にはエルサレム副市長として来日もしている。その後、1989年や1992年にも日本に滞在した経験を有している。とりわけ、日本の民族主義に根差し、親イスラエルで知られる「キリストの幕屋」というキリスト教系新宗教と良好な関係にあった。複数回にわたり「キリストの幕屋」の信者と交流しており、団体のホームページには「幕屋の友人」としてシュラキが紹介されている。加えて、詳しい関係は不明瞭だが、フランスの創価学会のホームページにはシュラキの人物紹介が載っている。フランス創価学会の文化部門は2012年に、シュラキの息子エマニュエルが監督したドキュメンタリー映画を上映し、シュラキの人生と作品に関するシンポジウムを開催した。このイベントにはシュラキの遺族も出席した。シュラキ自身がどのような関係を持っていたかは明らかではないが、多様な宗教団体から一目置かれる存在であったことは確かである。

　2007年にシュラキはエルサレムで亡くなった。

デリダと親交があり、フロイトの男性中心主義を批判したフェミニスト作家

エレーヌ・シクスー
Hélène Cixous
1937 〜

エレーヌ・シクスーは1937年にオランで生まれた。両親はユダヤ人で、父親は医師、母親はドイツ出身の助産師だった。エレーヌ・シクスーはヴィシー政権下では、ユダヤ人に対する差別的な制度が設けられたため、学校に行くことができなかった。読み書きは、同じように学校から排除されたユダヤ人生徒のために近所の人たちが作った「学校」で習った。ドイツ語が母語だった。父親は11歳の時に亡くなっている。

文学の専門家でフェミニスト

英文学に興味を持っていたシクスーは、1955年に勉強するためにパリへと引っ越した。1959年には英語のアグレガシオン(一級教員資格)を、1968年にはジェームス・ジョイス(James Joyce)の論文で文学博士の学位を取得した。1968年には文学評論誌のポエティーク誌 (Poétique) を文学理論家のジェラール・ジュネット (Gérard Genette) と思想家のツヴェタン・トドロフ (Tzvetan Todorov) とともに創刊した。また、パリ第8大学の開学にも携わり、2005年まで教鞭をとった。文学や哲学に興味を持っていたシクスーは、フェミニストとしても有名だ。1974年にはヨーロッパ初の女性学の博士課程プログラムをパリ第8大学で開設した。ただし、保守派の政治家はこのプログラムを嫌悪し、閉鎖に追い込んだことが何度もあり、そのたびに国際的なキャンペーンの支援を受けてプログラムは再開された。

シクスーの代表作には、男性中心主義的なジークムント・フロイト (Sigmund Freud) の考えを批判する『メデューサの笑い (La rire de la Méduse)』というエッセーや、言葉と女性が置かれた社会における立場の関係を論じたカトリーヌ・クレマン (Catherine Clément) との共著 La Jeune née(生まれたての女性)などがある。

ポエティーク誌

『メデューサの笑い』

共著 *La Jeune née*（生まれたての女性）

「他者」を生み出す制度の問題視

自身の出自について、シクスーは「アルジェリアを私の国だと思ったことも、私がフランス人だと思ったこともない」と話している。彼女は植民地主義や反ユダヤ主義を若い頃から問題視していた。さらに、自身が有する他者性は、政治や制度によって作られたものであると考え、文化や性別の差異に基づく排除のメカニズムに興味を持った。ヴィシー政権下のユダヤ人生徒の受け入れ制限により一時期学級唯一のユダヤ人となり、のちにはパリで北アフリカ出身の唯一の学生、男子学生ばかりの大学で数少ない女子学生の一人となった経験が、シクスーにこうした問題意識を持たせた。

アルジェリア独立戦争はシクスーの家族を大きく巻き込んだ。1955 年にギィ・ベルジェ (Guy Berger) というのちに哲学の高校教師になる男性と結婚したが、1959 年にベルジェは徴兵された。また、兄弟で医学生だったピエールは独立支持派であり、秘密軍事組織（OAS）に一方的に死刑宣告をされた。ピエールはその後無事だった。

なお、アルジェリア生まれのユダヤ人で通学ができない時期があったという共通点を持つ思想家で、「脱構築」の議論で有名なジャック・デリダは 1963 年からシクスーと親交があった。シクスーの作品もデリダに影響されたといわれている。二人は 1998 年に『ヴェール（*Voiles*）』という共著を出版している（アルジェリア生まれ、ジャック・デリダ参照）。

モロッコにルーツを持つノーベル賞を受賞したユダヤ人物理学者

クロード・コーエン＝タヌージ
Claude Cohen-Tannoudji
1933～

クロード・コーエン＝タヌージは1933年にコンスタンティーヌで生まれた。もともとはモロッコのタンジェにルーツを持つ家系だと振り返っている。16世紀には、スペイン異端審問を逃れるためにチュニジアやアルジェリアに移住したユダヤ人の家系の出である。「コーエン＝タヌージ」とは「タンジェのコーエン家」を意味する。ユダヤ教の伝統の中で育ったと自ら語っている。

コーエン＝タヌージはアルジェリアにいたため、ナチスによる迫害に遭わず、高等学校まで卒業できた。偶然にも、アルジェリア独立戦争直前の1953年にアルジェリアを去り、パリの高等師範学校に進学した。そこで物理学に魅せられる。1957年に卒業し、1958年にはジャクリーヌと結婚した。夫婦ともに科学者で、妻は高校の物理・化学の教師だった。

卒業後は、アルジェリア独立戦争のただ中で、兵役に2年間服した。しかし、科学部に従事することとなり、戦闘とは無縁だったようである。1960年に兵役を終え、博士課程に進学し、1962年に博士論文を提出した。その後、間もなくパリ大学で教鞭をとることになった。

独立戦争についてコーエンは、フランスが自らの過去と向き合うことは大事であり、当時の資料公開は重要だと述べている。また、当時を振り返り、自身は左派寄りで、反独立派の秘密軍事組織（OAS）に反対しており、独立派に対する取り締まりにも批判的であったと話す。また、アルジェリアに対する愛着もあり、出身地が暴力にさらされ、引き裂かれる思いを描いたアルベール・カミュに強い共感を覚えたと語っている。

1973年、コレージュ・ド・フランス (Collège de France) のポストを40歳の若さで獲得した。1997年にはレーザー光による原子の冷却および捕捉の技術が評価され、ノーベル物理学賞を受賞した。

なお、弟のジル (Gilles) も物理学者であり、哲学にも造詣が深い。

コンスタンティーヌで1938年に生まれた弟のジル

アルジェリア生まれのブルターニュや
イギリスなど「北」を愛するポップス歌手

エティエンヌ・ダオ
Etienne Daho
1956 〜

エティエンヌ・ダオは1956年にオランで生まれる。父親と同じ名前を付けられたものの、この父親との関係は複雑だった。アルジェリア独立戦争中で、ダオが4歳の時に、軍人の父親は家族を捨てた。その後、ダオはスペイン人だった母親の両親と多くの時間を過ごすようになる。そのため、今でもイビザに滞在するときは、自身のスペインのルーツを感じるという。7歳の時にブルターニュ地方に位置するレンヌ（Rennes）に引っ越す。そこでイギリスのロックを知り、音楽に興味を持つようになる。14歳の時に初めてイギリスに渡り、ホテルでアルバイトをしながらレコードを買う。1975年に人文学のバカロレアを取得したのち、英語を学ぶために大学に進学する。そこから、ロンドンとの行き来が増え、グラム・ロックやレゲエ、パンクと出会う。そして、ライヴの開催などに関わっているうちに、周囲から曲を書くよう勧められ、音楽に注力するために、大学を退学する。

1979年にレンヌの音楽祭で初めての大きな舞台に立つ。その翌年からソロ活動を行うようになった。1981年にデビュー・アルバムをリリースし、ヒットとまではいかずとも、批評家からは好評を得る。1982年に発売されたシングル Le grand sommeil（大いなる睡眠）はヒット作となり、1984年発売のアルバム La Notte la Notte（ラ・ノッテ・ラ・ノッテ）はとても良い売り上げに恵まれる。その後のアルバムも多くのファンを魅了し、フランスのポップ・シーンでダオは確固たる地位を築く。

自身のアイデンティティについては、ブルターニュ地方やイギリスをよく知っているため北への愛着が強い、としている。また、スペインのルーツを持ちつつも「私はブルターニュ人、アルジェリア人、フランス人、ロンドン人」と述べている。

子供の頃を振り返り、ダオは初めて買ったレコードはピンク・フロイド (Pink Floyd)の『夜明けの口笛吹き (The Piper at the Gates of Dawn)』(1967年) だったと語っている。貧しかった頃に、毎週レコード店に少ない金額を納め、アルバムの価格に達するまで店主に取り置きしてもらっていたとのことだ。それ以降はピンク・フロイドのメンバーだったシド・バレット (Syd Barrett) の世界から抜け出せていない、とダオは話している。

音楽に関するこうしたエピソードがダオの作品に影響を与えたのは言うまでもないが、父親との関係もダオの音楽に影響した。4歳の時に姿を消した父親と改めて会って話す機会をダオは持たなかった。人気歌手となった1980年代半ばに、コンサート・ホールの楽屋に父親が訪ねようとしたが、当時のダオは父親と対面することを拒否した。まだ父親に捨てられたという傷が癒えていなかったからだ。そして1990年に父親は亡くなった。父

親の死はダオに大きな衝撃を与えた。父親の死から約20年経った2007年にこの経験を基にダオは *Boulevard des Capucines*（カピュシンヌ通り）という曲を発表した。曲のタイトルは、父親が訪ねてきたコンサート・ホールのオランピアがある通りにちなんでいる。父親から送られた無数の手紙を初めて開け、許しを請う言葉を読み、この曲を書いたという。

父親に対する複雑な思いや、簡単には言い表せない関係の一方で、ダオ自身にも17歳の時に生まれた息子がいるが、連絡をとっていないという。子供がいないと公言していたダオだが、2014年にインタビューで息子の存在を初めて認めた。息子はすでに40代の男性だ。息子が生まれた時はたばこや酒、薬物、セックスによる刺激を強く求めていた時期であり、他にも子供がいる可能性はあると認めている。そして自身の父親との関係と照らし合わせ、「時には父親と同じ過ちを犯してしまう」と話している。

Le grand sommeil（大いなる睡眠）のジャケット

La Notte la Notte（ラ・ノッテ・ラ・ノッテ）

「アルジェリア戦争」という言葉を初めて使い、戦後の左派ジャーナリズムを支えた記者

ジャン・ダニエル
Jean Daniel
1920 〜

ジャン・ダニエル（本名ジャン・ベンサイド、Jean Bensaïd）は1920年にブリダで生まれた。ユダヤ人の家庭に生まれ、フランス語のみを使用する生活を送った。アラビア語を学習した経験はない。のちに、このことを後悔しつつも、当時はアラビア語学習が奨励されていなかったと振り返っている。

ヴィシー政権下では、反体制の立場にいた。そのため、1942年11月の英米軍の上陸を手助けした。

パリで大学進学したのち、自身の雑誌を創刊した。その後、アルベール・カミュと知り合い、友情を育んだ。

1954年からジャーナリストとしてダニエルはアルジェリア独立戦争の報道に携わり、レクスプレス誌 (L'Express) に掲載する記事を書いた。ダニエルは、紛争時に「アルジェリア戦争」という言葉を使った初めての記者の一人となった。当時からアルジェリアの独立に賛成する立場であり、植民地支配や戦争がはらむ問題を明らかにする記事はダニエルを有名にした。

子供の頃を思い出すとアルジェリアがいずれ独立することは考えもできなかったと回想している。幼少期に「独立」といえば、フランス政府に対する不満を持ったアルジェのヨーロッパ系住民がフランス本土から「独立」すると本土にある政府を脅した時に聞いた程度だった。そのため、フランス、すなわちフランス文化やフランス語から切り離された独立国家としてのアルジェリアは、ダニエルが育った環境では想像すらできないものだった。

アルジェリアの独立に賛成していたレクスプレス誌は、独立戦争の終結に伴い、読者を失っていったため、刷新を試みた。新たな方針に納得しなかったダニエルは他の雑誌へと移ることにした。レクスプレス誌同様にアルジェリア独立に賛成していたフランス・オプセルヴァトゥール誌 (France Observateur) の経営者と交渉し、1964年にヌーヴェル・オプセルヴァトゥール誌という新たな誌名を採用し、編集者に就任した。この新たな雑誌はフランスの非共産系左派の再建に力を入れるミッテランを支持した（用語解説「フランソワ・ミッテラン」参照）。

90歳を超えてからも記者として活動し続けており、ヌーヴェル・オプセルヴァトゥール誌がロプス誌 (L'Obs) に名前を変えたあとも、記事を寄せている。

**若き日々からともに活動した
ミッテランの側近**

ジョルジュ・ダイヤン
Georges Dayan
1915〜1979

ジョルジュ・ダイヤンは1915年にオランで生まれた。父親は地元の名士だった。オランで高等学校を卒業したのち、法律の勉強をするためにパリへと渡った。そこでダイヤンは人生を左右する人物と出会った。フランソワ・ミッテランだ。「ユダヤ人で、無神論者で、左派だった」ダイヤンはミッテランと「正反対だった」と歴史家のミシェル・ヴィノック（Michel Winock）はいう。

ダイヤンはミッテランとともに弁護士を志し、兵役でも一緒になった。第二次世界大戦で徴兵されたが、フランスが敗れて除隊し、オランの弁護士会に1940年に入会した。1947年までオランで弁護士として活動したが、その後は側近として、ミッテランが大臣を務めていた省庁で勤務するようになる。フランソワ・ミッテランがアルジェリア独立戦争中に司法大臣だった際にも、ダイヤンはミッテランを支えた。

また、1956年にはソーヌ＝エ＝ロワール県 (Saône-et-Loire) から国民議会議員選挙に出馬したが、落選した。議員に選出されたのは第五共和政に移行したのちの1967年であり、翌年までガール県 (Gard) 選出の国民議会議員を務めた。この間、アルジェリアからの「帰還者」の待遇などについて議会で取り組んだ。しかし、1968年の総選挙で議席を失った。1969年の大統領選挙ではミッテランを出馬させる動きがあったが、失敗に終わり、左派の再建に尽力するようになる。

その後、1971年にはミッテランとともに社会党に入り、同年にはガール県にあるカヴェラック市長（Caveirac）に選出された。また、社会党では、政治家の採用と育成に注力し、とりわけのちに文化大臣などを歴任したジャック・ラング（Jacques Lang）の選挙活動に参加した。なお、共産党と協力するべきかどうかは社会党の一つの課題となっていたが、ダイヤンは「何百万人もいる共産主義者をフランス政治から排除することはできない」と考え、協力するべきと主張していた。1977年には元老院議員選挙で当選し、アルジェリアなどからの「帰還者」への補償の問題に取り組んだ。だが、翌年に病魔に襲われ、1979年に死亡した。1981年大統領選挙の投開票日の翌日に、当選したミッテランはダイヤンの墓参りを行っている。

ヴィシー政権下で差別に遭った
脱構築で有名な哲学者

ジャック・デリダ
Jacques Derrida
1930 〜 2004

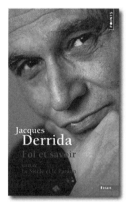

『信仰と知』

デリダは1930年にアルジェの高台にあるエル・ビアールで、ユダヤ系の中流階級の家庭に生まれた。デリダの祖先はスペインからアルジェリアに移ったのち、5世代にわたりアルジェリアに住んでいた。1870年に制定されたクレミュー政令によりユダヤ人はそれまで享受していなかったフランス市民権を獲得するが、デリダはこの法令の施行を機に、自分の家系が文化的な変容をとげたと回想している。曾祖父母までアルジェリアのアラブ人たちとは違う文化を有していたのに対し、それ以降の世代は白人社会に同化し、ブルジョワ化したと述べている。

複雑かつ差別的な環境で育った子供時代

デリダの父親は当時アルジェリアで主要産業であったワインの商店で働いていた。兄弟二人の死去に伴い、母親はデリダに対して過保護であった。学校では、成績優秀だったが、のちにデリダは学校がいかに差別的暴力にあふれていたかを振り返っている。また、アルジェリアのアラブ人の子供も小学校には通っていたものの、そのほとんどは進学しなかった。さらに、学校教育はアルジェリアに関する理解を深めるアラビア語学習に消極的であり、地理や歴史はアルジェリアの存在を無視するものだったと回顧している。

一方で、ヨーロッパ人社会に同化しているとはいえ、デリダの一家は文化的な生活の中でユダヤ的な活動を取り入れており、制度面でもユダヤ人として扱われることがあった。生活においては、スペイン系ユダヤ人の音楽に触れ、家族でユダヤ系儀式に参加することがあった。そして、制度面では、1940年にヴィシー政権が誕生すると、クレミュー政令は廃止され、ユダヤ人は市民権を剥奪された。翌年には、学校におけるユダヤ人の割合が14％に制限され、1942年にはそれが7％にまで引き下げられた。その結果、デリダは学校に通えなくなった。こうした措置はアルジェリア特有であり、本土では実施されなかった。ドイツに占領された本土とは異なり、ドイツ軍の存在が身近に感じられない分、学校から追放された経験はデリダに大きな衝撃を与えた。学校から追放された子供たちのために開校されたユダヤ人学校にデリダは入学したが、ユダヤ人コミュニティが運営する学校にユダヤ人として通うことに抵抗を覚えたデリダは授業を欠席するようになる。

高等師範学校合格まで

だが、状況は一変する。連合軍が1942年11月に上陸し、1943年末にはクレミュー政令が復活し、ユダヤ人は市民権を取り戻した。さらに、デリダは以前通っていた学校に編入した。その後、サッカーに打ち込むとともに、アンドレ・ジッド(André Gide)やア

対独協力を行ったヴィシー政権。フランスのペタン元帥（左）とヒトラー（右）

ルベール・カミュ、ポール・ヴァレリー（Paul Valéry）、フリードリヒ・ニーチェ（Friedrich Nietzsche）、ジャン＝ジャック・ルソー（Jean-Jacques Rousseau）などを好んで読んだ。高校を経てバカロレア（用語解説参照）に合格してからは、高等師範学校進学（用語解説参照）を目指し、アルジェリアの学校を経て、1949年にパリに渡る。名門ルイ・ル・グラン高等学校（Lycée Louis-le-Grand）の準備学級では歴史家のピエール・ノラ（Pierre Nora）や社会学者のピエール・ブルデュー（Pierre Bourdieu）とともに学んだ。受験に二度失敗したり、体調を崩したり、アルジェリアの実家に長期滞在して準備学級を欠席したりしながらも、1952年に高等師範学校に入学した。そこで、まだ無名だった同じくアルジェリア生まれのアルチュセール（アルジェリア生まれ、ルイ・アルチュセール参照）と出会った。

アルジェリア独立戦争中は教師として勤務

1956年に高等師範学校を卒業し、翌年に同窓生の姉でチェコ人の母親を持つマルグリット（Marguerite）と結婚する。卒業後はハーバード大学に留学するが、独立戦争中にアルジェリアに戻る。アルジェの近くの都市で、1957年から二年間、兵役に就くが、父親の根回しにより学校の先生として働くことになる。主な仕事はアルジェリア人元兵士の子供にフランス語と英語を教えることだった。この時期の戦闘は激しかった一方で、デリダは夫婦でアルジェに出掛けたり、親に会ったりしていた。兵役でアルジェリアに滞在し、その後アルジェ大学で助手を務めることになったブルデューと食事をとることもあった。アルジェリアの独立が現実味を帯び

ピエール・ブルデュー

ピエール・ノラ

てきた1959年に兵役を終え、本土のル・マン（Le Mans）にある高校の教員を経て、パリのソルボンヌ（Sorbonne）の助手に就任した。

アルジェリアに対するデリダの複雑な思い

アルジェリア独立戦争をめぐってデリダは複雑な感情を持っていた。同窓のノラが刊行した刊行した *Les Français d'Algérie*（アルジェリアのフランス人）を読み、アルジェリアのフランス人を一枚岩であるように論じた内容にデリダは手紙で反論した。また、信頼し合える仲だった二人はアルジェリアに関して直接話し合いもした。

その後、フランス本土でも反独立派の秘密軍事組織（OAS）によるテロが起きたり、警察による弾圧が強くなったりと、アルジェリア独立をめぐって暴力がエスカレートしていった（コラム「アルジェリア独立戦争中のテロリズム—秘密軍事組織（OAS）」参照）。エヴィアン協定が1962年3月に調印され、アルジェリアは独立へと向かった。当初、デリダはアルジェリアに残っていた家族が本土に移住する必要はないと考えていた。ムスリム、ユダヤ人、キリスト教徒の各コミュニティは共存できると考えていたからだ。ところが、暴力が絶えず、結局デリダはアルジェリアに住む家族の引っ越しの手伝いを行い、少ない荷物とともに家族は本土へと移住した。

引き裂かれる思いを引き起こしたアルジェリア独立戦争の経験について、デリダが語ることは長年なかった。フランス国内において非常に論争的なテーマであるからだろう。なお、晩年のデリダはアパルトヘイトとその克服やイスラエルとパレスチナの問題に関心を寄せたが、これはアルジェリアの独立に関わる経験の影響を受けていると思われる。

ソルボンヌで教鞭をとった後、デリダは1964年から20年間高等師範学校の教員として勤務する。1980年代に入ってからは、カリフォルニア大学アーバイン校とパリの社会科学高等研究院の二校で教鞭をとった。

デリダは2004年に74歳で膵臓がんのためパリで亡くなった。妻のマルグリット、息子のピエール（Pierre）とジャン（Jean）、そして哲学者でリオネル・ジョスパン元首相（Lionel Jospin）の妻であるシルヴィアンヌ・アガサンスキー（Sylviane Agacinski）との間に生まれたダニエル（Daniel）を残している。

アルジェリア独立戦争中のテロリズム
―秘密軍事組織（OAS）

秘密軍事組織（Organisation de l'Armée Secrète、以下OAS）は1961年の頭に結成される。この新たな組織を構成するのは、アルジェリアの独立を阻止したいと考える民間人と軍人だった。目的は「友愛的でフランス的」なアルジェリアを作ることだった。OASの創設者はピエール・ラガイヤルド（Pierre Lagaillarde）という当時の国民議会議員だ。地下組織として200から300名ほどのメンバーを抱えていた。その後、1961年4月にドゴールを倒そうとした「将軍たちの反乱」は失敗に終わったものの、組織の拡大に結びついた（用語解説「シャルル・ドゴール」参照）。また、この反乱に参加したラウル・サラン(Raoul Salan)とエドモン・ジュオー(Edmond Jouhaud)も加わり、サランはOASの最高責任者となった。

過酷な暴力行為

OASの目下の目的は、(Evian)で5月に開始したアルジェリア民族解放戦線（FLN）とフランス政府の交渉を妨害することだった。この頃、FLNの暴力行為がエスカレートし、OASもムスリムが営む商店などを襲撃する形で対抗するといった暴力の連鎖が見られた。また、憎悪の対象はムスリムに限らず、国家権力にまで広がった。その結果、OASは1961年5月31日にアルジェの警官だったロジェ・ガヴリー（Roger Gavoury）を殺し、同年9月8日にはドゴールを暗殺しようとした。1962年1月には憲兵を装い、服役していたFLNのメンバーを刑務所に引き渡させ、処刑し、その翌日には脱獄したFLNの者を探し出し、処刑した。その他にも、資金繰りのために銀行などを襲った。

こうした暴力行為にもかかわらず、OASはヨーロッパ系住民からそれなりの支持を得た。住民らはOASとともに大規模なデモに参加し、OASによるラジオの海賊放送を聴いた。1961年9月のドゴール暗殺が未遂に終わったことを残念に思った住民も少なくなかったという。また、国会、行政、軍隊、警察といった公権力の中にも、OASの活動に共感する者や、同意はせずとも、無視できない勢力だと考える者も見られた。

OASの支持拡大

OASの活動は単なる襲撃や殺人にとどまらず、心理戦にも力を入れた。犯行現場に大きく「OASは見ている」などのメッセージを残し、ビラを撒き、ラジオの海賊放送を制作した。さらに、一般住民に合同で、窓から「フランス領アルジェリア」と叫ばせた。地区内や建物内、工場内で圧力をかけ、人々が共にこうした行動に出るよう働きかけた。その結果、低コストでOASはアルジェリアのヨーロッパ系住民による支持やアルジェリアにおける代表性を主張できた。

また、OASの活動は取り締まりの対象となっていたが、FLNへの対応とは異なっていた。公権力、とりわけ軍の中にOASへ親近感を持つ者がいたことは政府にとって困難な問題を突きつけた。OASの活動を公権力は抑止しなければならなかった一方で、元軍人がOASで活動しているため、フランス軍を政府はアルジェリアで積極的に利用したがらなかった。同じテロリストであっても、FLNの抑圧には軍を積極的に起用したが、OASに対してフランス政府は憲兵や特殊部隊を使用せざるを得なかった。

OASの急進的な立場と周辺化

ところで、OASの活動は植民地保持のためのテロリズムといえるが、もともとアルジェリアがフランス領であり、そうあり続ける、もしくは、そうあり続けるべきという考えはごく一般的であった。植民地の所有は多くのアルジェリアのヨーロッパ系住民や本土の者にとって自明だった。ところが、何年にもわたる戦争状態は独立の可能性を人々に提示するようになった。

その結果、OASの活動や存在自体を評価する住民が一定数いた一方で、上記のような社会の変化により、「フランス領アルジェリア」という言葉自体が徐々に急進的な勢力のものとなっていった。つまり、暴力を活動の中心としたOASのような急進的な立場を表す言葉となった。独立を阻止すべき存在であったフランス軍でさえ、紛争当初は「フランス領アルジェリア」の永続のために戦っていたにもかかわらず、1960年あたりからは植民地の維持に対してより消極的な役割を果たすようになった。独立を阻止するために積極的に活動し続ける軍人は少なかった。また、フランス本土ではドゴールの政策に対する支持が強く、テロに対する批判や戦争終結を望む声が多かった。1961年の「将軍たちの反乱」は本土では非難の対象だった。したがって、支持者がアルジェリアに多数いる傍ら、OASはフランス全体で見れば急進的でマイナーな存在となった。

OASの周縁化はさらなる急進化にもつながった。もはや政府の政策転換を望めないと考えたOASは武力蜂起という方法しかないと判断し、1962年1月から2月の間に多数の死者を出すテロ攻撃をアルジェリアと本土で繰り返した。3月にエヴィアンでフランス政府とアルジェリア暫定政府による交渉が始まると、OASはバズーカで憲兵隊を攻撃

バブ・エル・ウエドにおけるOASによる爆破テロの写真

OAS機関誌

し、ムスリムが住む地域では車に爆弾を仕掛けた。とりわけアルジェとオランは激しい暴力の標的となった。エヴィアン協定締結直前の3月15日には、アルジェにある教育・社会福祉施設の上層部6名を殺害した。被害者の中にはフランス語で活動していた作家のムールード・フェラウン (Mouloud Feraoun) がいる。

エヴィアン協定締結後のOAS

3月19日にエヴィアン協定が結ばれると、OASはアルジェのバブ・エル・ウエド地区を占拠し、軍の車両を攻撃する。バブ・エル・ウエド地区におけるOASの活動は35人の死者を出した。26日にはOASが非武装の集会をアルジェの中心地で呼びかけ、多くのヨーロッパ系住民が行進した。OASは、非武装の行進を通じて、バブ・エル・ウエド地区の軍による包囲を解消したかった。しかし、デモ行進の参加者に向けて軍が発砲し、60人以上が命を落とした。この事件は「イスリ通り発砲事件」として多くのピエ・ノワールの間で語り継がれている。

その後、アルジェリアの独立を受け入れたくないOASは共産党員やムスリムを殺し、爆弾や迫撃砲を使用し、激烈な行動を続けた。たとえばOASは焦土作戦、すなわちアルジェリアが独立するとしても、植民地支配前の何もない状態しか残さないようにする行動を実施した。被害者はムスリムや独立派に限らず、ヨーロッパ系住民や憲兵にまで及んだ。同年5月にはオランで毎日10人から50人のアルジェリア人ムスリムをOASは殺害した。そのため、ヨーロッパ系住民の地区に住んでいたムスリムは引っ越しし、一部のムスリムはオラン自体を去り、ヨーロッパ系住民が少ない街や、親戚のいる村を目指した。さらに、こうしたOASの活動に反撃し

ムールード・フェラウン

たいと考えるムスリム住民もおり、ムスリムと非ムスリムの間で溝は深まる一方だった。

活動が激化するとともに、OASは弱体化もしていった。ジュオーやサランといったリーダーが逮捕され、士気の低下は避けられなかった。OASはフランス軍の寝返りを期待していたが実現せず、外国からのいかなる支援も望めなかった。しかも、本土への移住をOASは禁止しようとしたが、ヨーロッパ系住民の流出は絶えることがなく、5月の終わりの頃からは毎日約8000から10000人のヨーロッパ系の者が本土に渡った。「鞄か棺か」とは標語のように使われる表現で、当時のヨーロッパ系住民が持っていた究極の二つの選択肢を表している。

最後の大規模行動として、OASは同年6月にアルジェ図書館に火を放ち、60000冊ほどの書籍を焼いた。同時に、オランでは市庁舎、市立図書館、学校を爆破した。苛烈な暴力を目の当たりにした初代アルジェリア大統領のアブドル=ラーマン・ファレス (Abderrahmane Farès) はOASとの交渉に踏み切る。OAS側の窓口は、1900年にアルジェでコルシカ系の家庭に生まれたジャン=ジャック・スジーニ (Jean-Jacques Susini) だった。スジーニはOAS内で心理戦におけ

ジャン=マリー・バスティア
ン=ティリ

シャルル・ドゴール

シャルルの妻、イヴォンヌ・
ドゴール

るプロパガンダを担当していた。アルジェリアの独立を不可避と判断したスジーニは、なるべく利益を引き出したいと考え、アルジェリアに残留するヨーロッパ系住民の権利等をとりわけ主張した。交渉の結果、6月18日にファレスとスジーニはそれぞれFLNとOASを代表して合意にいたったが、オランのOASのメンバーはこれを否定した。OASの中でも特に急進的だった者たちはスジーニを裏切り者とみなしたのだった。だが、数日後にはオランのOASも武装解除を宣言し、その後、最後まで活動していたOASの者たちはオランで6行もの銀行を強奪し、逃亡資金を調達した。

ドゴール暗殺未遂事件

スペインに逃亡した者が多かったが、1962年8月22日にOASに残っていた数名がドゴールを暗殺しようとする。パリ近郊のクラマール (Clamart) にて未遂で終わった犯行は「プティ=クラマール事件 (attentat du Petit-Clamart)」という名で有名だ。12名のメンバーが、ドゴールが乗っていた車とその護衛に約150発の銃弾を撃ち込んだ。妻とともに乗車していたドゴールは奇跡的にも無傷だった。数か月に及ぶ準備を要したこの企ては、失敗に終わり、OASもこの事件を最後に活動に幕を下ろした。暗殺計画の首謀者だったジャン=マリー・バスティアン=ティリ (Jean-Marie Bastien-Thiry) は1963年3月11日に銃殺刑に処された。他にもこの事件に関与したとして死刑宣告を受けた者はいたが、のちに大赦や恩赦の対象となった。

ラジオやテレビで活躍するフランスの代表的なジャーナリスト

ジャン＝ピエール・エルカバシュ
Jean-Pierre Elkabbach
1937 〜

ジャン＝ピエール・エルカバシュは1937年にオランで生まれた。ユダヤ系の家系で、父親は輸出入に関わる仕事をし、母親は専業主婦だった。バカロレア取得後の1958年にパリに渡り、高等教育を受けた。ジャーナリズムを学んだのち、パリ政治学院に進学した。

ジャーナリストとしてのキャリアはアルジェリアで始まった。独立戦争中にラジオ・アルジェ (Radio Alger) に勤務した。コンスタンティーヌ (Constantine) のラジオにも勤務し、そこでのちに人気を博すエンリコ・マシアスと出会った（アルジェリア生まれ、エンリコ・マシアス参照）。独立時にはアルジェリアに滞在しており、そこでは歴代大統領となるファラハート・アッバース (Ferhat Abbas) やアフマド・ベン・ベラ (Ahmed Ben Bella)、フワーリー・ブーメディエン (Houari Boumédiène)、ムハンマド・ブーディアフ (Mohamed Boudiaf) と知り合った。

その後、1960年代初頭にフランス国営ラジオに就職する。テレビ進出は1970年だ。プルミエール・シェーヌ (Première Chaîne)、そしてその後はアンテーヌ2のニュースキャスターを務めた一方で、国営ラジオフランス・アンテール (France Inter) への出演も続けた。そして、エルカバシュのキャリアはテレビ局やラジオ局の会長などのトップに上り詰めては退く、という繰り返しとなる。ところが、エルカバシュのインタビュアーとして人気は高く、高齢になってもユーロップ・アン (Europe1) で番組を担当し続けた。

フランスで活躍し続けているが、生まれ故郷のオランに強い愛着を持っており、年に2〜3回は訪れ、父親の墓参りをすると語っている。2011年にはオランの名誉市民となった。

一方で、アルジェリアではエルカバシュをよく思わない者も多く、アルジェリアの植民地支配におけるフランス政府やフランス軍による犯罪をエルカバシュは過小評価している、と批判する新聞記事が散見される。独立派が犯した罪を強調し、フランスの責任を捨象しようとしている、という内容だ。実際に悔悛には否定的であり、事実の解明を進めるべきだとエルカバシュは主張している。

中絶経験があり、「343人の宣言」に名を連ねた生涯現役を貫いている女優

フランソワーズ・ファビアン
Françoise Fabian
1932～

フランソワーズ・ファビアン（本名ミシェル・コルテス・デ・レオン・イ・ファビアネーラ、Michèle Cortes de Leon y Fabianera）は1932年にアルジェで生まれた。母親はポーランドとロシアに出自を持ち、父親はスペイン系だった。

アルジェリアで子供時代を過ごしたのち、17歳でパリに移住した。一人でパリに引っ越すことを母親はとても心配したが、父親は応援してくれたという。ただし、父親はフランス演劇界の最高峰であるコメディ・フランセーズ (Comédie Française) に娘が入団することを希望していたが、ファビアンは自由に好きなことをしたいと考え、入団しなかった。演劇学校ではジャン=ポール・ベルモンドと同期生だった。1954年から舞台に立ち始めるも、1956年以降から映画で特に活動するようになった。

結婚していた映画監督のジャック・ベッケル (Jacques Becker) が1960年に亡くなってから、時代の価値観の変容に伴い、より幅広い役を演じるようになった。ルイス・ブニュエルの『昼顔 (Belle de jour)』（1967年）に出演し、1969年にはエリック・ロメールの『モード家の一夜 (Ma nuit chez Maud)』では自由で魅惑的な女性をジャン=ルイ・トランティニャン (Jean-Louis Trintignant) のそばで演じた。その後も多数の映画やテレビ・ドラマで活躍しており、80歳を超えてもその勢いは衰えていない。

政治的には女性の地位向上を主張しており、妊娠中絶が議論の渦中にあったときは多数の著名な女性が署名した「343人の宣言」に名前を連ねた。ベッケルとの間に娘がいるが、複数回中絶した経験があるとインタビューで明かしている。なお、娘とは、女優の仕事に対するファビアンの情熱が強いことを理由に一時期衝突があった。しかしながら、インドでヴィーガン（絶対菜食主義）の生活を送っている娘とはそれ以降仲を修復したと2014年にファビアンは語っている。

幼少期を過ごしたアルジェリアは自らにとってどのようなものかと訊かれ、「すべてです。私自身、私の感受性、人々や自然への愛情、自由、飾り気のなさ、太陽、友情、寛大さ、それらすべては子供の頃に身に着けました」と答えている。さらに、ファビアンが演劇の勉強をするためにパリに渡ったのち、アルジェリアにとどまった家族は独立戦争の終盤に秘密軍事組織（OAS）の脅威にさらされたと振り返っている。1969年にアルジェを訪れた際には、4日間の滞在中、ずっと泣いていたと語っている。アルジェリアを訪れて「幼少期を抹殺された」と感じたという。2013年にはアルジェリアに関しては心の整理ができていない、と話していた。

武器輸出やスイスの銀行口座が
話題になった怪しい実業家

ピエール・ファルコンヌ
Pierre Falcone
1954 〜

ピエール・ファルコンヌは1954年にアルジェで生まれる。母親はコロンビア人で、父親はイタリアのナポリ出身だった。父方はもともと漁師の家で、ピエールが生まれた時にはアンチョビやサーディンの缶詰を製造するパパ・ファルコーネ社 (Papa Falcone) という大きな会社を営んでいた。だが、独立戦争によってアルジェリアを去ることとなり、一時的なブラジルへの移住を経て、1960年代初頭にフランス本土のスペインとの国境付近に位置するピレネ・オリアンタル県 (Pyrénées-Orientales) へと渡った。高等教育はエクサンプロヴァンス政治学院 (Sciences Po Aix) で受ける。

当初は父親の事業に関心を寄せていたが、結局海産物の加工品製造業を捨て去り、高速道路や病院の建設、さらには石油と武器の販売などに関わるブレンコ・トレーディング社 (Brenco Trading) を1985年に親子で設立する。フランス語と英語以外にスペイン語、ポルトガル語、中国語ができるファルコンヌはコロンビアやカザフスタン、ニジェールなどで事業を成功させる。

ファルコンヌを金持ちにしたのは、旧ソ連から仕入れた武器の販売だ。だが、内戦真っ只中のアンゴラへの対人地雷やミサイル、戦闘用ヘリなどの輸出が司法の目に留まり、問題化する。裁判沙汰となった武器の輸出をめぐる問題は、「アンゴラゲート」とメディアで呼ばれた。1993年から1998年まで、武器輸出によりスイスやルクセンブルクなどの口座を通じて、ファルコンヌは多額の手数料を受け取った。この事件では、元内務大臣のシャルル・パスクワ (Charles Pasqua) や、不法にコンサルタント料を受け取ったとされたジャック・アタリらの関与も話題となった（アルジェリア生まれ、ジャック・アタリ参照）。服役したファルコンヌは2011年に不法な武器の売買と収賄について放免となった。その後、コンサルティング会社の社長となった。

1994年にヴィーガン（絶対菜食主義）の元ミス・ボリビアと結婚し子供が3人いる。

アンゴラのルアンダの巨大建設現場に足を運んだファルコンヌ（左）

義和団の乱や第一次世界大戦で戦い、アカデミー・フランセーズの会員となったエリート軍人

ルイ・フランシェ・デスペレ
Louis Franchet d'Espèrey
1856～1942

ルイ・フランシェ・デスペレは1856年にモスタガネム (Mostaganem) で生まれた。父親は騎兵隊に所属するフランス軍の軍人だった。

1876年にサン・シール陸軍士官学校を卒業し、北アフリカの部隊に従事した。1881年に高等士官学校（Ecole supérieure de guerre、現・士官学校、Ecole de guerre）に合格したが、チュニジア侵攻に参加するために翌年の入学になった。1884年の卒業後は、現在のベトナム北部にあり、当時フランスの保護領となったばかりのトンキン (Tonkin) で2年ほど反フランス勢力と戦った。1886年にフランス本土に戻り、出世すると、1900年には北京へと渡り、義和団の乱で戦った。北京からフランス本土に戻った後は本土の部隊を転々とし、1912年にはモロッコに派遣された。

第一次世界大戦ではフランス本土、とりわけベルギー付近などで戦闘を指揮した。終戦間際には東欧に派遣され、1918年9月にマケドニア戦線でセルビア軍とともに戦い、ブルガリアの降伏に至り、テッサロニキ休戦協定の締結にこぎ着けた。こうした功績は複数の勲章により表彰された。

回顧録に加え、歴史書も執筆している。また、1934年にはアカデミー・フランセーズ (Académie Française) のメンバーに選出された。フランシェ・デスペレは1921年に元帥に昇格しており、アカデミー・フランセーズにおける「元帥の選出」の伝統に則った加入だった。モロッコで総督として蜂起の鎮圧などに力を入れたユベール・リオテ元帥 (Hubert Lyautey) の後を継いだ形となった。

1940年からはタルヌ県 (Tarn) に隠居し、1942年に死亡した。遺体は1947年に、17世紀に建てられたパリにある旧軍病院のアンヴァリッド (Invalides) にある聖ルイ大聖堂 (Cathédrale Saint-Louis des Invalides) に埋葬された。この教会にはナポレオン・ボナパルト (Napoléon Bonaparte) の柩もある。

ル・プティ・ジュルナル紙の表紙になったフランシェ・デスペレ　1916年

史上初の女性道化師となり、「新しいサーカス」を作り、サーカス界を変えた女性

アニー・フラテリーニ
Annie Fratellini
1932 〜 1997

アニー・フラテリーニは1932年にアルジェで生まれた。イタリア系で、19世紀からサーカスのクラウンを生業としている家系だった。とりわけ、1877年生まれの祖父のポール (Paul) は4人兄弟で、兄のルイ (Louis) も、弟のフランソワ (François) とアルベール (Albert) もサーカスで働いていた。ルイが1909年に亡くなると、残った兄弟はトリオを結成することにした。これが大変に有名になった。特に、それまでは道化師とクラウンの二人組が一般的だった中で、クラウン一人と道化師二人という構成の演技は新しかった。ポールの息子でアニーの父親のヴィクトール (Victor) もクラウンだった。アニーの母親スザンヌはパリ・サーカス (Cirque de Paris) のディレクターの娘だった。

アニーは音楽やアクロバットを習い、1948年にメドラノ・サーカス (Cirque Medrano) の舞台に立ち始めた。ただし、その後は歌を歌ったり、楽器を演奏したりし、一時期は映画にも出演するなど、サーカスから離れていた。1958年の *Et ta sœur* (それと、あなたの妹) や1960年の『地下鉄のザジ (*Zazie dans les métro*)』などの映画に出演している。1965年のリノ・ヴァンチュラ (Lino Ventura) 主演の『帰ってきたギャング (*La métamorphose des cloportes*)』にも出ており、フラテリーニは監督のピエール・グラニエ＝デフェール (Pierre Granier-Deferre) と結婚し、娘のヴァレリー (Valérie) を儲けた。

ところが、1971年からは、1969年に再婚したピエール・エテ (Pierre Etaix) とサーカスで活動するようになる。エテがクラウンで、フラテリーニが道化師の役を担当し、フラテリーニは史上初の女性道化師として有名になった。これだけでも大きな変革をサーカス文化にもたらしたのだが、1974年にはサーカス学校を開校した。サーカス学校は新しい試みであった。なぜならば、サーカスの技術は、従来では狭い師弟関係、あるいは家族の中で伝承されており、学校という開かれた場で技術を教えるスタイルは伝統と一線を画し、開校は一種の裏切りのようにもその界隈では認識された。

こうした1970年代以降のフラテリーニの活動は「新たなサーカス」を意味するヌーヴォー・シルク (Nouveau Cirque) の振興とともにあった。それまでのサーカスは動物を多用し、一人一人の演者が技術を連続して見せ、父親から息子へと技術は受け継がれていた。しかし、ヌーヴォー・シルクでは馬以外の動物をほぼ使わず、演者らは技術を見せつけるのではなく、物語の中の役を演じるために技術を使い、多くの演者はその技術をサーカス学校で習得した。このような新たな時代を切り拓く手をフラテリーニは担った。

アニー・フラテリーニは1997年に亡くなった。

Algérie

アルジェリア独立を受け入れた事で、親戚と仲違いしたフランス映画を背負う女性監督

ニコール・ガルシア
Nicole Garcia
1946 〜

ニコール・ガルシアは 1946 年にオランで生まれる。ドラッグストアを経営していた父親はスペインに出自を持っていた。ニコールには姉がいたが、17 歳年上だったため、一人っ子のように育てられた。まともな学校生活を送れるようにと両親は娘を本土に送る決心をした。1962 年に、まだ 15 歳だったガルシアは一人で船に乗ってアルジェリアを去り、モンペリエ (Montpellier) に移住する。この時期にはすでに女優を目指していた。結局、アルジェリアにとどまることを切望していた父親も独立から 2 年後にフランス本土に移住した。

役者への道

大学で哲学を修めた後、国立高等演劇学校で現代部門の主席となる。ここから本格的に役者としてキャリアを築いていく。『ルイ・ド=フュネスのサントロペ・シリーズ (La série du Gendarme de Saint-Tropez)』の三作目である『ルイ・ド=フュネスの大結婚 (Le gendarme se marie)』などのコメディに出演するが、ベルトラン・タヴェルニエ監督 (Bertrand Tavernier) の『祭よ始まれ (Que la fête commence)』(1975 年) で好評を得る。また、翌年にはフランス軍による拷問の経験をつづったアンリ・アレッグの『尋問』の映画化作品に出演する（コラム「アルジェリア独立戦争時の検閲と拷問の告発」参照）。フィリップ・ド・ブロカ監督 (Philippe de Broca) の Le Cavaleur (女好き) (1978 年) ではセザール助演女優賞を受賞する。その後もセザールには幾度もノミネートされる。また、クロード・ルルーシュ監督 (Claude Lelouch) の『愛と哀しみのボレロ (Les Uns et les autres)』(1980 年) で人気女優として定着する。

監督としても活躍し、大物俳優を起用

女優業を続けつつ、1986 年には短編映画を撮り、監督デビューも果たす。長編も多数監督し、自身は出演せずに、ナタリー・バイ (Nathalie Baye) やジェラール・ランヴァン (Gérard Lanvin)、カトリーヌ・ドヌーヴやダニエル・オートゥイユら大物俳優を主演に起用している。2010 年にはジャン・デュジャルダン (Jean Dujardin) 主演で『海の上のバルコニー (Un balcon sur la mer)』を撮り、初めて自身の作品で故郷のオランを描く。

映像作品とアルジェリア

フランス本土で、両親がアルジェリアの喪失を許したドゴールに対する恨み辛みをたびたび口にしていた、とガルシアは振り返る。また、ガルシア自身は、モンペリエの高校で「向こう」から来た生徒として教師に見下された経験を持っており、ガルシア家にとって本土での暮らしは容易ではなかった。だが、ガルシアはアルジェリアの独立を自身の不幸

として背負おうとはせず、ドゴールの判断を受け入れようとした、と語っている（用語解説「シャルル・ドゴール」参照）。

　こうした自身の中の葛藤や家族で共有された喪失感が消えないうちに、ガルシアは『尋問』に出演した。家族からは「裏切り」「スキャンダル」として受け止められた。親戚が夏に集まっていた別荘には呼ばれなくなった。この映画は「アルジェリアのフランス人を責める映画ではなく、フランス軍を責める映画」と説明しても聞き入れてもらえなかったという。

　その後、ガルシアはアルジェリアに関わる映画には携わらなかったが、『海の上のバルコニー』でついにアルジェリアを取り上げる決心をした。オラン出身の脚本家ジャック・フィエスキ（Jacques Fieschi）がガルシアを説得した。この映画では、ガルシアの父親が感じた、愛着のある土地の喪失に伴う、悲しみを超えた耐え難い気持ちを表したかった、と説明している。

『海の上のバルコニー』のポスター

ルルーシュの『愛と哀しみのボレロ』のポスター

ドヌーヴやバクリを俳優として迎え、ガルシアが監督した『ヴァンドーム広場（Place Vendôme）』

アルジェリア独立戦争時の検閲と拷問の告発

　アルジェリア独立戦争をフランス政府は《戦争》とは呼ばず、あくまで国内の紛争だという認識を貫いた。しかし、当時のフランス政府の対応は、戦時中を思わせるものだった。顕著な例は検閲だろう。1954年に紛争が勃発すると、翌年には検閲が始まった。1955年4月3日の法律で非常事態が宣言された。非常事態に伴い、この法律の第8条は劇場や集会場の閉鎖や秩序を乱す可能性がある集会の禁止を可能とし、第11条はあらゆる出版物、ラジオ放送、映画の上映、劇の上演の取り締まりを定めた。その翌年には検閲の範囲が政令により「あらゆる表現方法」にまで拡大された。フランス当局による検閲は、アルジェリアで起きている紛争が戦争ではないという政府の認識と相まって、アルジェリア独立戦争の写真や映像が比較的少ないという現象を生んだ。これはアメリカがベトナム戦争の映像を多く残している点と異なる。

　たとえば、左派で反植民地主義を掲げるアルジェ・レピュブリカン紙は1955年の法律制定以降、何度も検閲された。当初は禁止された記事の部分を空欄にして「検閲」と記したが、そのたびに新聞の立場を共有する読者は検閲に怒りを覚えた。そのため、のちに、空欄を残すことまで禁止され、検閲に引っかかった記事は差し替えなければならなくなった。同年9月には新聞自体が発行禁止となった。

明確なルールなき検閲

　ストラの研究によれば、1955年から1962年の間に実施された差し押さえ等の検閲行為は明確なルールに基づいていなかった。《戦争》ではないため、非常事態下であっても、国民は自由な言動を許されたからだ。その結果、1955年から1962年まで約250に上るアルジェリアをテーマとした書籍等が禁止されることなく、出版された。ただし、1958年から1962年まではアルジェリアで起きている紛争をテーマとした出版物の約14％が検閲に引っかかった。また、マーティン・ハリソン（Martin Harrison）の調査によれば、1955年から1962年の終結までの間、新聞および雑誌の差し押さえはアルジェリアで586件、フランス本土では269件だった。ハリソンも明確な基準がなく差し押さえが行われたと語っている。ただし、検閲された出版物を確認すると、拷問や充分な司法手続きを経ない処刑、アルジェリア共産党の主張、あるいは公権力に対する批判などの内容を含むものは差し押さえの対象であった。さらに、独立戦争終盤では、情報統制の機能よりも、フランス軍の士気の低下を防ぐ機能が検閲には期待されたとハリソンは主張する。多くの出版物がフランス政府やフランス軍に対し批判的だと大勢の兵士が感じていたため、フランス当局は検閲を通じて彼らの士気の低下を防止しようとしたと考えられる。

アンリ・アレッグ

アンリ・アレッグの『尋問』

こうした状況の中で、ミニュイ社（Editions de Minuit）とフランソワ・マスペロ社（Editions François Maspero）が出版した書籍の多くが検閲された。ドイツ占領期にレジスタンス活動から生まれたミニュイ社は、アンリ・アレッグの『尋問』を1958年に手掛けたが、発行禁止となった。『尋問』は逮捕され、拘禁され、拷問を受けた経験を綴った独立派フランス人のアレッグによる短い文書だ。発行禁止になる前に印刷された5000部が1958年2月に発売されると、フランス共産党の機関紙であるリュマニテ紙（L'Humanité）や、レクスプレス誌、フランス・オブセルヴァトゥール誌などがその文書の重要性を訴えた。その後短期間で増刷を繰り返し、72000部という驚異的な部数を記録するところだったが、その直前の1958年3月に『尋問』の第7刷は差し押さえられた。しかし、すでに広く読まれ、アルジェリアの紛争でフランス軍が行っている拷問をめぐって議論が巻き起こった。情報統制がありながらも、新聞や雑誌、書籍でフランス社会は少しずつ拷問の実態を知ることとなり、歴史学者のピエール・ヴィダル＝ナケ（Pierre Vidal-Naquet）や作家のフランソワ・モーリアック（François Mauriac）などの知識人は強く拷問を批判した。

このように、検閲の明確な基準がない中、「拷問」や「残虐行為」を告発する文章の多くが禁止された一方で、検閲が拷問に関する情報を完全に遮断することはできず、フランス社会は拷問の真実を少しずつ知るようになった。しかしフランス政府はフランス軍による拷問の事実を隠し続けた。1955年から政府は「平和の回復」のための手法として拷問が用いられていることを知っていた。ただし、政府の中でも一部ではゲシュタポと同じ手法を用いることに反発はあった。

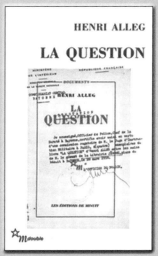

アンリ・アレッグの『尋問』

拷問の実態を語ったオサレス

元軍人のポール・オサレス（Paul Aussaresses）は2001年に Services spéciaux Algérie 1955-1957（秘密警察—アルジェリア1955-1957）を出版し、自身が関わった拷問行為について語った。1955年にいわゆるスパイとしてアルジェリアのフィリップヴィル（Philippeville）に派遣されたオサレスは、情報収集のために拷問を行っていた。派遣前から警察はこの手法を用いており、拷問を行う警官は「加虐者でも、怪物でもなく、普通の男たちだった。国に忠誠を誓い、深い義務感を持っていたが、特殊な状況に置かれていた」とオサレスは考えていた。オサレス自身が初めて拷問したのはヨーロッパ人を襲撃した独立派ムスリムだった。要人や軍人ではなく、「敵ではない者」を襲ったことにより、

拷問した際には「憎しみも同情もなかった」と振り返っている。誰の指示で行動したのかを知るために、情報を収集する必要をオサレスは感じていた。ところが、その独立派のムスリムは喋らずに死んだ。「彼の死は後悔しなかった。後悔するとすれば、死ぬ前に彼が喋らなかったことだ」と語っている。この告白本の出版が拷問擁護に当たるとして、出版社とオサレスは罰金刑を2004年に科された。ただし、出版社および編集者はこの判決の正当性を欧州人権裁判所で争った。その結果、当該書籍が重要な人物による証言であり、拷問が実際に行われていたのみならず、フランス当局もその実態を知っていたことを明らかにしており、批判的なまなざしを持たずに拷問を語っていること自体が証言の一部をなしている、と裁判所は判断した。フランス政府は出版社および編集者に33041ユーロの損害賠償と5000ユーロの訴訟費用を支払うよう命じられた。

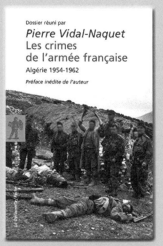

アルジェリア独立戦争時のフランス軍の行為を問題視するヴィダル＝ナケによる著書 *Les crimes de l'armée française : Algérie 1954-1962*（フランス軍による犯罪—アルジェリア　1954～1962）

拷問を批判したモーリアック

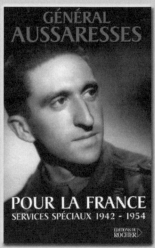

Pour la France : Services spéciaux 1942-1954（フランスのために—秘密警察　1942-1954）

カビール人の父、アンダルシアのロマの母のルーツを探り続ける映画監督

トニー・ガトリフ
Tony Gatlif
1948〜

トニー・ガトリフは1948年にアルジェで生まれる。本名はミシェル・ダフマニ (Michel Dahmani) である。父親はカビール人で母親アンダルシア出身のロマ人だった。12歳になると両親が息子を面識のない女の子と結婚させようとするも、トニーは拒否し、靴磨きとして生活するようになる。その後、独立戦争中のアルジェリアを後にし、1960年代にフランス本土に移住する。移住後、非行に走り、非行少年少女の保護教化施設に入所した経験を持っている。

ガトリフの人生を変えたのは、俳優ミシェル・シモン (Michel Simon) との出会いである。映画が好きだったガトリフは、1966年にミシェル・シモンが出演していた舞台を鑑賞後、シモンの楽屋を訪れた。その後、演劇学校に通い始める。まずは、テレビや舞台で芝居をするが、脚本も書くようになる。1974年の La Rage au poing（怒りをこぶしに）では脚本家として、自身の施設での経験を基に、非行少年グループが引き起こす悲劇を描いた。1975年の La Tête en ruine（廃れた頭）が初監督作品となる。

その後も、作品では自身の出自を基にしたテーマを取り上げる。アルジェリア独立戦争、ロマ人の生活、ロマ音楽、第二次世界大戦中のロマ人などを題材にしてきた。2004年には、アルジェリア人の両親から生まれた若者二人がアルジェリアを訪れるロードムービー『愛より強い旅 (Exils)』で、カンヌ国際映画祭正式コンペティションの監督賞を受賞した。ガトリフは音楽活動も行っており、自身が監督し、サウンドトラックを手掛けた『ガッジョ・ディーロ (Gadjo dilo)』（1997年）と『ベンゴ (Vengo)』（2000年）でセザールの最優秀音楽賞を受賞した。

自身は「フランス人映画監督」と自負しつつも、フランス映画の中では特殊な立場にあると認識している。「フランス映画の監督だけど、自分のやり方、自分のルーツからしてまったく違う。（中略）私の映画の中では生が燃え盛っている」と述べている。

『ヴェンゴ』のポスター

ビアフラ、ベトナム、アルジェリア戦争に向き合ってきた記者

ジャン＝クロード・ギユボー
Jean-Claude Guillebaud
1944～

ジャン＝クロード・ギユボーは1944年にアルジェで生まれた。父親は職業軍人で、第一次世界大戦の戦闘に加わった。1947年にアルジェリアを去り、フランス本土のシャラント県 (Charente) に引っ越した。両親はアルジェリア独立戦争時に、立場が対立したことを機に離婚した。母親は入植者の家庭の出で、フランスがアルジェリアを手放すことに強く反対したが、父親はドゴールを強く支持する立場をとっていた。

法律と犯罪学を修めた後、ギユボーは大学で法律を教える選択肢を捨て、ボルドーなどを含む地域の新聞であるシュド＝ウエスト紙 (Sud-Ouest) の記者になった。1968年に24歳にして、ギユボーはナイジェリアからの独立を宣言した南東部のビアフラ (Biafra) に特派され、ビアフラ戦争（1967～1970）の報道に携わった。ギユボーは記者としてではなく、医者と称してビアフラに行き、記者が立ち入れない場所にまで足を伸ばし、情報を収集した。だが、密告された結果、拘束され、スパイの容疑をかけられた。結局、国際赤十字委員会がギユボーを弁護し、フランスに強制送還された。新聞社はギユボーが死亡したと考えていたため、ギユボーの帰還を歓迎し、その後はベトナム戦争をはじめとする紛争の報道を任せるようになった。

ベトナム戦争の報道はギユボーにとって特別だった。アメリカ軍の言うとおりに行動しなければならず、窮屈な現場だったが、制服を着て、ヘリコプターに乗って取材をする、というスタイル自体が新鮮に感じられた。現地の神父と行動をともにすることで、実際の戦争をよりよく知ることができた、と話している。また、ベトナム戦争は新しい経験を記者としてのギユボーに与えたのみならず、1968年の学生運動の中心的テーマでもあり、ギユボーの世代全体に大きく影響を与えた出来事だった。ところが、当時のフランス社会で最も重要な問題とされたベトナム戦争の経験を「その後、みんな忘れてしまった」ギユボーはいう。そのため、ベトナム戦争終結から20年後、同じく戦争時に派遣された写真家のレモン・ドパルドン (Raymond Depardon) とともにベトナムを再訪した。この再訪を基に二人は1993年に本を出版している。

アルジェリアにもギユボーは訪れている。1964年にアルジェで、アルジェリア人とチュニジア人の間で生まれた記者のアクラム・ベルカイード (Akram Belkaïd) とともに、独立50周年記念を迎えた2012年にアルジェリアのツアーに参加した。キリスト教系の雑誌であるラ・ヴィ (La Vie) の読者とアルジェリアを約100人で回るツアーだった。翌年、ベルカイードはこの旅について綴った *Retours en Algérie : des retrouvailles émouvantes avec l'Algérie d'aujourd'hui*（アルジェリアへのそれぞれの帰還——現代アルジェリアとの心揺さぶる再会）を出版した。

戦争と深く関わってきたギユボーは「正しい戦争」はありうる、と考えている。特に自衛は正当化されると主張しつつ、受けた攻撃に適した規模でなければならないとルモンド紙のインタビューで発言している。そのため、同じくアルジェリア生まれである哲学者のベルナール＝アンリ・レヴィがリビアにおける武力介入を強く推進し、紛争を長引かせたことを強く批判している（アルジェリア生まれ、ベルナール＝アンリ・レヴィ参照）。

20年近くテレビ放送された刑事役で
人気を得た、ミッテランと親しかった俳優

ロジェ・アナン
Roger Hanin
1925 ～ 2015

　ロジェ・アナン（本名ロジェ・レヴィ、Roger Lévy）は1925年にアルジェで生まれた。本名の名字が表すとおり、ユダヤ系の家系に生まれた。祖父はラビで、父親は郵政省の職員だった。ロジェは5人兄弟の4番目で、家庭は決して裕福ではなかった。一家でアルジェのバブ・エル・ウエド地区に住み、ユダヤ人とムスリムが共生する環境で生活した。高校生の時にヴィシー政権による反ユダヤ主義的法律が制定されはじめ、学校を退学させられる。ただし、父親が傷痍軍人だったため、再入学が認められた。その後、1944年にフランス空軍に入隊し、終戦後には薬学を学ぶためにパリへと渡る。

　シャブロルなどといった錚々たる映画監督の作品に出演する一方で、『ナヴァロ』で大人気に

　映画に出演するようになったのは、当初は、生活を稼ぐためであった。しかし、次第に俳優業を本格的に目指すようになり、演劇学校に通うようになる。舞台を経験したのち、1952年に母親の姓で映画デビューする。主演を張ったのはベルナール・ボルドリー監督 (Bernard Borderie) による1959年の『全てが獣だ (La Valse du Gorille)』だった。また、ジャン＝リュック・ゴダール監督の『勝手にしやがれ』（1960年）にも端役で出演している。他にも、ルキノ・ヴィスコンティ監督 (Luchino Visconti) の『若者のすべて (Rocco e i suoi fratelli)』（1960年）やアンリ・ヴェルヌイユ監督の『艶ほくろ (L'Affaire d'une nuit)』（1960年）、クロード・シャブロル監督の『暗殺指令　虎は新鮮な肉を好む (Le Tigre aime la chair fraîche)』（1964年）、『ジャガーの眼 (Marie-Chantal contre le docteur Kha)』（1965年）などに出演する。アナン同様にアルジェリア出身のユダヤ人であるアレクサンドル・アルカディの映画にも多数出演している（アルジェリア生まれ、アレクサンドル・アルカディ参照）。

　映画に出演するのみならず、監督としても作品を世に送り出した。自身の監督作品では、フランスの人種差別を取り上げたり、アルジェリア生まれのユダヤ人とソフィア・ローレン演じるその母親が登場する自伝的なストーリーを描いたりした。

　映画で活躍したものの、アナンを最も有名にしたのは刑事モノのテレビシリーズ *Navarro*（ナヴァロ）だろう。1989年にドラマが開始し、18シーズンが20年近くにわたってテレビ放映された。この作品のタイトルとなっているナヴァロ刑事の役でアナンは高い人気を得た。

　2008年にアナンは俳優業から引退することを発表した。

ミッテランとの関係

　ロジェ・アナンを語る上で、社会党のフ

ランソワ・ミッテラン大統領に言及しないことはできない（用語解説「フランソワ・ミッテラン」参照）。ミッテランの妻ダニエル (Danièle) の姉で映画のプロデューサーだったクリスティーヌ・グーズ＝レナル

『我が心のシロッコ』のポスター

著書 La Vie des productrices（女性プロデューサーの人生）。表紙にはグーズ＝レナル（左）とブリジット・バルドー（右）が写っている

(Christine Gouze-Rénal) とアナンは結婚したため、アナンはミッテランの義兄にあたる。ミッテランとは意見の相違はあったものの、アナンは常に選挙で彼を支持していた。ミッテランが死去した後、アナンは社会党より共産党を支持した。ただし、2007年にはサルコジを支持し、フランソワ・ミッテランの甥のフレデリック・ミッテラン（Frédéric Mitterrand）を文化大臣に起用したことを高く評価した。このように政治的な立場を明らかにする俳優だった。

だが、フランソワ・ミッテランが亡くなってからは、ミッテラン家との関係は複雑になった。もともと義妹のダニエル・ミッテランとは仲が良くなかったが、2001年にアナンは彼女に30万ユーロの大金を貸したことから関係はこじれた。ピエール・ファルコヌらが関与したとされるアンゴラへの武器輸出をめぐる不正（通称「アンゴラゲート」）で拘留されたダニエルとフランソワ・ミッテランの息子のジャン＝クリストフ (Jean-Christophe) の保釈金としてアナンはこの金額を彼女に貸した（アルジェリア生まれ、ピエール・ファルコヌ参照）。その後、アナンはミッテラン家に返済を求めたが、拒否された。この件は訴訟に発展したが、裁判所は融資があったとは認めず、ジャン＝クリストフ・ミッテランに損害賠償としてアナンに対する4万ユーロ弱の支払いを命じた。

アナンは2015年にフランスで亡くなった。89歳だった。遺体はアルジェリア航空の飛行機でアルジェまで運ばれ、キリスト教系霊園のユダヤ系区画に埋葬された。アナンの希望どおり、父親と同じ墓地で眠ることになった。葬儀にはアルカディ監督らが参列した。

独立戦争中に死刑になった唯一の
ヨーロッパ系市民

フェルナン・イヴトン
Fernand Iveton
1926～1957

イヴトンの写真を表紙にした
アンドラスの著書

フェルナン・イヴトンは1926年にアルジェで生まれた。父親のパスカル (Pascal) は両親を知らない。苗字も分からなかったため、役所がイヴトンという氏を子供に与えた。パスカルはクロ゠サランビエ (Clos-Salembier、現・エル・マダニア、El Madania) というアルジェの貧しい地区で育ち、アルジェリアの電気ガス公社に就職した。また、労働組合で活動する共産主義者でもあった。パスカルはスペイン人女性との間にフェルナンを儲けた。

フェルナンも父親と同様に電気ガス公社で働いた。そして父親同様に共産主義に傾倒した。また、労働組合でも活動し、フランス労働総同盟 (CGT) の関連組合に加入する。

1953年にエレーヌ (Hélène) というポーランドからフランスに移住した女性と結婚する。二人はフェルナンがパリ近郊に訪れた際に知り合った。そして、クロ゠サランビエで二人は生活を送るようになる。

独立派武装勢力への参加

1955年になると、フェルナン・イヴトンは、共産主義者の仲間とともに、独立派の武装勢力に加わる。その後、その武装勢力の者たちはアルジェリア民族解放戦線 (FLN) の部隊と合流し、イヴトンはアルジェでサボタージュや火事を起こす事件に関与する。1956年11月には、自身が働いていたガス工場に爆弾を仕掛けることを決める。だが、目的は人を殺すことではなかったため、人を巻き込まず、物理的な損害のみをもたらすよう工夫したという。それは、人の命を顧みない暴力への反対と同時に、ピエ・ノワール全員がアルジェリア人の敵というわけではないこと、そして、共産党員が独立派に寄り添っていることをアルジェリア社会に訴えたかったからだと言われている。

しかし、爆弾は爆発する前に発見され、14日にイヴトンは逮捕される。当時、通例だった拷問にかけられ、約10日後には予審を経ずに裁判が開かれた。爆弾による被害は一切なかったが、裁判所は死刑を言い渡した。イヴトンの弁護人を務めた共産党員の弁護士は恩赦を求めたが、ルネ・コティ大統領は拒否した。

恩赦にならず、死刑執行

1957年2月11日、イヴトンはアルジェリア人の独立派2人とともにギロチンに掛けられた。その直前に3人は「アルジェリア、万歳」と叫び、抱き合った。執行前に弁護士には「一人の人間の命、私の命は重要ではない。重要なのはアルジェリアとその将来だ」という言葉を残している。ギロチンによる死刑執

行を生業としており、最後のギロチン執行人のフェルナン・メソニエの父親であるモーリス・メソニエがイヴトンの死刑執行を担当した（アルジェリア生まれ、フェルナン・メソニエ参照）。

当時、恩赦の是非を検討するメンバーには、のちの大統領で当時の司法大臣のフランソワ・ミッテランもいた（用語解説「フランソワ・ミッテラン」参照）。イヴトンの恩赦に関して、ミッテランはどちらの立場を取ったのかを明らかにしなかったが、恩赦に反対

エノディによるイヴトンに関する著書
Pour l'exemple, l'affaire Fernand Iveton - Enquête（見せしめのために―フェルナン・イヴトン事件　調査）

テレビのニュース番組でイヴトンの逮捕を報道した際の映像　ina.fr

したと周囲は証言している。当時のフランス政府にとって共産主義者の「テロリスト」の逮捕は、共産主義者がアルジェリアの独立を主導しており、ソ連が勢力を拡大しようとしている、という主張をある意味裏付ける根拠として利用し甲斐のある出来事だった。また、見せしめとしてイヴトンを処刑する必要もあった。

イヴトンはモーリス・オーダン (Maurice Audin) のように、ピエ・ノワールの独立派で、独立戦争中の活動ゆえに若くして死んだ（チュニジア生まれ、モーリス・オーダン参照）。ただし、イヴトンはヨーロッパ系市民で独立戦争中に死刑になった唯一の者だ。

イヴトンを題材にした作品

2016年5月にフェルナン・イヴトンの人生が題材となった小説が出版された。ジョゼフ・アンドラス (Joseph Andras) という32歳の作家による初の作品で、この年のゴンクール新人賞に選ばれた。この小説はアルジェリアでも出版されている。驚くことに、この作品は公開されていた新人賞候補の作品リストに載っていなかった。また、作者の情報もほぼなく、1984年にノルマンディー (Normandie) で生まれた男性であることしかわかっていない。受賞を知ったアンドラスはゴンクール賞を授与するアカデミー・ゴンクールに受賞辞退を申し入れた。「競争、競合、対抗。私の眼に、これらは執筆や創作とは無縁の概念に映っています」とし、独立性を重視する観点から、受賞を断る、という趣旨の手紙をアカデミーに宛てた。アンドラスはアルジェリアで文学と歴史の関係に関するシンポジウムに招待されたが、これも辞退した。

アルジェリア生まれの独立派フランス人

モーリス・オーダンやフェルナン・イヴトンを個別に取り上げたが、他にもヨーロッパ系住民でアルジェリアの独立を支持し、実際に独立運動に加わった者は複数いる。ここではリゼット・ヴァンサン（Lisette Vincent）、モーリス・ラバン（Maurice Laban）、アンリ・マイヨ（Henri Maillot）、そしてレモンド・ペシャール（Raymonde Peschard）を簡単に紹介する。

独立後のアルジェリア国籍を取得したリゼット・ヴァンサン

リゼット・ヴァンサンは1908年にオランの地域で生まれた。1848年にアルジェリアのサン＝クルー（Saint-Cloud、現・ギエル、Gdyel）に移住した父方の祖母は、4人の子供を儲けた後、飲んだくれの夫と別れ、商売を始めて成功し、ヴァンサン家は富を築いた。裕福なヴァンサン家に仕える家政婦らはみな当時のサン＝クルーの習慣でスペイン人だった。なお、サン＝クルーにはかつてアラブ人が住んでいたが、ヨーロッパ人の入植に伴い、アラブ人は移住したため、当時のサン＝クルーにはアラブ人がいなかった。リゼットの父親アルセーヌ（Arsène）はサン＝クルーで初めて自動車を購入したほど裕福で、スペイン人の運転手を雇っていた。アルセーヌは二度目の結婚で、マリアンヌ（Marianne）という女性の間にリゼットを儲けた。

リゼット・ヴァンサンは成績優秀で勉強が大好きな子供だった。17歳になると首席でオラン師範学校に合格した。その後は、学校教諭として教育に熱心に取り組んだ。とりわけアルジェリア人の教育に積極的だった。また、1938年にはスペインで国際旅団（Brigadas Internacionales）に加わったが、アルジェリアに帰ってからは、第二次世界大戦中にアルジェリア共産党の再建に尽力した。そのため、ヴィシー政権に逮捕された。

アルジェリア独立戦争時には共産党から離れ、教諭組合の独立派として活動した。1956年には地下活動に参加していた独立派のモーリス・ラバンを一時期匿った。その後、アルジェリアからの退去処分を受けた。荷物をほぼ持たずにマルセイユに移送された。

共産党員の知り合いの家に身を寄せ、本土で教諭の仕事を続けたが、うつ病にかかった。ラバンの死の知らせは彼女の精神をさらに悪化させた。うつ病の診断を受け休職したが、あと一歩で精神病患者として強制収容されそうになる。強制収容を免れたのち、地下活動を再開し、モロッコのアフィール（Ahfir）というアルジェリア国境に隣接する街の女子学校の教諭を務めながら、アルジェリア民族解放戦線（FLN）に加わる。その後、危険な事態になり、アルジェリアに近いウジダ（Oujda）に移り、初めての女子中学校を作った。生徒の大半はアルジェリアから逃げてきた子供だった。

1962年の夏、独立したばかりのアルジェリアの国籍を取得し、その後はアルジェリア人教諭の養成に尽力した。しかし、アルジェリア政府からは「外国人」として見られていると感じ、1970年代にアルジェリアを去った。1999年に死去した。

フランコ政権とも戦ったモーリス・ラバン

モーリス・ラバンは1914年にサハラ砂漠の北端に位置するビスクラ（Biskra）で生まれた。20代から政治活動に積極的に参加し、1934年にパリで共産党に入党する。そし

て、国際旅団に加わり、スペインで外国人義勇兵としてフランコ政権と戦う。国際旅団の活動中に大けがを負った。傷の深さは、共和国軍のスペイン人兵士がラバンを楽にさせるために、殺そうとしたほどであった。しかしながら、そばにいたアルジェリアのヨーロッパ系住民で共産党員の者がそれを阻止し、フランス本土にラバンを帰した。

その後、回復したラバンはオデットという女性と結婚し、アルジェで生活を送った。第二次世界大戦中は、共産主義者だったため、ヴィシー政権の取り締まりから逃れるために、夫婦ともに偽名を使い、身分証明書を偽造して生活した。しかし、1941年にはアルジェ県特殊警察に活動家仲間とともに逮捕される。脱獄に成功するも、再度捕まり、モーリス・ラバンは終身刑を言い渡された。1942年には連合軍がアルジェリアに上陸したため、夫婦は解放された。

その後は、共産党がアルジェリア人の事情を考慮せずに、アルジェリア人にも戦争に積極的に参加するように求めるなどしたため、ラバンは共産党と対立した。当時、アルジェリアでは飢餓やチフスに苦しむ人々が多かったにもかかわらず、共産党はそういった事情を度外視していた。

また、1954年、アルジェリア独立戦争が始まったばかりの時には、共産党が独立運動に煮え切らない態度をとり、ラバンは党に対し批判的な態度を再度とった。その後、共産党はアルジェリア民族解放戦線の運動を支持することになる。

一方で、警察の介入により、ラバンは住んでいたビスクラから退去せざるを得なくなった。司法大臣だったミッテランが署名した令状に基づく措置だった（用語解説「フランソワ・ミッテラン」参照）。ラバンはアルジェの地下活動に加わり、オデットは二人の間に儲けた息子とともにフランス本土に引っ越した。この地下活動ではマイヨとともに戦い、ともに死に追い込まれた。

フランス軍に殺害される際に「アルジェリア万歳」と叫んだ男、アンリ・マイヨ

アンリ・マイヨは1928年にアルジェで生まれた。1931年に両親はクロ＝サランビエに引っ越し、マイヨは地元の公立学校に通う。クロ＝サランビエはフェルナン・イヴトンが住んでいた場所でもあり、二人は友人となり、同じ目標、すなわちアルジェリアの独立のために戦うこととなる。

マイヨは15歳の時から共産党員だった。高等教育を受け、いくつかの仕事を経験したのちの1953年に、共産党に近かったアルジェ・レピュブリカン紙の経理係として勤務した。『尋問』を執筆したアンリ・アレッグとは共産党で知り合い、ともに同紙で働いていたため、親しい関係にあった。アレッグによれば、マイヨはおとなしく、社交的ではなかったものの、仕事ではてきぱきとしていた。

マイヨは反植民地主義活動に加わる一方で、見習い士官でもあった。この立場を利用し、1956年には地下活動に参加する。4月4日に、軍の車で予定どおり資材を運搬し、大量の武器を積んだ。そして、アルジェに住

アンリ・マイヨ (Henri Maillot, 1928-1956)

む家族の顔を見たいと嘘を吐き、予定とは異なる方向へと向かった。目的地はマキ、すなわち地下活動の潜伏場所だった。共産主義者のマキだったため「赤いマキ」と呼ばれていた。武器を大量に持ち、マイヨは脱走した。

そして、軍や警察、メディアに送った手紙の中で、アルジェリアの解放を求めることこそ、「豊かで、革命的で、反植民地主義的な伝統を持つフランスとフランス人の真の姿」にあたると主張した。また、解放を求める戦いは人種間の対立ではなく、出自を問わない被抑圧者と抑圧者の対立だと指摘した。地下活動に参加したことで、アルジェの軍事法廷において開かれた欠席裁判でマイヨは死刑判決を下された。

マキでの活動は約2か月で終了した。フランス当局の関係者を殺害するなどの活動を行ったが、6月初旬にマキは軍に囲まれた。潜伏していた28歳のマイヨに加えて、42歳のモーリス・ラバン、そしてアルジェリア人のベルカセム・ハヌン (Belkacem Hanoun)、ジラリ・ムサウイ (Djillali Moussaoui)、アブデルカーデル・ザルマト (Abdelkader Zalmat) の5名が軍に殺害された。殺害の際に、フランス軍に「『フランス万歳』と叫べ」と指示されたマイヨは「アルジェリア万歳」と口にした、という証言が残っている。

マイヨの母親は息子の死を警察から知らされた。一方で、ラバンの死は、ラバンの息子がラジオで聞き、母親のオデットに伝えたという。スペインでは死と隣り合わせの経験をし、脱獄に成功したラバンが死んだことを妻のオデットはなかなか現実として受け入れられなかった。

2016年には *Opération Maillot*（マイヨ作戦）というアルジェリア映画が公開され、アルジェリア映画史で初めて独立戦争における

フランス人共産党員がテーマとなった。

独立派によるテロ事件で不当に犯人扱いされたレモンド・ペシャール

レモンド・ペシャールは1927年にアルジェ近郊のサン＝トゥージェーヌ (Saint-Eugène、現・ボロイーヌ、Bologhine) で生まれた。父親は鉄道員で、ブリダで積極的に労働組合の活動に参加していた。母親は幼い頃に亡くなり、レモンドはコンスタンティーヌに住む親戚に引き取られた。世話をしてくれたおじとおばの夫婦はともにアルジェリア共産党の党員だった。1940年に伯父は他の共産党員とともに逮捕される。

労働組合で活動する者や共産党員に囲まれて育ったペシャールは、1945年に共産党に入り、労働組合でも活動するようになる。その一方で、ソーシャル・ワーカーとして訓練を受け、アルジェリアの電気ガス公社に就職した。1954年に体調を崩し、フランス本土で治療を受けるも、翌年にコンスタンティーヌへと戻る。しかし、独立戦争が始まると、共産党員であり、独立派である可能性があるとみなされた彼女は、コンスタンティーヌでの滞在が禁止された。そして、勤務先の公社もレモンド・ペシャールをオランに転勤させ

レモンド・ペシャール
(Raymonde Peschard, 1927-1957)

1956年には、ペシャールはアルジェで共産党員として地下活動に参加した。翌年3月になると、ヨーロッパ系住民を狙ったテロ事件の犯人ではないかと疑われる。この事件に関与していないにもかかわらず、反独立派のエコー・ダルジェ紙などはペシャールを犯人と断定する。最終的にペシャールは独立派のマキにたどり着く。結局、マキはフランス軍に包囲され、ペシャールは仲間とともに殺された。遺体は叔母に引き取られ、コンスタンティーヌの墓地に、伯父とともに眠っている。

アルジェリア生まれのフランス人独立派に注目して見えてくること

　アルジェリア生まれのフランス人独立派は多くのアルジェリア人やフランス人から忘れられがちである。モーリス・オーダンは「オーダン事件」が未解決であることから、たびたび注目を浴びてきた。古代ギリシャ史を専門としながらも、歴史学者のピエール・ヴィダル＝ナケがアルジェリア独立戦争時にフランス軍の拷問などを糾弾し、1958年には *L'affaire Audin*（オーダン事件）を出版したことは、オーダンとその死をめぐる謎を多くの人に知らしめた（コラム「アルジェリア独立戦争時の検閲と拷問の告発」参照）。また、2015年にジョゼフ・アンドラス（Joseph Andras）という若い作家が書いた、フェルナン・イヴトンを題材とした小説が人々の関心を惹いた。ところが、ヴァンサンやラバン、マイヨ、ペシャールは、オーダンやイヴトンほど知名度が高くない。歴史学者のジャン＝リュック・エノディはイヴトンに加え、ヴァンサンとラバンに関する本を出しているが、社会的に大きな反響があったとは言い難い。

　だが、このようにアルジェリア生まれの独立派フランス人の人生を振り返ると、アルジェリアの独立運動と共産主義の関係やフランス人共産党員の役割が浮かび上がってくる。さらに、アルジェリア独立戦争時のフランス当局による取り締まりが、アルジェリア人独立派だけではなく、フランス市民権を持つ独立派にまで及んだことが分かる。

映画史の大物と共演し、売れっ子女優の母親となった女優兼童話作家

マルレーヌ・ジョベール
Marlène Jobert
1940（もしくは 1943）〜

マルレーヌ・ジョベールは 1940 年もしくは 1943 年にアルジェで生まれた。資料により、ジョベールの年齢については記述が異なる。フランス国立図書館のデータベースでは 1943 年生まれとして登録されている。ユダヤ系の家庭に生まれ、父親は当時アルジェに駐在していた軍人だ。マルレーヌという名前はマレーネ・ディートリッヒに由来しているようだ。

子供の頃に、父親がディジョン (Dijon) の基地の管制官となり、一家で移住する。しつけという名の体罰を父親から受けていたため、自由を求める子供時代を過ごす。父親の暴力から解放されたいと願い、ディジョンの美術と演劇の学校に通い、自由を手に入れる。暴力的な環境から「逃れるチャンスがあれば、どんなチャンスであろうと手にしたわ。(中略) 幸いにして、そして偶然にして演劇に出会ったの。」と語っている。

22 歳の時にイヴ・モンタン (Yves Montand) と舞台で共演し、初めての大役を張る。ただし、モンタンには「とてもがっかりした」とジョベールは振り返る。すばらしい才能を認めつつも、彼に言い寄られ、断ったら根に持たれたため、モンタンの「人間としての態度」をジョベールは問題視した。

映画では 1966 年にゴダール監督の『男性・女性』に出演する。1968 年にはアルジェリア生まれの作家アルベルティーヌ・サラザン (Albertine Sarrazin) が書いた『アンヌの逃走 (L'Astragal)』を原作とした『ある日アンヌは (L'Astragal)』の主演を務めた。そして、1969 年にはルネ・クレマン監督の『雨の訪問者（Le passager de la pluie）』でチャールズ・ブロンソン (Charles Bronson) と共演する。他にもジェラール・ドパルデューやカーク・ダグラス (Kirk Douglas)、オーソン・ウェルズ (Orson Welles)、リノ・ヴェンチューラ (Lino Ventura)、アンソニー・パーキンス (Anthony Perkins) などの大物と共演している。1980 年代まで映画で活躍するも、1990 年代にはテレビ・ドラマへの出演が目立つようになる。また、徐々に女優の仕事から離れ、童話作家として活動するようになる。

私生活では 1976 年に歯科医と知り合い、交際の末、1980 年に双子の娘を儲ける。双子の一人はエヴァ・グリーン (Eva Green) で、ティム・バートン (Tim Burton) の映画などに出演する売れっ子女優だ。

『ある日アンヌは』のポスター

アルジェリア独立戦争時にドゴールを倒そうとした軍人

エドモン・ジュオー
Edmond Jouhaud
1905〜1995

エドモン・ジュオーは1905年にオラン近くのブースフェール (Bousfer) で生まれた。両親はともに教師で、オランで高校までの学校教育を受けた。そして、名門サン=シール士官学校に進学し、修了後は空軍で活躍した。

エリート軍人としてのキャリア

1930年から1937年まで断続的にフランス領西アフリカに駐在した。その後も順調にキャリアを築くが、ヴィシー政権下の1943年に「休戦休職」の制度により、一時軍隊を離れる。この制度は、軍隊の世代交代や規模の縮小を望んでいたヴィシー政権により実施され、対象となった軍人の一部は有給で休職できた。この時期にジュオーはイギリスへ渡ろうとするも失敗し、ボルドー地域でレジスタンスの軍の活動に加わる。だが、1944年に軍隊から呼び戻され、空軍で昇進していく。1948年にはチュニジア駐在のフランス空軍のトップになる。

その後もエリート軍人として順調に勤務を続け、1957年にはラウル・サラン大将の下でアルジェリアの航空部隊を指揮することになる。1960年10月に軍を早期退職する。

反ドゴールと『将軍たちの反乱』

ジュオーを最も有名にするのは、1961年4月21日から25日までの「将軍たちの反乱 (Putsch des Généraux)」である。「アルジェ一揆 (Putsch d'Alger)」とも呼ばれている出来事だ。この反乱に先立ち、同年1月にアルジェリアの民族自決を問う国民投票が実施された。この国民投票で、国民はアルジェリアの民族自決に賛成し、ドゴール大統領の方針を支持した（用語解説「シャルル・ドゴール」参照）。その後、本土のエヴィアンで独立に向けた交渉を開始することが決定する。こうした流れを受けて、「フランス領アルジェリア」を守るべく、1960年7月に退役したラウル・サラン大将はアルジェリアに関する考えを共有する者を集め秘密軍事組織 (OAS) を結成する。反ドゴールを掲げた運動を本格的に始めたのである。そして、フランス領アルジェリアを守るために反乱を起こす考えに至る。ジュオーとサランに加え、退役していたモーリス・シャール (Maurice Challe) とアンドレ・ゼレール (André Zeller) がこの反乱に参加する。ジュオーはこの4人の中で唯一のアルジェリア生まれであり、他の3人はフランス本土生まれである（コラム「アルジェリア独立戦争中のテロリズム—秘密軍事組織 (OAS)」参照）。

4月21日の深夜に第一外人落下傘連隊がアルジェの主要な拠点を占拠し、軍事クーデターが起きる。朝方になり、アルジェの住民はラジオを通じて「アルジェリアを手放さない」とするシャールによる声明を聞くことになる。パリの中央政府は非常事態を宣言する

「将軍たちの反乱」http://pedagogie.charles-de-gaulle.org

も、ドゴールはこのクーデターの失敗を確信していた。だが、アルジェでサランが住民の支持を得ていることを知り、本土における影響を恐れた政府は、憲法第16条の適用を決定する。この規定は緊急事態下における大統領の権限強化を可能とするものであり、その適用は非常に珍しい。23日にドゴールはテレビ出演し「4人組の老将による企て」だと発言した。このメッセージはシャールらの計画に反対していた軍人を後押しした。25日に将軍たちはアルジェで住民たちから喝采を受けるも、シャールは出頭した。28日には高等軍事法廷で謀反人を裁くことが決まった。ゼレールは5月6日に逮捕され、ジュオーとサランは逃亡した。

反乱後の将軍たち

結局、高等軍事法廷はシャールとゼレールに15年の禁固刑を言い渡した。そして、逃亡したジュオーとサランはOASの地下活動に加わる。最終的にジュオーは1962年3月25日に、そしてサランは同年4月20日に逮捕される。サランは終身刑に処せられ、ジュオーは死刑を宣告された。ただし、ジュオーは7ヶ月ほどの死刑囚として服役し、刑の執行前日に終身刑への刑の減軽が決まる。1967年に恩赦のため出所する。1982年にはミッテランの計らいにより、他のOASのメンバーやクーデターの参加者とともに軍の職位を取り戻す（用語解説「フランソワ・ミッテラン」参照）。出所後には多くの本を執筆し、フランス本土に移住したピエ・ノワールのための活動に時間を費やした。

のちに、この反乱について「反乱！／成功を確信しなかった、といったら嘘になる。反乱後でさえ、希望があると信じていた」と語っている。軍は政治活動をしてはならないとされているが、フランスはアルジェリアを手放さない、という趣旨の度重なるドゴールの発言を信じてきたにもかかわらず、ドゴールが意見を変えたことに軍が反応したのだ、とジュオーは説明している。

アルジェリアに対するジュオーの愛着とアルジェリア人に関する考え

ジュオーはアルジェリアに対するノスタルジーを強く抱いており、残した文章でも故郷に対する思いを綴っている。不可能と分かっていても、できればアルジェリアの墓で眠りたかった、と記している。死刑を宣告された際にはアルジェリアの土とともに埋葬されたいと考え、知り合いから土を送ってもらったこともあるという。

これほどアルジェリアに思いを馳せながらも、戻ったことはない。本人の安全を守ると申し出た知り合いがいたものの、アルジェリア当局が入国を許さない可能性もあったが、ジュオーは故郷を訪れるために当局の許可を得るなどということをしたくなかったと語っている。また、村を訪れ、現地の古い友人と会うピエ・ノワールもいるが、ジュオーの故郷は大都市のオランであり、思い出の中のオランとはまったく姿を変えてしまっている可能性に懸念を示していた。さらに、アルジェリアの人口がとても若い点にも触れ、フランスによる植民地支配に対し憎悪を抱く若者が多くいることを嘆いた。

フランス領アルジェリアを熱心に守ろうとしたジュオーだが、アルジェリアはアルジェリア人のものである、とも述べている点が興味深い。「アルジェリア、そしてアルジェリア人に帰する責務を与えるべきだった」と主張している。ただし、続けて「あの国は当然彼らのものでもあり、我々のものでもあった」と述べている。したがって、急速な変化、すなわち独立ではなく、徐々にアルジェリア人に地方の行政を任せていく、という緩やかな移行を支持していた。なぜならば、「フェッラー〔農民〕を昨日今日で大きな問題に対する意見を持てる市民に変身させることができる」という考えは誤りだからだ、とジュオーは綴っている。ジュオーは「村に住む原住民は何を知っているのか。村の中のことだけだ。ただそれだけだ。そんな者に議員を指名したり、国民投票に参加したりするよう要求することはバカげていた」と主張し、アルジェリア人の能力や知識が足りないと断定している。

ところで、ジュオーの出生届を確認すると、苗字の綴りがJouhautとなっており、1923年にオランの裁判所の決定でJouhaudに変更されたことが分かる。出生後20年近く経ってから、出生届が修正されたことになる。なぜ綴りに誤りがあり、なぜ出生から20年近く経ってようやく修正されたのかは不明だ。

1945年5月8日の戦勝記念と反植民地主義デモ

フランスでは毎年5月8日に第二次世界大戦の戦勝を祝う。ナチスドイツが無条件降伏したため、この日はドイツと戦った国にとって終戦記念日だ。フランスでは祝日でさえある。ちなみに、イギリスやアメリカでは祝日ではない。

連合国がナチスドイツに勝利した一方で、同じ日にアルジェリアでは残虐な悲劇が起こった。1940年のフランスの敗北とドイツによる占領、そして1942年のアメリカ軍の上陸は多くのムスリムにとってフランスによる支配の終焉を意味していた。そのことを、在アルジェリアのフランス当局も理解しており、1944年ごろからはいずれそれなりの規模の蜂起が発生する可能性を予見していた。

「1945年5月の出来事」と呼ばれた一連の暴力事件

こうした文脈の中で、1945年5月1日から「1945年5月の出来事」は始まった。アルジェリア解放運動の重要人物で、拘禁されていたメサーリー・ハージュ (Messali Hadj) の解放およびアルジェリア国籍の創設や独立を訴えるデモが18の都市で発生した（コラム「独立運動—民族解放を目指した諸勢力」参照）。いくつかの都市では死者も出た。8日にもセティフなどの都市で「自由で独立したアルジェリア万歳！」といった文言が書かれた横断幕やアルジェリアの旗を掲げた者たちがデモを行った。だが、警官が発砲したことで、警察とデモ隊は激しく衝突した。さらには、一部のデモ隊は警察の発砲を逃れる際に偶然通りかかったヨーロッパ人を多数殺害した。この事件の報は広まり、一部のムスリムは警察の暴力に対する報復として、武装し、ヨーロッパ人の命を奪った。フランス当局も暴力で応酬し、死者や怪我人が出る事態は広い範囲で数日にわたって続いた。ゲルマでは、10名のヨーロッパ人が殺され、当局は独立運動の活動家を9名逮捕し、5月10日に処刑した。この対立において、自警団やフランス軍も警察側に加わった。ゲルマで300から400名のムスリムを恣意的に処刑したとされる自警団の活動がその例として挙げられる。コンスタンティーヌ県の知事だったレストラッド＝カルボネル (Lestrade-Carbonel) は「フランスの領土として留まることになったアルジェリアをあなた方は守った。みなさんを称えるとともに、へまも含めてすべてかばいます」と自警団に話したとされる。また、フランス軍は武装したデモ隊を空爆した。活動した軍はフランス軍だったが、モロッコ人やセネガル人といった植民地出身者で構成された部隊、さらには外国人の部隊が多くの任務を任された。こうした暴力の連鎖は5月11日まで続き、12日には収束した。

被害者の人数をめぐる論争

この一連の暴力により、多数の者が命を落としたが、正確な数字は未だに論争の火種となっている。ヨーロッパ人では、102名が死亡し、その内86名が民間人、2名がイタリア人捕虜、14名がフランス人兵士であり、110名が負傷した。以上は1945年6月30日の数字であり、当局が正確な数字を算出したと思ってよいだろう。

ところが、フランスの軍や警察、自警団によって殺されたと思われるムスリムの数は不明だ。フランス側からは1165人や1340人、1500人以下などの数字が出ているが、一部の遺体は焼かれ、死者の遺族の一部は

家族の死去を届け出ていないと見られるため、これらの数字は実際の死者数よりも少ないと考えられる。フランス軍などによる強力な弾圧があったにもかかわらず、死者の数が1000名を超える程度とされたことに歴史家のシャルル＝ロベール・アジュロン (Charles-Robert Ageron) は違和感を覚えている。また、フランス軍や政府関係者などに対する取材で複数の情報源が5000名から8000名の死者が出たことが分かっている。共産主義を当時支持していたフランス人議員や記者は1万5000人から3万5000人の死者がいたと話している。アルジェリア側の情報では、死者数は万単位で提示されている。1945年6月には、デモを率いたアルジェリア人民党 (Parti du Peuple Algérien, PPA) が「3万5000人のアラブ人犠牲者」がいたとビラで主張していた。また、アラブ連盟 (League of Arab States) は5万人とした。アジュロンによれば、8万人の死者が出たという主張まであった。アルジェリア民族解放戦線（FLN）は4万5000人の死者が出たとする公式見解を出している。この事件における死者数をめぐる論争は未だに明確な決着を見ていないといえる。

ただし、フランス警察による取り締まりが激しく、ムスリム逮捕者が大勢おり、命を落とした者も極めて多かったことは確かだ。4560人が逮捕され、その内3696人がコンスタンティーヌ県で捕まった。3630人が起訴され、157人が死刑判決を受け、33人の死刑が執行された。さらにこの頃、拘禁された者に対して警察が拷問も行ったと証言する者もいる。

この虐殺をヨーロッパのファシストによる陰謀、汎アラブ主義的陰謀、農民による一揆、アメリカによる陰謀などとする説がある。しかし、しかし、アジュロンなどの専門家は、むしろフランス側の失策やヨーロッパ人とムスリムの対立の深化が独立への渇望を生み、こうした虐殺を招いたと主張している。

現代フランス社会における虐殺に対する認識

フランスでは5月8日は終戦記念日であり、めでたい日であるため、長らくこの虐殺は忘れ去られていた。しかし、2005年に在アルジェリア・フランス大使のユベール・コラン・ド・ヴェルディエール (Hubert Colin de Verdière) が「弁解の余地がない悲劇」として、セティフやゲルマで「虐殺」が生じたことを認めた。2012年には選出されたばかりの大統領のオランドも「虐殺」があり、植民地支配が多くの「苦痛」をアルジェリア人に強いたと発言した。補償や明確な謝罪に至っていないが、忘却に追いやられていた筆舌に尽くしがたい暴力の事実と甚大な被害がフランスでも少しずつ思い出されるようになった。

アルジェリアの独立に反対した
ドゴールの同期生

アルフォンス・ジュアン
Alphonse Juin
1888〜1967

アルフォンス・ジュアンは1888年にボーヌで生まれた。父親は憲兵だった。学校教育をコンスタンティーヌとアルジェで受け、1909年に名門サン＝シール士官学校に入学する。同期生にはシャルル・ドゴールがいた（用語解説「シャルル・ドゴール」参照）。1912年に首席で卒業する。

第一次世界大戦では、1915年にシャンパーニュ地方で大怪我を負い、右腕が不自由になる。その後、軍の中で出世しながらアルジェリアやモロッコ、チュニジアを中心に駐在する。

第二次世界大戦勃発時には本土への赴任を希望し、1939年12月からヨーロッパ大陸で勤務することになり、ベルギーやフランスの北部でドイツ軍と戦う。1940年5月にはフランス北部の都市リール (Lille) で捕虜となり、ドイツのドレスデン (Dresden) の近くに位置するケーニヒシュタイン要塞 (Festung Königstein) に収容される。翌年の7月にヴィシー政権が北アフリカの専門家としてジュアンの解放を要求し、翌月より彼をモロッコの部隊に配属した。ジュアンは反ドゴールの立場であり、ヴィシー政権を支持していたため、一時は陸軍大臣への起用も検討されていた。北アフリカ駐在の際にはゲーリングとも面会しており、ジュアンの政治的立場がドゴールとは異なることがうかがえる。1942年11月に英米軍がアルジェリアに上陸し、最終的にジュアンは、英米軍とフランス軍の間の停戦において一役買い、そして、連合国の側につく。チュニジアで司令官となり、ドイツアフリカ軍団 (Deutsches Afrikakorps) に対する勝利に大きく貢献する。その高い能力がドゴールに認められたジュアンは、ドゴールを熱心に支持することはなくとも、命じられたとおりイタリア戦線で積極的にドイツと戦う。

戦後はモロッコに駐在したり、NATOに勤務したりした。また、インドシナ戦争によりアジアにも滞在した。1952年には、フランス語の保存を目的としているアカデミー・フランセーズのメンバーとなり、その年に亡くなった作家のジャン・タロー (Jean Tharaud) の席を譲り受ける。

ジュアンがドゴールと徹底的に対立したのは、アルジェリアについてである。アルジェリアの解放にジュアンは強く反対したが、ドゴールとは同期生であり、親しい二人称である tu で呼び合うほどの仲だった。将軍たちの反乱には加わらなかったが、フランス領アルジェリアを守ろうとする代表的な著名人だったといえるだろう。そのため、ドゴールはジュアンを権力の中枢から遠ざけた。

晩年は執筆活動に積極的になり、1957年の *Le Maghreb en feu*（燃えるマグレブ）が初めての著作となる。1964年まで8冊の本を出版する。1967年に亡くなった。

反革命派の貴族やドゴール暗殺未遂の
犯人を家族に持つ極右政治家

ティボー・ド・ラ・トクネ
Thibaut de La Tocnaye
1958 〜

　ティボー・ド・ラ・トクネは1958年にアルジェリアで生まれた。父親は1926年にパリ近郊のヌイイ゠シュル゠セーヌ (Neuilly-sur-Seine) で生まれたアラン・ド・ブグルネ・ド・ラ・トクネ (Alain de Bougrenet de La Tocnaye) だ。アランは軍人としてアルジェに派遣され、ハルキの指揮などに従事した。フランス領としてのアルジェリアを守ることに努めた（コラム「アルジェリア独立戦争中のテロリズム─秘密軍事組織(OAS)」参照）。

反ドゴールだった父親

　しかし、ドゴールがアルジェリアを見捨てて、独立を許すことを察したアランは、アルジェリアを守ることを重視し、ドゴールを失脚させる必要性を確信した。フランス領アルジェリアを維持するためにいかなる手段も辞さない一方で、フランス軍の幹部でドゴールの立場に反旗を翻しうる者はわずか5%程度だと考えていた。その後、サランらが起こした「将軍たちの反乱」の報に触れ、サランに絶対の信頼を置くようになる。そして、辞表を提出するが、受理されず、休暇をとることを命じられる。ドゴールに反対する立場を堅持し、逮捕されるも脱走する。再逮捕され、パリで拘禁されるが、再度脱走し、マックスというコードネームを用いて秘密軍事組織（OAS）で活動する。アラン・ド・ラ・トクネの目的はドゴールを消すことへと変わる。OASの他のメンバーとともに、1962年8月8日にドゴールを銃殺するために、大統領とその護衛を車で追跡するも、発砲すること自体が困難で、計画は頓挫した。同月22日に再度暗殺に挑戦する。パリからヴェリジ゠ヴィラクブレ (Vélizy-Villacoublay) に行き、そこからヘリコプターに乗る予定だったドゴールとその妻のイヴォンヌ (Yvonne)、そして婿のアラン・ド・ボワシゥー (Alain de Boissieu) を乗せた車をOASの者たちは狙った。150発以上の発砲があったが、奇跡的にドゴールたちは怪我さえしなかった。二週間ほどアラン・ド・ラ・トクネとその仲間らは逃げていたが、結局逮捕され、1963年3月4日に死刑を宣告された。共犯で主犯格のバスティアン゠ティリはその直後に処刑された。アラン・ド・ラ・トクネは後に恩赦の対象となり、1968年に釈放された。翌年には *Comment je n'ai pas tué de Gaulle*（ドゴールを殺さなかった私）という著作を出版した。

積極的な政治活動

　こうした父親を持つティボー・ド・ラ・トクネはエンジニアの学校およびビジネス・スクールを修了し、原子力関連の企業でキャリアを積んだ。その後、他の産業に移り、管理職、経営者として上り詰め、起業も行うなど、輝かしい経歴を築いた。

　並行して、父親の影響を受けてか、1980

年代から政治・社会活動にも積極的になる。反共運動・キリスト教徒保護運動に加わり、1982年にはフランス政府の協力事業の一環で、レバノンの高等学校で数学の教員を務めた。また、内戦中だったレバノンのキリスト教徒を支援するために、キリスト教系民兵組織のレバノン軍団 (Lebanese Forces) にも加わった。1984年までレバノンに滞在したが、フランスに戻ってからもキリスト教系反共運動を継続し、ニカラグアでは左派のサンディニスタ民族解放戦線 (Frente Sandinista de Liberación Nacional) に対抗する勢力の支援を現地で行った。

極右政党・国民戦線への入党

　フランス国内では、1988年に極右政党の国民戦線に入党した（用語解説「国民戦線」参照）。その後、アヴィニョン (Avignon) やカヴァイヨン (Cavaillon) の市議、プロヴァンス＝アルプ＝コート・ダジュール地域圏 (Provence-Alpes-Côte d'Azur) 議会議員を歴任し、党でも幹部として重要な役割を任命されている。党ナンバー２をブルーノ・ゴルニッシュ (Bruno Gollnisch) の側近を長く務めていたが、ゴルニッシュに対抗して党首選に出馬し、党首の座を勝ち取ったマリーヌ・ルペンの下でも党の要職を任された。

　ドゴールをめぐっては、国民戦線内で意見が分かれているが、ド・ラ・トクネはドゴールを裏切り者だと認識している。ドゴールのアルジェリア政策が北アフリカから来た移民にフランスに対する憎悪を植え付けたと考えている。一方で、ピエ・ノワールの子供であり、副党首のフロリアン・フィリポ (Florian Philippot) はドゴール主義者と自身を位置付けている。

　なお、ド・ラ・トクネの先祖には、1767年に生まれ、1823年に亡くなったフランス革命に反対した貴族で、イギリスやアイルランド、北欧を周った際に執筆した紀行で知られるジャック＝ルイ・ド・ブグルネ・ド・ラ・トクネ (Jacques-Louis de Bougrenet de La Tocnaye) がいる。

国民戦線の主要人物。マリーヌ・ルペン（左）、ジャン=マリー・ルペン（中央）、ブルーノ・ゴルニッシュ（右）

ピエ・ノワールの投票行動
——アルジェリア独立前と独立後の政党支持

　フランスでは一般的に「ピエ・ノワールは国民戦線に投票する」と思われている。アルジェリアからフランス本土への移住を余儀なくされ、アルジェリアへの懐古から、極右政党の国民戦線にピエ・ノワールは票を投じる、と認識されている（用語解説「国民戦線」参照）。

　ところが、ピエ・ノワールの一部が国民戦線支持者である一方で、他の政党を支持する者も少なくない。また、そもそも、独立前のアルジェリアでは中道左派と中道右派への支持が強かったことが分かっている。アルジェリア独立戦争やフランス本土への移動が投票行動に大きく影響することは想像に難くないが、移動前の投票行動も決して引き揚げ後の政党支持に無関係とはいえない。

植民地支配下の投票行動

　植民地支配下のアルジェリアで、アルジェリア共産党やフランス社会党（SFIO）はそれなりの支持層を主に大都市で獲得していた。また、低所得者が多い地域でもアルジェリア共産党は基盤を持っていた。ただし、アルジェリアでは重工業が盛んではなく、労働組合の組織化が進んでいなかったため、多くの共産党支持者の工場労働者がいるフランス本土北部のような地域とは異なっていた。すなわち、共産党よりも中道左派の方がアルジェリアでは支持を得ていた。一方で、中道右派はブルジョワ地区で支持を獲得していた。

　こうした中道勢力が支持を集める中、極右といえる勢力も支持された。18世紀の終わりには反ユダヤ主義思想が広まり、とりわけアルジェリアでは、アルジェリア在住のユダヤ人に市民権を付与するクレミュー政令をめぐる議論が白熱し、ユダヤ人に対する差別が激しくなった。また、1894年からドレフュス事件が話題となり、地中海の両側において反ユダヤ主義が蔓延した（アルジェリア生まれ、マックス・レジス参照）。その後、反ユ

ダヤ主義勢力が失速するも、戦間期においてはヨーロッパのファシズムの台頭とともに、アルジェリアでも反ユダヤ主義が再興し、ヴィシー政権下でユダヤ人は権利の剥奪を経験した。第二次世界大戦後は、反ユダヤ主義の色は薄れ、ポピュリスト右派がアルジェなどで支持を得たが、間もなくして独立戦争が勃発し、通常の選挙がアルジェリアでは行われないという事態が生じたため、戦後の政党支持を観察することは難しいといえる。

また、とりわけ興味深いのはドゴールに対する態度だ。第二次世界大戦終結時に、アルジェリアの多くのフランス人がドゴールを支持した。1947年にドゴールが作ったフランス国民連合 (Rassemblement du peuple français, RPF) は中道右派と一部の中道左派の支持者を取り込むことに成功した。戦後のアルジェリアでは、左派も健闘する中、RPFは市議会選挙などで高い支持を得た。だが、ピエ・ノワールへのインタビューを行ったエマニュエル・コンタによれば、多くのピエ・ノワールがこの時代のドゴールへの言及を避けている。選挙結果を見ると、のちにピエ・ノワールと呼ばれたアルジェリアのフランス人の多くがドゴール支持者だったことが分かるが、アルジェリア独立戦争時のドゴールに「裏切られた」と感じた経験から、多くのピエ・ノワール、あるいは自身がドゴールを支持した過去を持っていることに言及しづらいのであろう。なお、1958年の時点でも、フランス領アルジェリアを守ろうとしている、という理由により、ドゴールを支持したアルジェリア在住のフランス人もいた（用語解説「シャルル・ドゴール」参照）。

アルジェリアで見られたこうした投票行動について、エマニュエル・コンタは本土とさほど変わらない様相を呈していたと考察する。すなわち、時代の変遷に応じた選挙結果が出たとともに、職業などといった社会的属性に応じて有権者は投票していたという。

アルジェリア特有の身分の問題と投票

ただし、歴史的にアルジェリアで普通選挙が開始したのは第三共和政下、つまり1870年からであり、宗教に応じて住民が異なる法的身分を与えられていた点は本土と異なるとエリック・サヴァレズ (Eric Savarese) は指摘する。すなわち、第三共和政の設立までアルジェリアのフランス人は投票したことがほとんどなかった。また、1870年とは、それまで「原住民」という法的身分を与えられ、市民権を有していなかったアルジェリアのユダヤ人がクレミュー政令により市民権を獲得し、投票権を手にした年である。本土のユダヤ人はフランス革命時にすでに市民の地位を獲得していた。こうした本土との相違点は、宗教コミュニティへの帰属を本土よりも強調する結果をもたらした。ちなみに、イスラム教に改宗したキリスト教市民は市民権を保持できるが、キリスト教に改宗してもムスリムは自動的に市民権を取得できなかったため、厳密に宗教によって行政が住民を管理していたとはいえず、むしろ出生やルーツに応じて住民を管理していたというべきであろう。なお、アルジェリアでは異教徒間の結婚は珍しかった。したがって、アルジェリアの投票行動は、職業や階層といった社会的属性に加えて、ユダヤ人なのか、キリスト教徒なのか、という帰属に左右された。サヴァレズは、本土では投票という行動が個人による政治的意見の表明となっていた一方で、アルジェリアでは「ユダヤ人として」あるいは「キリスト教徒として」人々は投票していたと考察する。

アルジェリア特有の政党間関係

フランス本土と同様の左派・右派の対立軸

がアルジェリアでも機能していたが、コンタによれば、独立戦争の勃発はこうした政党間の関係を大きく揺るがした。もはや左派・右派ではなく、フランス領アルジェリアを守るのか、アルジェリアの独立を認めるのか、というアルジェリア独自の対立軸が誕生した。そのため、アルジェリア人による蜂起を支持し、独立を応援した共産党からは多くの有権者が離れた。アルジェリアをフランス領として守ってくれる、と考えていた多くのアルジェリアのフランス人はドゴールを支持したが、アルジェリアの独立が近づくにつれ、ドゴールに裏切られた、あるいは「操られた」と感じるようになったとコンタは語る。つまり、一部のピエ・ノワールは、アルジェリアの有権者の票を獲得するためにアルジェリアを守り、ピエ・ノワールに寄り添う態度をドゴールがとったと考えている。

アルジェリア独立後のピエ・ノワールの投票行動

アルジェリア独立後は、ピエ・ノワールはどちらかといえば右派に投票する傾向にあるといえる。ただし、ピエ・ノワールは当然ながら一枚岩ではなく、ピエ・ノワールの投票行動はこれだ、と単純な断定をすることはできない。半数近いピエ・ノワールが極右政党の国民戦線に投票した経験が一度以上ある、という調査結果があり、ピエ・ノワールの右派および極右への傾倒は見られるが、サヴァレズはピエ・ノワールによる国民戦線への支持は1984年以降の国民戦線の躍進とともに観察されるようになったと指摘している。したがって、サヴァレズは「国民戦線はピエ・ノワールの政党と認識されるべきではない」と論じている。

こうした前提を置いた上で、アルジェリアから本土への移動を「トラウマ」として記憶している人は国民戦線に投票する傾向が強い、ということが分かっている。このトラウマを抱えるピエ・ノワールで、国民戦線に投票している者は主に反移民という国民戦線の立場に共感しているとサヴァレズは説明している。アルジェリアの独立を願ったアラブ人がフランスに入国し、フランスで生活を送ることに対し、国民戦線支持者のピエ・ノワールたちは反感を覚える、とサヴァレズはいう。だが、反移民、言い換えれば移民の受け入れを規制するべきという立場は必ずしも国民戦線支持をもたらさない。ピエ・ノワール有権者の中で反移民の立場を堅持しつつ、中道右派に投票する者は少なくない。しかも、中道右派への支持は一部の引揚者に「裏切り者」とみなされたドゴールの系譜に位置づけられる旧・共和国連合、旧・国民運動連合への投票の形で選挙結果に表れている。

サヴァレズによれば、反移民という立場に加えて、アラブ人移民と「フェラガ（fellagha）」とフランスに呼ばれた独立派のアラブ人を重ね合わせて考えるピエ・ノワールが国民戦線に投票する。国民戦線支持者のピエ・ノワールは、暴動への参加などにより秩序を乱すアラブ人の若者をフェラガあるいはその子供と捉えていることがサヴァレズの研究で分かっている。また、インタビュー調査では「アルジェリア人は（中略）私たち〔フランス〕を植民地支配しようとしている」とする発言も見られる。したがって、フランスで暴力行為に及び、フランスを支配しようとするアルジェリア人像が、アルジェリア独立戦争時の独立派の行動と重なった結果、独立戦争と本土への移動をトラウマとして記憶している一部のピエ・ノワールは、反移民の立場を強調する国民戦線に投票している、と考えられる。

シャツの胸元が常に開いている
出しゃばり哲学者

ベルナール=アンリ・レヴィ
Bernard-Henri Lévy
1948 ～

1948年にベルナール=アンリ・レヴィはオランの近くのベニ・サーフ (Béni Saf) で生まれる。レヴィは苗字が示すとおりユダヤ系であり、家庭は裕福だった。子供時代はモロッコで過ごし、1954年にパリ近郊の高級住宅地であるヌイイ=シュル=セーヌに移住する。

難関学校のルイ=ル=グラン高等学校に併設された準備学校を経て、1968年に高等師範学校に進学する。そこではアルチュセールやデリダの下で勉学に励みつつ、当時学内で支持を得ていた毛沢東主義の学生団体と接近する。また、この時期にイスラエルを訪問し、イスラエルに対し堅固な支持を示すようになる。ただし、パレスチナの建国にも賛成している。レヴィはこの考えをずっと堅持することになる。

外国に足を運び、執筆し、注目を集める

1970年からは執筆で知られるようになる。第二次世界大戦中のレジスタンス運動から生まれたコンバ紙に、当時紛争ただ中だった北アイルランドの取材を基にした記事や、数か月滞在したバングラデシュについての記事を寄せるようになる。バングラデシュはレヴィの最初の書籍のテーマとなる。

その後は高校や大学で教員として勤務しつつ、フランソワ・ミッテランやミシェル・ロカール (Michel Rocard)、ローラン・ファビウス (Laurent Fabius)、ジャック・ドロール (Jacques Delors) などの中道左派の政治家とも交流を持つようになる（用語解説「フランソワ・ミッテラン」参照）。また、出版業界からオファーを受けるようになり、1976年にはアンドレ・グリュックスマン (André Glucksmann) らと「新哲学者 (Nouveaux philosophes)」という哲学者のグループを結成し、精力的に出版やテレビを通じて意見を発信するようになる。ジル・ドゥルーズ (Gilles Deleuze) をはじめとする複数の哲学者が新哲学者を強く批判した。ドゥルーズはレヴィらを「プロデューサーだったり、スクリプトガールだったり、元気な司会者だったり、DJだったりする」とし、まともな哲学者として扱わなかった。また、ドゥルーズは新哲学者について「彼らの考えはくだらない」と切り捨てた。

だが、レヴィの名は『人間の顔をした野蛮 (La Barbarie à visage humain)』の出版でフランスの国境を越え、世界的に有名になる。1977年にフランスで出版され、ファシズムやスターリン主義、マルクス主義を批判するこの本は、世界各国で翻訳された。

人道支援への関心

人道支援にも積極的に取り組み、1980年にはジャック・アタリらと「反飢餓行動」という団体を設立する（アルジェリア生まれ、

ジャック・アタリ参照)。1981年には紛争中のアフガニスタンを訪問し、ソ連と対立するマスードが率いるグループを支援する。さらに、この時期にフランスで反人種主義活動を行う「SOSラシズム」の支援も行う。1986年にはエチオピアなどを訪問し、現地で行われている人道支援が住民に悪影響をもたらしている、という記事を雑誌に寄稿した。この記事は「反飢餓行動」の怒りを買い、レヴィは団体から離れることになる。1992年には紛争中のサラエボを訪問し、ドキュメンタリーを製作する。他にもイラクやイスラエル、ジョージア、リビア、ウクライナなど、紛争地域に足を運んでいる。紛争があれば駆けつける、という活動スタイルを築き上げている。

創作活動とメディア露出への注力

こうした人道支援の活動をしながらも、レヴィは1984年に『悪魔に導かれて (*Le Diable en tête*)』という小説を出版し、毎年多くの注目を集める文学賞であるメディシス賞を受賞する。その後も小説の執筆を続け、劇の作家としてもデビューする。

私生活では、複数回結婚しているが、1993年に女優のアリエル・ドンバール (Arielle Dombasle) との結婚が特に注目を集める。アリエル・ドンバールは1997年にレヴィが監督した *Le Jour et la Nuit*(昼と夜)にアラン・ドロンとともに出演した。巨匠のシャブロルは、レヴィを「頭が良い人」としながらも、『昼と夜』を「映画史上最低の駄作」の一つとして挙げ、レヴィについて、「やってしまったことは仕方がないが、何をしたのか自覚していないとはね……」と話している。実際に、この映画は多くの評論家から酷評され、興行収入も悪かった。だが、ドキュメンタリーやフィクションの映画を撮るだけでは飽き足らず2011年にはサン=ジェルマン賞という映画に授与する賞を作る。

エッセー、新聞記事、小説、映画製作に加えて、テレビやラジオにも積極的に出演するなど、レヴィはメディア露出が極めて多い論客である。若い頃から開襟した白シャツと無造作を装った髪型がトレードマークだ。訪れる場所を問わず、このスタイルをレヴィは貫いている。実際、2016年に公開した *Peshmerga*(ペシュメルガ)といというドキュメンタリーでは、イラク領クルディスタンでいわゆる「イスラム国」と敵対するクルド人を題材にしたが、武力行使が行われている危険な地域で撮影する際も、ダークスーツに開襟白シャツを着用した。出しゃばりで目立ちたがり屋な性格から、多くの知識人から嫌われるようになった。

パイ投げのターゲット

レヴィは「パイ投げ屋」として有名なベルギー人で「面白アナーキストなアジテーター」を自称するノエル・ゴダン (Noël Godin) のお気に入りの標的となっている。1969年からゴダンはパイ投げ活動を行っており、作家のマルグリット・デュラス (Marguerite Duras) や振付師のモーリス・ベジャール (Maurice Béjart)、映画監督のジャン=リュック・ゴダール、歌手のパトリック・ブリュエル、ジャーナリストのジャン=ピエール・エルカバシュ、政治家のニコラ・サルコジ、マイクロソフト創業者のビル・ゲイツ (Bill Gates) などがターゲットとなった。とても豪華な顔ぶれだが、その中でもレヴィに対するゴダンの執着は強い。1985年の第一回から数えて2015年までに計8回もレヴィはクリーム・パイを顔面に投げつけられた。2015年にベルギーのナミュール (Namur) でパイ投げの被害を受けた際に、レヴィは「ボー

アルジェリア

ドレールが誰かも知らないようなあんな無教養な連中に」と語った。ボードレールが晩年ベルギーで講演を多く開き、ナミュールの教会で倒れたことを踏まえた反応だろう。こうした真面目で本気な反撃が面白いため、レヴィは唯一複数回ゴダンの標的となった人物である。ゴダンはレヴィについて、「最高のパイ投げ用のツラ」と話している。

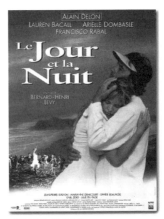

『昼と夜』のポスター

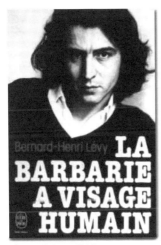

『人間の顔をした野蛮』

Peshmerga（ペシュメルガ）のポスター

サダトやサルコジ、ビンラディン、そして
日本人をも虜にするユダヤ系ポップス大スター

エンリコ・マシアス
Enrico Macias
1938～

エンリコ・マシアスは 1938 年にコンスタンティーヌでユダヤ人の家庭に生まれる。本名はガストン・グレナシア (Gaston Ghrenassia) で、父親のシルヴァン (Sylvain) はシャイフ・レモン (Cheikh Raymond)（つまり「指導者レモン」）と呼ばれたレモン・レリス (Raymond Leyris) が率いる楽団でヴァイオリンを弾いていた。シャイフ・レモンはアラブ系アンダルシア音楽のマルーフ (malouf) を専門としていた。そして、ガストンも音楽の道を進むことになり、シャイフ・レモンの楽団に入団する。

アルジェリア独立戦争中に起きた事件を機にフランス本土へ移住

1956 年にバカロレアを取得し、学校教諭の仕事につくが、音楽活動も続ける。だが、1961 年に起きた事件で、グレナシア家は重大な決断をする。その事件とはアルジェリア民族解放戦線（FLN）によるシャイフ・レモンの殺害だ。この事件を機に、グレナシア家はパリの近くに位置するアルジャントゥイユ (Argenteuil) に移住する。

フランス本土に移住してからは、ミュージシャンとしてキャバレーで演奏するようになる。1962 年にジルベール・ベコー (Gilbert Bécaud) の前座で注目され、テレビ出演も果たし有名になる。この年には、アルジェリアからフランス本土への移住を機に書いた『さらばふるさと (*Adieu Mon Pays*)』がヒットする。また、子供の時からの友人でもあり、レモン・レリスの娘でもあった、当時 18 歳だったスジー (Suzy) と結婚する。そして、1963 年にデビュー・アルバムを発表する。

芸名の「エンリコ」は、ギターを教えてくれたロマ人から付けられたあだ名であり、「マシアス」はボクサーのラトン・マシアス (Ratón Macías) に由来している。

政治的な立場を表明する国際的スター

多くのヒット曲を世に送り出し、1979 年にはアンワル・サダト (Anwar Sadat) の招待で、エジプトのピラミッドの前でコンサートを開いたり、1980 年には国連の「平和の歌手」に任命されたりする。1985 年にはフランスのレジオン・ドヌールを受章し、1997 年には国連の平和大使に就任する。アメリカ、カナダ、日本、イギリス、イタリア、スペイン、レバノン、トルコ、ルーマニア、イスラエル、ロシアなどで公演を行うほどマシアスの人気は世界的に広がる。エジプト公演は特に注目を集めた。アルジェリア出身とはいえ、ユダヤ人のマシアスがムスリムの多いエジプトでコンサートを開いたことは、平和を象徴する歌手としてのマシアスを世界に知らしめた。

だが、マシアスの政治的な立場は多くの批判の対象ともなっている。マシアスは親イ

スラエル派であることを公言しており、例年パリのコンサート・ホールのバタクラン(Bataclan)で行われるイスラエル国境警察隊を支援するイベントにマシアスは参加している。また、イスラエルとパレスチナの関係に関しては、問題はハマス(Hamas)にある、と断じている。「国を統治する場合、統治する者がテロリストではダメだ」と話しており、ハマスをテロリストと形容している。こうしたマシアスの立場は、親パレスチナ派やイスラエル政府に批判的な人から強く非難されている。

フランス国内政治への関心

また、マシアスは国内政治にも強い関心を持っており、保守派のニコラ・サルコジとは親密な仲だとされている。ただし、2014年のパリ市長選では左派でアンダルシアにルーツを持つアンヌ・イダルゴ(Anne Hidalgo)を支持した。そのため、サルコジの妻のカーラ・ブルーニとは、デュエットをしたこともあるほどの仲であったにもかかわらず、険悪な仲になった、とマシアスは振り返っている。この件についてマシアスは、「彼女がニコラと結婚したことで左派から右派に変わったことを責め立てなかったのに」と語り、もう二度と政治的な立場を公にしない、と話した。「政治に関与することは何の役にも立たないと気付いたんです。私がやりたいことは、自分の時代の証人となり、自分自身の言葉で社会と関わることです。つまり、自分のギター、自分の音楽、自分の声で」と説明している。

ただし、極右政党のマリーヌ・ルペンが2017年の大統領選挙で当選した場合は「アリヤ(Alya)」、つまりイスラエルへの帰還をする、と述べている。さらに、ルペン大統領が誕生した場合には「フランスのユダヤ人コミュニティ全体を引き連れていく」とまで発言している。

故郷を訪れるためにビザが必要

アルジェリアに関しては、とても複雑な感情を抱いている。1961年に本土に移住して以降、アルジェリアには一度も足を踏み入れていない。アルジェリアを訪問することを希望しており、2000年にはアルジェリアで公演を予定していたが、安全面の問題により急遽キャンセルした。また、アルジェリアに入国するためにビザが必要なことにも憤りを感じている。あるアルジェリアの大臣に「アルジェリアであなたはとても好かれているので、ビザを取って私たちに会いに来てください」と言われたマシアスは「故郷を訪れるためにビザ？おかしいでしょ」と答えたという。それに対して、その大臣は「私たちの国には、テロリストだけがビザなしで入国するんですよ」と指摘したらしい。この返答にマシアスは嫌な思いを抱いた。そして「ロジェ・アナンはアルジェリアで埋葬されたらしいね。私には起こり得ないことだ」とインタビューで語っている。

ところで、マシアスは日本と深い関わりを持っている。『Pour mes amis du Japon 日本の友へ』という日本のリスナー向けの日本

『さらばふるさと』

エンリコ・マシアス　ベストアルバム

『北国の人々』

語のアルバムを制作している。また、永六輔が作詞し、中村八大が作曲した『遠くへ行きたい』のフランス語のカバーを Ma dernière chance として歌っている。

あのオサマ・ビンラディンもファン？

なお、驚くほどファン層は広く、9.11 の同時多発テロの首謀者とされるオサマ・ビンラディン (Osama bin Laden) もマシアスを聴いていたのではないかと言われている。アフガニスタンにあるアルカイダの施設で大量のカセットテープが見つかり、その中にマシアスのものがあったと 2015 年に BBC が報じた。ビンラディンの演説の途中で突然マシアスの『北国の人々（Les Gens du Nord）』が流れるテープがあったのだ。本当にビンラディンがマシアスを聴いていたのかは不明だが、マシアスの曲を好んで聴いた人間がおり、アフガニスタンのイスラム教徒がいかに外国との交流を持っていたかを物語る証拠だ、と 1500 に上るテープを分析した研究者は考察している。マシアス本人は「ただの噂だろう。(中略) ビンラディンが定めたルールの中には、音楽鑑賞の禁止があったから、私の CD を持っていたとは考えられない。(中略) もし本当だとしたら、私の歌が残虐行為を妨げなかったことを意味する」と不快感をあらわにしている。

カミュとともに闘った過激派に与しない
リベラル派都市計画家

ジャン・ド・メゾンスール
Jean de Maisonseul
1912〜1999

ジャン・ド・メゾンスールは1912年にアルジェで生まれた。1830年のフランスによる侵攻時にアルジェリアに移住した家族の子孫である。

パリ都市研究所（Institut d'urbanisme de Paris）で学んだメゾンスールは、都市計画家および画家として活動し、建築家のル・コルビュジエ（Le Corbusier）をアルジェのカスバに案内するなどした（都市解説「アルジェ」参照）。

都市計画や美術の分野で活躍したと同時に、メゾンスールはカミュとともにリベラルな立場を取ったことで有名である。アルジェリア独立戦争のただ中だった1956年1月22日、ヨーロッパ系やムスリムなどを含む1000人以上を集めた会合を開き、「市民休戦」を訴えた。これをきっかけに、同年5月26日に「国家の安全に対する脅威」をなしたとして逮捕された。当局は、メゾンスールの事務所にアルジェリアの独立派を応援するモロッコ人の言動を綴った手紙が見つかったことを問題視し、さらに、1月の会合が独立派テロリストの支援につながったと主張した。一ヶ月ほど拘留され、その後釈放された。カミュは2本の記事を通じ、ルモンド紙でメゾンスールの逮捕を強く批判した。

アルジェリア独立後、メゾンスールは1962年から1970年まで学芸員としてアルジェ国立美術館（Musée national des beaux-arts d'Alger）に勤務した。彼には独立戦争中にフランス本土に移された300にも上る絵画を交渉の末、アルジェに戻した功績がある。その結果、この美術館はフランス絵画の重大なコレクションを所有している。1970年にはアルジェ大学の都市研究所の所長に就任した。

その後、近しかったジャン・セナックの殺害などを受け、アルジェリアに居心地の悪さを覚え、1975年にフランス南部に移住した（アルジェリア生まれ、ジャン・セナック参照）。

1999年に南仏のキュエール（Cuers）で亡くなった。

エヴィアン協定締結記念日がアルジェリアに対する改悛を意味すると猛反発する保守系政治家

エルヴェ・マリトン
Hervé Mariton
1958〜

　エルヴェ・マリトンはアルジェリアで1958年に生まれた。父親はドローム県 (Drôme) 出身の軍人で、母親はアルジェリアのユダヤ人だった。裕福な家庭ではなかったものの、それに匹敵する教育を受ける。成績がよく、特にロシア語と英語が得意だった。マリトンはエコール・ポリテクニーク (Ecole Polytechnique) とパリ政治学院を卒業する。その後、産業省に技官として就職する。

　そして、中道右派の政治家として1980年代半ばからキャリアを築く。まずは州議会や市議会で議席を持ち、1995年にはドローム県のクレ (Crest) の市長となる。地方政治に並行して、国政にも乗り出す。1993年から1997年まで、そして再度2002年からはドロームの選挙区から国民議会議員に選出される。また、2007年には近しかったドミニク・ドヴィルパン (Dominique de Villepin) が首相となった内閣の海外領土大臣に就任し、この職に2か月弱留まる。ドヴィルパンの側近だったが、2007年の大統領選の際には、ドヴィルパンが出馬を断念したため、ニコラ・サルコジを支持するようになる。

　マリトンは「現実主義的リベラル」と自身の政治的立場を表現している。2013年には同性愛者同士の婚姻を可能とする法案への反対を唱える論客としてメディアの注目を集めた。また、税制改正も主張しており、フラット税率の導入と非課税所得の廃止を掲げている。労働法の改正などにも言及しており、基本的に保守的であり、新自由主義的な政策を提言している。

　なお、2016年には、大統領のフランソワ・オランドが「アルジェリア〜モロッコ〜チュニジアの国民的記念日」に制定されている3月19日の記念式典に出席したことをマリトンは強く批判した。1962年3月19日はアルジェリアの独立を可能としたエヴィアン協定の締結日だが、この日以降も多くのフランス人やハルキが殺されたことから、ピエ・ノワールの団体等がこの日を記念日にすること自体に反対している。マリトンも3月19日に記念式典を行うことは不適切であり、アルジェリアに対する「悔悛」を意味する、と批判している。極めて保守的な立場を表明しているヴァルール・ザクチュエル誌 (*Valeurs Actuelles*、「現在の価値」の意) はこの日を記念日としないよう求めるインターネット上の嘆願書にマリトンが署名したことも明かしている。保守的なピエ・ノワールの一般的な立場をマリトンはとっている、といえるだろう。

　マリトンは2015年に、2017年の大統領選挙に先立つ右派の予備選に出馬することを表明した。しかし、予備選出馬に必要な推薦人の数が足りず、出馬に至らなかった。結局予備選では意外にも中道寄りの元首相アラン・ジュペ (Alain Juppé) への支持を表明した。

保守反動のメッセージを歌と記事を通じて発信する歌手兼記者

ジャン＝パクス・メフレ
Jean-Pax Méfret
1944～

ジャン＝パクス・メフレは1944年にアルジェで生まれた。マルセイユに住んでいた父親は1942年にアルジェに移り、レジスタンス活動を行う。そこで妻となるイタリア系の女性と出会う。その二人の下で生まれたジャン＝パクスは、カトリックで愛国心の強い価値観の中で育つ。

アルジェリア独立戦争が始まると、反独立派の立場をとり、1958年にはドゴール政権を歓迎するも、1961年にドゴールを倒そうと企てられた「将軍たちの反乱」未遂以降は秘密軍事組織(OAS)で活動するようになる。

政治的メッセージの強い音楽活動

アルジェリア独立後には歌手として活動するようになる。1964年にシンガーソングライターとして起用され、ジャン＝ノエル・ミシュレ (Jean-Noël Michelet) という芸名でレコードをいくつかリリースする。1962年からは、エンリコ・マシアスをはじめとするピエ・ノワールを売りにする芸能人が出てきたため、デッカもその流行に乗ろうとしたのではないか、と思われるが、この点は定かではない。いずれにせよ、メフレが有名になり始めるには数年を待たなければならない。特に興味深いのは、ピエ・ノワールであることを前面に出すだけではなく、フランス領アルジェリアに対する懐古を強調するようになる点だ。1968年以降に発表した曲の多くはOASの活動家に対するオマージュとなっている。メフレは1980年代初頭に最も多くの作品を世に送り出した。*Vous allez me traiter de réac...* （俺のことを反動野郎だと思うだけど）といった刺激的なタイトルのアルバムやアルジェリアをテーマとした曲が目立つ。

歴史家のポール・エリオー (Paul Airiau) によれば、メフレの曲にはいくつかのテーマが繰り返し出てくる。まずは反共産主義だ。メフレは反共的な曲を通じて、ソ連の全体主義と反西洋の体制に加担している知識人を攻撃している。*Goulag*（グラグ）という曲はそのタイトルからソ連をテーマとしていることが明確だ。その他には反左翼、アルジェリア、軍人の偉大さ、社会問題などがある。こうしたテーマを取り上げる際には多くの場合、メフレは二項対立を用いている、とエリオーはいう。たとえば、善と悪、過去と現在、ここことよそなどである。アルジェリアに関しては、第二次世界大戦時にフランスの解放の拠点となったことへの誇り、植民地支配における功労者としてのピエ・ノワール、フランス政府に見捨てられたハルキなどをメフレは歌っている。

ただし、これらの政治的なメッセージが強い曲は放送される機会が極めて少なかった。極右政党の国民戦線が主催するイベントにおける演奏などでメフレは音楽を限定された聴衆に届けることができた（用語解説「国民戦

線」参照)。とりわけ退役軍人が重要なターゲットになった。

執筆活動にも注力

歌手活動の傍らで、メフレは記者としても仕事を開始する。ピエ・ノワール団体の機関誌で経験を積んだのち、極右の立場をとっていることで知られるミニュット誌 (*Minute*) のジャーナリストになる。1974年にはロロール紙 (*L'Aurore*) に移り、国内政治、そしてその後に国際政治を担当する。また、1980年から2000年まで、週一回発行される中道右派のフィガロ紙の付録であるフィガロ・マガジン (*Le Figaro Magazine*) の記者を務める。保守反動の思想を掲げていることで有名なヴァルール・ザクチュエル誌にも寄稿している。

また、本も複数出版している。*1962, l'été du malheur*（1962年、災いの夏）は自身のアルジェリア独立戦争時の思春期を描いている。さらに、*Jusqu'au bout de l'Algérie française : Bastien-Thiry*（フランス領アルジェリアを貫く―バスティアン＝ティリ）(は、ドゴールを暗殺しようとした軍人ジャン・バスティアン＝ティリの伝記だ。

ジャン＝ノエル・ミシュレ名義のジャケット

独立派と敵対したハルキ
―― フランス軍の補充兵となったアルジェリアの先住民

アルジェリアの独立を目指した蜂起に対し、フランス当局はアルジェリアのムスリムの補充兵で構成した部隊を作った。なぜならば、独立派と同じように現地を熟知した者が部隊にいれば、効果的に蜂起に対処できると考えたからだ。フランス軍は1955年から先住民族だけで構成された部隊を作っていった。こうした部隊でフランス軍とともに、独立派と戦った兵士をハルキ (harki) と呼ぶ。

ハルキの意味とムスリム補充兵に期待されたこと

ハルキ、と聞くと同じ一つの組織にいた者が想像されるが、実際には異なる複数の部隊にいたムスリムが今日ではハルキとして認識されている。また、混同されがちではあるが、正規軍のムスリム兵士はハルキではなく、あくまで補充兵が本来の意味のハルキである。したがって、正規軍の兵士とは異なり、ハルキは家族と暮らしており、何日にもわたる業務の際以外は軍の配給を得ることはなかった。

最初にできたのは、「運動」を意味するアラビア語に由来するハルカ (harka) と呼ばれる部隊である。日給を支給される兵士が構成する補充的機動部隊と、無給で動員された自衛団があった。前者の補充兵が狭義のハルキにあたる。なお、この二つの部隊を構成する上で、明確な法的根拠やルールが当初はなかった。1956年に正式に制度化した。

両部隊は志願兵により構成された。オレス山地 (Aurès) というバトナ (Batna) に近い

チュニジア寄りの地域、および、同じく山地である地中海沿いのカビリア (Kabylie) の地域でアルジェリア民族解放戦線（FLN）が活発だったため、ハルカと自衛団はこの二つの地域で活動した。フランソワ＝グザヴィエ・オートルー (François-Xavier Hautreux) の研究によれば、1957 年 1 月には 70 のハルカに 2186 名のハルキが所属していた。だがその後は、第二次世界大戦の影響で徴集できる人数が不充分で、さらにはアルジェリアの土地を徴集兵の大多数が知らないという事情から、アルジェリアの先住民に頼らざるを得なくなっていった。土地を熟知していることはフランス軍にとって極めて重要だった。正規軍同士が戦う国家間戦争とは異なり、フランス軍は土地をよく知るゲリラと戦っていたからだ。一方で、現地のムスリムを引き入れることには、フランス軍の活動が正当であることを世界に示す役割もあった。すなわち、先住民族もアルジェリアがフランスの植民地としてとどまることを望み、フランス軍とともに戦っている、という宣伝をハルキの起用は可能にした。しかも、フランスの軍首部はハルキらが親族や友人に良い影響を及ぼすことを期待した。つまり、フランス政府の主張に好意的な雰囲気を作り出し、維持する、もしくは、独立派の主張を少しでも打ち消すことがハルキの存在によって可能だと思われた。

以上の理由により、自衛団などの部隊は 1957 年のうちに増員されたが、ハルカの増員はとりわけ急速に行われ、9 ヶ月余りで 2186 人から 10430 人にまで人数は増えた。1960 年の末には 6 万人にまで膨れ上がった。

人数が増えていく中で、自衛団の者がハルカに移ることも多かった。ただし、ハルキの人数は月ごと、もしくは 3 ヶ月ごとに集計されるだけであり、正確な管理がされていたとはいえない。そのおかげでたとえば、フランス側は情報提供者をハルキとして扱い、ハルカの予算から報酬を支払うことができた。

独立派とハルキの関係

ハルキの中には、わずかではあるものの、FLN やその武装集団であるアルジェリア民族解放軍 (Armée de Libération Nationale, ALN) を離脱した者もいた。ただし、オートルーによれば、そうしたハルキは全体の 5% を上回ることはなく、最大で 1960 年 11 月には約 3000 人にとどまった。なお、脱走などの裏切り行為を防ぐために、他の兵士に比べ厳しい管理下に置かれていた。

さらに、他のハルキと同じように扱えないが、ハルカの予算で独立を目指すいわゆるメサーリー派 (messaliste) のグループなども採用された。独立運動家のメサーリー・ハーッジュの下で構成されたメサーリー派は、アルジェリアの解放を目指しつつも FLN とは敵対していた。そのため、メサーリー派の一部のグループはフランス側により雇用された。最大で 5000 人ほどいたとされる（コラム「独立運動――民族解放を目指した諸勢力」参照）。

ハルキの多様な活動内容

また、どのような活動をハルキに指示するかは指揮を担当する上官により異なった。ハルキが全員同じ業務を行っていたわけではなく、彼らの活動は多岐に渡った。一方で、1957 年から 1958 年にかけて、フランス軍からハルカの兵士に貸し出される武器は猟銃から徐々に機関銃に移行していき、戦闘において、より積極的に活動することがハルキに期待されるようになっていったともいえる。ただし、自立した部隊にならなかったことは特筆しておくべきだろう。ラウル・サラン大

将は、アルジェリアの独立を阻止することに充分な信条がハルキには欠けていると考え、ハルキによる自立した部隊の構成が「将来的にアルジェリア軍の土台を提供する」可能性に懸念を示していた。後述するように、ハルキにおける信条の欠缺は正しい指摘だったといえる。

　以上のように、フランス軍の補充兵として、アルジェリアの先住民族を雇用することが多様な需要に応えた。つまり、アルジェリアの独立運動に抵抗するフランス政府にとって彼らは重要な役割を担う集団だった。

ハルキになる動機

　ところで、先住民族の立場から考えると、ハルキとして活動することはどのようなインセンティブに基づいていたのだろうか。一般的に、フランスに対する愛国心や、政治的なイデオロギーに根差したインセンティブを持ってハルキとしてフランス軍とともに戦った者はごく一部だと考えられている。ジル・マンスロン (Gilles Manceron) は、ハルキの多くが都市部ではなく農村部の住民であり、フランス語の知識も乏しく、フランスあるいはアルジェリアといった大きな単位よりも、地元や家族に対する愛着を強く持っていたと指摘している。つまり、苛烈な暴力が横行する戦争という文脈の中で、ハルキとして雇用された者たちは、フランスのため、という意識よりも、報酬を得て、家族を守るという目的を持って補充兵になったといえる。また、アルジェリアのナショナリスト、すなわち民族主義者の独立派は都市部やフランス本土では支持を得ていたものの、農村部においては独立派の主張はさほど重視されていなかった。アルジェリアのナショナリズムは均一に定着したわけではなく、大きな地域差を以て広がっていった。こうした背景が先住民族の補充兵としての雇用を可能とした。

　個別に見てみると、ハルキになる動機は極めて多様だ。生計を立てるため、という理由もあったが、身の回りで起きた独立派による暴力行為への反発や、独立運動体の上層部による暴力からの逃走のためにハルキになった者もいた。フランス軍による拷問を経たやむを得ない寝返りの末、ハルキになる者、あるいは、フランス軍への志願が伝統だった家庭の者もいた。一部ではフランス軍による強制的な採用もあった。こうした多様な動機に加えて、部族間、農村間、あるいは家族間の対立もハルキの採用に影響した。ライバルの集団が独立派に加わったという理由から、フランス側につく、またはその逆の現象はしばしば見受けられた。ゆえに、加わる先が独立派なのか、フランス軍なのかはこうした論理においては関心の的から外れていた。以上の背景から、ハルキのインセンティブに関して、「『フランス領アルジェリアの防衛』という政治的選択はほぼ存在しなかった」とマンスロンは結論付けている。

　なお、ハルキの中には、オレス山脈とカビール地方の出身者が多かったため、アラブ人ではないベルベル人の比率が、先住民族人口比よりも高かった。

ハルキのフランス本土移住問題

　ハルキの人数が増える一方で、1961年5月20日にエヴィアンでアルジェリア代表団とフランス政府による交渉が始まり、紛争の終結への糸口が探られた。当然ながら、その交渉の中で、ハルキをどのように位置付け、処遇するかが重大な課題の一つとなった。この時期から、ハルキによるフランス本土への移動は、ヨーロッパ系住民の「帰還」とは異なり、「移住」として考えられたため、その移動は政府の管理下で実行されなければなら

ない、とフランス政府は考えていた。オートルーはこれを「アルジェリアのムスリムを他のフランス人と同様に扱う神話の崩壊」と表現している。政府はエヴィアン協定締結前から、すでに大勢のハルキがフランス本土に渡ってくることを阻止しようと考えていたのだ。具体的には、フランス本土への移住を希望するハルキに申請を求め、フランス政府は彼らの移住を制限しようとした。申請においては、二つの困難がハルキを待ち構えていた。一つ目の困難は、フランス語による申請書類の作成である。フランス語を話し、聞き取る能力が比較的低いハルキにとって、フランス語の読み書きは容易ではなかった。二つ目の困難は、申請書の審査である。一つ一つの申請は、アルジェリアにとどまった場合に申請者が危険にさらされる度合いと、本土に移住した場合に申請者がフランス社会になじめる可能性に基づいて審査された。この審査方法は移民を選定するプロセスに近似している、とオートルーは指摘している。

1962年3月1日から5月1日までの二ヶ月間で、ハルキは70％以上も減員された。離職の経緯は、3％が脱走、6％がフランスの正規軍への再編だった。離職したハルキの11％は更新不可の6ヶ月間のフランス軍による保護を受け、のちに期間終了の際に手当てを受け取る契約を締結した。そして80％が手当て付きの即時離職だった。

ハルキだった者たちの多くがフランス本土への移住を希望した。1962年3月のエヴィアン協定以降、3万人以上のムスリムがフランス政府の保護の下、本土に移住した。この数字は、ハルキのみならず、ムスリムの元公務員や元議員も含んでいる。さらに、個人で本土に渡ったハルキも2万5000人から4万人ほどいると推定される。この頃から「ハルキ」の意味範囲は拡大し、本来のムスリム

ハルキ

補充兵に加えて、元公務員や元議員も含めるようになった。

アルジェリア独立とハルキに対する暴力

エヴィアン協定締結後、新たな独立国家の統治をめぐる権力闘争が生じ、アルジェリアは混沌とした事態に陥った。揺るがない中央権力が不在の中、元ハルキをはじめとした「裏切り者」への暴力が横行した。元ハルキや元議員、メサーリー派は逮捕、拘禁、いやがらせ、拷問、処刑などの標的となった。アルジェリアでは「ハルキ」は「裏切り者」と同義になった。

アルジェリアを裏切ったとされ、殺されたハルキの人数は不明のままだ。エヴィアン協定締結から11月までの間に、1万人以上が

殺害されたとルモンド紙は1962年11月に報じているが、2万5000人に上るという説や、信憑性は低いものの、15万人が殺されたと主張する者もいる。

ハルキが受けたこうした暴力は、フランス政府がハルキを充分に保護せず、「遺棄」したため可能となり、さらに、FLNがハルキの殺害を教唆したと一般的に考えられている。だが、事態は必ずしもそこまで単純ではなかった。フランス側の対応を見ると、軍部の一部はハルキのフランス本土への移住を制限するべきという考えを持っていたが、一方で当時の首相だったジョルジュ・ポンピドゥー (Georges Pompidou) は軍務大臣 (ministre des armées) のピエール・メスメール (Pierre Messmer) にハルキを本土に受け入れるべきという趣旨の手紙を書いている。また、アルジェリアのフランス大使はハルキに対する残虐行為を非難する声明を出している。こうした記録などから、植民地支配下のアルジェリア史を専門とし、その分野の先駆者であるシャルル=ロベール・アジュロンはフランスによるハルキの「遺棄」はなかっ

たと考えている。だが、マンスロンはフランス政府がハルキの本土への移住を困難にし、アルジェリアの先住民族からフランス国籍を剝奪したことを問題視している。さらに遡って、そもそもドゴールの政策では1959年からアルジェリアの独立が明確に想定されていたにもかかわらず、軍部がハルキを大量に雇用したことが、エヴィアン協定締結後のハルキに対する暴力につながっており、ハルキが受けた被害にフランス軍は責任を負っていると分析している。つまり、ドゴールの掲げていた政策とハルキの大量雇用は矛盾していたのみならず、独立が実現すれば、ハルキが脅威にさらされる可能性を軍部は予見できたにもかかわらず大量雇用したのだ。

フランス本土におけるハルキの収容施設

一方で、フランスに移動したハルキもよい環境に置かれたとは言い難い。フランスに移動したハルキたちがキャンプに収容されたことは一般的にフランスでよく知られている。ただし、フランスに移動する前、すなわち独立戦争の終結前から、アルジェリアである程度ハルキは隔離されていた。ハルキとその家族にフランス当局は特別に設けた住居を提供していた。その後、ハルキたちのフランス本土への移動に際して、まずはアルジェリアで収容キャンプが準備された。ハルキとその家族らは、独立派からの暴力を免れるためにオランやアルジェの近くに作られた収容所を経由して、フランス本土に渡った。

フランス本土では、さほど多くのハルキが移動してこないだろう、という政府の甘い見立てにより、1962年の夏のうちにハルキの受け入れをめぐる諸問題は解決できると思われていた。しかしながら、7月中旬には二つのキャンプにすでに1万人のハルキとその家族が収容された。予想以上の人数が本土に

ジョルジュ・ポンピドゥー

リヴザルト収容所

移動してきた上に、さまざまな課題が立ちはだかった。まず、収容キャンプから他の場所へのハルキの分散は困難を極めた。アルジェリア人人口が多い県では独立派が支配的であり、ハルキにとって脅威であったため、そうした県への移送は避けなければならなかった。職や居住の問題もあり、とりわけ、経営者や労働組合はハルキが近隣に移住することを嫌がった。さらに、ヨーロッパ系住民のフランス本土への移住も予想を上回る件数に上り、ハルキの問題は後回しになりがちだった。

1962年夏に開設された二つの収容キャンプは、何千人ものハルキやその家族らを抱えて冬を越せないという理由で、秋に閉鎖された。この閉鎖に伴い、まずは地中海の近くのリヴザルト (Rivesaltes) とサン＝モーリス＝ラルドワーズ (Saint-Maurice-l'Ardoise) という二つのキャンプにハルキらは移送された。

いずれもハルキのために新設された収容所ではなく、もともと存在した施設だった。サン＝モーリス収容所は1958年に開設され、当初は独立派を収容する場所だった。ところが、ドゴールを倒そうとした1961年の「将軍たちの反乱」によってこの収容所の機能は変わり、同年12月から秘密軍事組織 (OAS) の者を収容する場所になった。その後、ハルキを1962年秋から収容し始めた。リヴザルト収容所は1938年に「好まれざる外国人」の収容を可能とする法律の制定以降、軍事用のキャンプとして使用される時期を時折はさみながら、フランコ政権を逃れようとしたスペイン人、ヴィシー政権下で検挙されたロマ人とユダヤ人、第二次世界大戦終結の際にはドイツ人・イタリア人・オーストリア人捕虜を収容した。1964年をもってハルキの収容はリヴザルトで正式に終了したが、ハルキが完全にこの地域を去ったのは1977年である。1986年から2007年までリヴザルト収

容所は強制送還対象の外国人収容所として機能し、2015年からは「リヴザルト収容所記念館 (Mémorial du Camp de Rivesaltes)」として一般公開されている。他にもハルキの収容所はいくつか存在したが、こうした経緯をたどると、ハルキはキャンプで保護の対象となったというよりも、「好まれざる者」として隔離されたといえよう。1968年の調査では、アルジェリア生まれのムスリム帰還者は約9万人おり、そのうち狭義のハルキ、つまり補充兵だった者は1万5000人に上った。

　アルジェリアにとどまり、殺されたハルキの悲劇は有名だが、フランスのキャンプに収容されたハルキの生活も耐え難いものだった。収容所内の規律は軍隊のように厳しく、住む場所はテントやバラックでまともな住宅はいえなかった。冬に吹く風はテントを揺らし、時にはバラックの屋根を吹き飛ばした。しかも、見ず知らずの者と同居しなければならない場合もあった。時期や収容所により状況は異なったであろうが、入浴は週に一度有料だった、収容所内に設けられた学校では多くの教員がアラブ人生徒を見下し罵倒していた、アルコール依存症が深刻な問題となっていた、うつ病や自殺も多かった、などといった証言が数多く存在する。囚人のような生活だったことがわかる。

フランス本土におけるハルキに対する差別

　ハルキやその子孫の状況は収容所を去った後も厳しく、差別は激しかった。そのため、1970年代の終わりから1980年代まで、二世を中心としたフランス社会に対する異議申し立ての活動が見られた。とりわけ、アルジェリア人移民が受けていたものと同様の差別にハルキの二世も直面し、異なる経緯によりフランスに移動してきたハルキの二世とアルジェリア人移民は共闘するようになった。両者の協力は成果を出した一方で、ハルキとその家族の特殊性が失われ、他の移民や移民出身者と同様の扱いを受けるようになった点は指摘しておく必要があろう。ところで、21世紀以降になっても、ハルキはフランスで偏見や差別の対象になっている。たとえば、国民議会議員を務めた経験を持つジョルジュ・フレッシュ (Georges Frêche) は、地域県議会議長だった2006年にハルキは「人間以下 (sous-hommes)」だと発言している。

国境なき記者団を創設した、極左から
極右に転じた元ジャーナリストの政治家

ロベール・メナール
Robert Ménard
1953 〜

ロベール・メナールは1953年にオランで生まれた。1850年からアルジェリアに住んでいた家族の下で育ち、1962年にフランス本土に移住した。父親はオランで印刷所兼文具店を営んでいたが、アヴェロン県のブリュスクという町に移住してからは養蜂や養豚で生計を立てていた。しかし、生活は苦しく、借金は増え、生活水準は低下していった。こうした環境でメナールは、幼少期には神父になろうかと検討したこともあったが、マルクスなどに魅せられ、極左に惹かれるようになる。1970年代にはモンペリエで哲学を修め、ラジオなどで記者としての活動を始め、また、政治的には無政府主義に興味を持った後、トロツキストになり、1973年に革命的共産主義者同盟 (Ligue Communiste Révolutionnaire, LCR) に入党し、1979年まで党で活動を続けた。しかし、革命的共産主義同盟を「セクト主義的」と感じ、社会党に移る。

メナールを有名にした「国境なき記者団」における活動と極右への肩入れ

メナールの最大の功績は「国境なき記者団 (Reporters Sans Frontières)」の設立だろう。1985年にモンペリエで他の記者3名とともに、情報へのアクセスの自由を守り、促進することを目的とした団体を作ったのである。有名な活動としては、真実を追究する記者の支援、すなわち機材等の提供や逮捕の危険等にさらされている記者への法的な支援などがある。人質にされた記者の救出にも力を入れている。さらに、世界報道自由ランキングを毎年公表しており、毎年注目されている。メナール個人も「国境なき記者団」の活動に熱心であり、2008年には北京五輪を機に行われたさまざまなイベントで、中国政府によるメディア規制を批判する活動に積極的に参加した。

しかし、2008年にメナールはこの団体を辞める。ラジオでレギュラーを複数持っていたが、2014年の市町村議会選挙で南仏のエロー県 (Hérault) に位置するベジエの市長に選出される。極左の過去を持ちながら、この選挙では極右政党の国民戦線の推薦を受けた（用語解説「国民戦線」参照）。極左から極右への移行は唐突ではなく、2011年の時点ですでにすでに *Vive le Pen!* （ルペン、万歳！）という書籍を出版したり、イスラムを問題視したりしていた。「ヨーロッパ文明の優位を主張する」ことを活動とする極右のシンクタンク「ポレミア (Polémia)」とも交流があり、2011年10月にはこのシンクタンクのイベントに講演者として参加した。また、2012年には『フランス領アルジェリア、万歳！』というタイトルで本を出している。アルジェリア戦争が「良い人、つまりFLNの活動家と、悪い人、つまりピエ・ノワール」の対立の中でのみ語られてきたことが出版の

『フランス領アルジェリア、万歳！』

「彼らがやってくる―ベジエにおける難民認定申請者に関する調査」と題したベジエ新聞

動機だと説明している。こうした一連の行動は左翼からかけ離れているといえるだろう。

アルジェリアに対する思いと市長としての活動

　アルジェリアに関しては、ベジエ市長になってからも、さまざまな行動を通じて、「フランス領アルジェリア」に対して懐古的であることを示してきた。フランス～アルジェリア間の停戦の日を冠した「1962年3月19日通り (rue du 19-Mars-1962)」がベジエにあったが、この日以降も独立派と反独立派の間で暴力行為が続き、大勢の人々が命を落としたため、この日をアルジェリア戦争の終戦の日として考えることは不適当だと考える引揚者は多い。そのため、メナールはこの通りの名前を「ドノワ＝ド＝サン＝マルク少佐通り (rue du Commandant-Denoix-de-Saint-Marc)」に変更した。ドノワ＝ド＝サン＝マルクはアルジェリア独立戦争時にドゴールを倒そうとした「将軍たちの反乱」を支持した軍人だ。この通りの名前を変更する際に記念式典が開かれ、少佐の娘らを前にメナールは「アルジェリアは我々の楽園」と語った。さらに、ベジエ新聞 (Le Journal de Béziers) というメナールが発行している新聞には、「フランス領アルジェリア」を特集したクロスワードを載せた。たとえば、3文字で「独立派テロリスト集団」を書き入れるよう読者に指示している。答えはFLNだと思われる。

　市長に就任してから、通りの名前を変えたり、懐古的なクロスワードを発表したりしたほか、ムスリムの生徒を数えたと発言したり、ライシテ（非宗教性）の原則に則るべき市庁舎にキリスト生誕群像を設置したりして、話題を呼んだ。2016年にはアメリカ大統領選挙の共和党候補のドナルド・トランプを支持すると発言した。

独立運動
——民族解放を目指した諸勢力

アルジェリアの独立をもたらしたのはアルジェリア民族解放戦線（FLN）だ。この独立運動体は独立時に政党へと転身し、政権を担った。だが、主たる独立運動体としての確固たる地位を築くまでには他の運動体、すなわちアルジェリア民族運動（Mouvement National Algérien, MNA）とのライバル関係があった。MNA を率いるメサーリー・ハージュは最終的に FLN との抗争に敗北したが、解放を常に唱えたアルジェリアの歴史的な独立派リーダーである。以下では、メサーリー・ハージュの行動と、FLN 対 MNA という独立派の競合関係を見ていく。

メサーリー・ハージュの活動

メサーリーは 1898 年にトレムセンで生まれた。貧しい家庭で育ち、学校を退学し、10 歳にも満たないうちから働き、のちに子供の勤労として問題視され、解雇された経験を持っている。その後は復学したが、先住民向けの学校ではアルジェリアの地理や歴史について学習する機会は少なく、「我々の先祖、金髪のガリア人」やフランス革命について詳しくなるばかりだったという。フランスの権力や権威を示す授業内容と、日常生活の間の大きな隔たりにメサーリーは違和感を抱いていた。入植者による土地の接収やモロッコへの侵攻による徴兵を逃れるためにシリアに移動する人々がメサーリーの日常を構成していたからだ。また、父親が夜間に入植者の安全を守るために警備をした際に、「私たちの国を奪った者を守らないといけないとはね」と話したことがあった。こうした経験は解放のための闘争の必要性をメサーリーに意識させた。

1934 年 12 月版のエル・ウンマ紙　下の写真は新聞の責任者であるメサーリー

メサーリー・ハージュ

1918年の終わりに徴兵でフランス本土に滞在し、その後アルジェリアに戻ったものの、1923年にパリへ渡って働き始め、フランス共産党 (Parti Communiste Français, PCF) の支援を得て1926年に「北アフリカの星 (Etoile-Nord-Africaine, ENA)」を立ち上げた。メサーリーがリーダーとして率いた「北アフリカの星」はアルジェリアの解放を謳う組織の中で、明確に独立を要求する唯一の組織だった。1929年にフランス政府の命令により解散に追い込まれたが、1933年に「北アフリカの星」は再結成した。幹部の逮捕などといった手法による取り締まりが厳しい中、エル・ウンマ紙 (El Ouma) という機関紙を数千部印刷し、会合を多数開催した。独立要求の中で、とりわけ目立ったのはアルジェリアの独立に伴う憲法制定議会の設置である。想定されたのは、ムスリム、ユダヤ人、ヨーロッパ系を含む有権者が普通選挙により憲法制定議会を選出することであった。憲法制定議会は植民地支配に関わる法律を廃止し、新たな憲法を有権者に提案することを期待された。

他の独立派勢力

だが、戦間期においてアルジェリアのナショナリスト勢力、言い換えれば民族主義者勢力は必ずしも独立を要求していなかった。この時期の代表的な運動はメサーリー派以外に三つあったといえる。第一に、ウラマーと呼ばれるイスラム法学者がまず挙げられる。彼らはローカルな

ファラハート・アッバース

イスラムの実践や解釈を認めず、「私の話す言葉はアラビア語、私の国はアルジェリア、私の宗教はイスラム」という標語を掲げ、1931年に団体を設立した。彼らは、当初は独立を希望しておらず、まずはフランス革命が掲げた平等や市民の権利をムスリムにも適用するよう求めた。ところがこれは実現せず、1945年5月の惨劇を経て、独立派路線に転向していった。

二つ目のナショナリスト勢力として、ファラハート・アッバース (Ferhat Abbas) の運動がある。1899年に生まれたファラハート・アッバースは、アルジェリア民族主義者の代表的な人物だ。ただし、歳の近いメサーリーとは異なり、独立を要求するのではなく、ムスリムをフランス市民として認める、すなわちフランス市民権をムスリムに与えるよう要求した。この運動の新しさは、リベラルなブルジョワの要素を含んだ発展途上のアルジェリアのインテリ層を中心に形成された点である。

最後に、共産主義系の勢力が挙げられる。1920年にフランス共産党は誕生し、アルジェリアでも共産主義思想はそれなりに広まり、1936年にはアルジェリア共産党 (Parti Communiste Algérien, PCA) の結党に至った。PCAは主にヨーロッパ系の党員を抱えたが、アルジェリア先住民の党員を集めることには成功しなかった。ウラマーやファラハート・アッバースと同様に、当初は、一部の少数派を除いて、独立を目指さなかった。ただし、独立戦争開始後には、多くの党員が、独立闘争を展開するFLNに個人的に加入した。

以上を踏まえると、メサーリーが「1世紀前からフランスの支配下にあるアルジェリア人が、よりよい境遇を得るにあたりフランス帝国主義の良心に期待できることはもはや何

もない」と1927年の時点で発言していることは特異であり、他の運動に比べると急進的であったことがわかる。

人民戦線時代とヴィシー政権時代の独立派

1936年にフランスで人民戦線 (Front Populaire) による左派連合政権が誕生すると、アルジェリア人の権利拡大が期待された。その期待に沿って、一定の資格や学歴を有するアルジェリア人に限定的に政治参加を認める法案、いわゆる「ブルーム・ヴィオレット法案 (Projet de loi Blum-Viollette)」が提出された。だが、メサーリー派はあくまでも独立を希望し、こうした改革に反対した。その結果、メサーリー派は政権と他の民族主義勢力から孤立した。ただし、メサーリーのメッセージはアルジェリアで多くの人々の支持を集めもした。

1937年に政令により「北アフリカの星」が再度解散させられると、アルジェリア人民党 (Parti du Peuple Algérien, PPA) を結成し、メサーリーは活動の拠点をフランス本土からアルジェリアに移した。フランス社会への同化の拒絶、アルジェリアの独立とアルジェリア人の自己決定権の獲得、そしてアラビア語やイスラム教に代表されるアルジェリア文化の強調がメサーリー派の主張を特徴付けた。その後、1939年に第二次世界大戦が勃発すると、PPAの機関紙であるエル・ウンマ紙は発行禁止となり、PPAの活動は制限されるようになった。

ヴィシー政権が誕生すると、独立派はある大きな課題に直面する。外国、すなわちナチスドイツを利用して、独立を獲得するべきかどうか。ヴィシー政権も、メサーリーと手を組もうとした。ただし、メサーリー派の大半は、メサーリー自身を含めヴィシー政権との協力関係を拒絶した。一方で、アッバースは対独力を行うヴィシー政権に期待を寄せていたが、「期待外れだった」と話している。1943年にはドゴールが率いる自由フランスの政権であるフランス国民解放委員会 (Comité Français de Libération nationale, CFLN) が誕生し、アルジェリア人の職業の自由や議会における代表枠の拡大などが実現した。だが、バンジャマン・ストラによれば、アルジェリアのこうした権利拡大には時すでに遅しという感があった。アルジェリアでは連邦制の導入による自治の認定などの選択肢は支持されず、完全な独立を望む意見が広まっていた。その結果、メサーリーは当時フランスの支配下にあり、現在のコンゴ共和国首都であるブラザヴィル (Brazzaville) へ強制移送された。

第二政治世界大戦終後の独立派

1945年5月にナチスドイツが降伏すると、アルジェリアでファシズムと植民地主義に反対するスローガンを掲げたアルジェリア人が行進した。フランス警察が行進の参加者に発砲したため、コンスタンティーヌのPPA党員の支持を受けて、各地で蜂起が生じた。これらの蜂起に対し、PCAおよびPCFは極めて批判的な立場をとった。この事件は、大きな転機となり、ヨーロッパ系住民と先住民の間の溝を決定的に広げた（コラム「1945年5月8日の戦勝記念と反植民地主義デモ」参照）。

終戦後、アルジェリア解放を求める動きに変化が生じた。アッバースは植民地支配自体を問題視するようになった。また、PPAは「民主的自由の勝利のための運動 (Mouvement pour le Triomphe des Libertés Démocratiques, MTLD)」と改称した。こうした動きと相まって、フランス本土でアルジェリア人の若者が活動的になった。

1948年から翌年まで、MTLDは最初の危機を迎えた。運動の中心にイスラムとアラブ的要素を据えており、ベルベル人などフランスの支配以前から経験してきた多様性を捨象している点を、フランス本土の者が指摘したためである。この論争はフランス本土におけるアルジェリア人幹部の更迭につながったが、奇妙なことにアルジェリアには影響を及ぼさなかった。

その後、さらなる危機が訪れた。メサーリーと党の中央委員会 (Comité central) の間で、逮捕された独立派への支援や、メサーリーの方針や活動に関する対立が生じた。この対立は1954年の運動の分裂を招いたのみならず、独立戦争下におけるFLNとメサーリー派の抗争へと発展した。

こうした対立の一方で、1954年5月7日のディエンビエンフー (Dien Bien Phu) の戦いの末のフランスの敗北に、フランスの植民地支配の終わりの始まりをアルジェリアの独立派は見た。そして、メサーリーと中央委員会が対立している最中の1954年3月に、FLNの前身である「統一と行動のための革命委員会 (Comité Révolutionnaire pour l'Unité et l'Action, CRUA)」が発足した。同年11月にFLNへと改称し、同時に独立戦争が始まった。

テロによる独立戦争勃発

1954年11月1日の日が昇る前の時間に、同時に複数の都市で軍や警察を狙った爆発が起きた。テロ行為を受け、機動隊を配備した内務大臣のミッテランはこの蜂起を予想していなかったようだった（用語解説「フランソワ・ミッテラン」参照）。

むしろ、アルジェリアでは独立をめぐる話題は静まったと一般的に考えられていた。この同時多発爆発事件を実行したのは、当時フランス社会で知られていなかったFLNだった。組織が知られておらず、当初は独立運動を代表していたメサーリー派が起こした事件だと考えた記者もいた。たしかにメサーリーが率いるMTLD出身者らが首謀者だったが、彼らは独立を目指す新たな世代の若者で、メサーリーとは対立していた。メサーリーは独立を目指していたが、ストライキや署名活動、デモといった、集団による長期的活動を前提とした政治参加の形態を好んでいた。しかしながら、FLNはそうした形態はもはや古く、武装闘争が必要だと考えていた。

独立を目指していたMTLDは爆発事件を受け、政府により11月5日に解散に追い込まれた。また、アルジェリアにおける独立への気運の高まりを受け、フランス政府はアルジェリアの独立はあり得ないとしながらも、保護領だったチュニジアとモロッコのナショナリストとは交渉を進め、1955年11月にはモロッコが、そして、1956年3月にはチュニジアが独立を獲得した。

フランスによる独立派の取り締まりは極めて厳しかった一方で、解散一ヶ月後にメサーリーによりMNAとして復活したMTLDと、FLNの対立も激しくなっていった。元MTLD中央委員会派とメサーリー派、そして蜂起を起こしたFLN、という三つ巴の状況が発生し、三者による和解交渉も試みられた。だが、結局FLNは中央委員会派を取り込むことに成功し、武装闘争だけでは独立は獲得し得ないと考えていたメサーリー派と徹底的に対立することになった。

FLN対MNAの構図

三つ巴から、FLN対MNAという対立に代わった独立派同士の戦いは、初めのころは両者間の共存を目指す動きが見られたが、すぐにそれは無理だとわかり、アルジェリアの主

たる、あるいは唯一の独立運動体としての地位を両者は争うことになった。FLN は武装闘争を活動の中核に置いており、その点においては MNA と相違していたが、MNA も間もなく武装し、戦闘員を集め始めた。そのため、武装闘争派対非武装闘争派という構図はなくなり、両運動体は武装闘争において競合するようになった。あくまで軍事的武装闘争を主軸とした FLN と、武力以外の方法を重んじる MNA の間には相違点はあるものの、競合する運動体にいかなる妥協もせず、相手に優位に立とうとすることに邁進した点は両運動体に共通している。また、同じ目的を持っていたため、FLN も MNA も似通った内容の公約を掲げ、同様の手法でアルジェリアの住民を囲い込んだ。

1955 年の頭に、FLN と MNA がカイロで会談の場を設け、一時は協力関係ができたかと思われた。両組織の代表者が交渉した結果、最終的には FLN と MNA に加えて、ゆくゆくはアッバースが率いるアルジェリア宣言民主同盟 (Union Démocratique du Manifeste Algérien, UDMA) やウラマーなどに参加者の範囲を広げた合意になる、というメサーリー派が提示した条件により合意が実現した。メサーリー派はこの合意により、アルジェリアのナショナリストを集めた組織が実現し、それぞれの運動体が自立して活動していくと考えた。だが、実際に FLN はそのように考えておらず、合意の文書は FLN という共通の名をナショナリストたちは使用し、独立のために活動していくことを定めていた。そのため、外部からは MNA が FLN に譲歩し、もはや衰退していっているように見えた。協力に向けた合意と見せかけながらも、FLN は独立運動における主導権を譲らないという明確な戦略をとっていた。

MNAの求心力低下とFLNの勢力拡大

結局、約半年でメサーリー派の MNA は力を失っていった。メサーリーは独立運動の活動家として FLN のメンバーよりも知名度は高く、とりわけフランス本土に住むアルジェリア人にとってはメサーリーこそが独立派を代表する歴史的人物だった。しかしながら、武装闘争は主に FLN の武装部隊である民族解放軍（ALN）が行っており、MNA による武力行使は限定的だった。また、国際的に FLN は知名度を上げ、アルジェリア独立運動を代表する主体として認識されるようになった。

1955 年夏ごろになっても、アッバースの UDMA は FLN への吸収を検討していなかったが、アッバース自身はアルジェリアの独立を目指すようになり、FLN への支援を行うなど、UDMA と FLN の間には協力関係があったといえる。さらに、同年の終わりには UDMA から選出された多くのアルジェリア人議員が辞職し、フランスの機関から手を引き、フランスの公権力を拒絶するよう UDMA に求めていた FLN の意向に従った。ただし、こうした UDMA 議員の動きは必ずしも FLN への心からの忠誠心に起因しておらず、FLN による脅迫のもとで生じたといわざるを得ない。結局 1956 年 4 月に、UDMA の有力者による働きかけなどにより、アッバースは FLN と共同することを発表した。アッバースはメサーリーを除けば、最も有名なアルジェリア人政治家であったため、この知らせはフランスとアルジェリア人の間で大変な反響を呼んだ。こうしてアッバースは FLN の広報官になった。

一方で、ウラマーたちは 1954 年 11 月の蜂起のあと、FLN とは距離を取り、少なくとも表向きには独立を目標としなかった。彼らは、普通選挙の実施や議会の改正といった

独立の交渉を行うためにエヴィアンを訪れる FLN 代表団

政治的な方法でアルジェリア人の解放を目指した。しかし、1956 年の頭には結局 FLN を支持する立場に変わり、ついにアルジェリアの独立を目指すようになった。その結果、アルジェリアらしさを構成するアラビア語とイスラム教を守ってきたウラマーたちは、アルジェリアの独立運動における正統性を FLN に与えたといえる。

FLN の勢力拡大は、交渉や脅迫を超え、MNA の幹部を殺害することでも実現していった。1955 年の終わり頃から激しさが増した対立を多くの識者は「戦争の中の戦争 (la guerre dans la guerre)」と評している。独立派の間で争われたのは、アルジェリア人を正統的に、そして排他的に代表できる者の座だった。殺害や対立組織への潜入など、まさに戦争の様相を呈していた。たとえば、1957 年 5 月には FLN がある村の住民をメサーリー派であるという疑惑に基づき 374 人も殺害した。メサーリーも FLN の幹部を殺すよう MNA のメンバーに指示していた。

フランス本土とアルジェリアで FLN と MNA の対立は多くの被害者を出した。地中海の両側で、両組織のメンバーを含めて、1 万人の死者と 2 万 5000 人の負傷者が出た。

アルジェリアとは異なりフランス本土では、メサーリーは独立派として名をはせており、アルジェリア人労働者の中で強い支持を得ていた。1955 年頃から FLN は本土でもメンバーを増やしていく活動に注力したが、北部や東部では、FLN 支持者を MNA 支持者が上回ってさえいる場所もあった。それでも、FLN によるメサーリー派幹部の殺害は組織に大きな打撃を与え、1957 年秋頃には FLN の勝利は確定的となった。

最後に、ここでは主にアルジェリアとフランスの話に留めたが、アルジェリアの民族主義はトルコのケマル主義、アメリカのウィルソン主義、そしてソビエトのレーニン主義などの影響を受けて発展していったといえる。

『シオラック家の運命』で「20世紀のアレクサンドル・デュマ」と言われた歴史小説の大家

ロベール・メルル
Robert Merle
1908 ~ 2004

ロベール・メルルは1908年にチュニジアとの国境近くに位置するテベサ（Tébessa）で生まれた。父方および母方の祖父はオーヴェルニュ地方の農民で、アルジェリアに植民する際に先住民の土地を与えられたという。父親はアラビア語が話せる軍人で、ロベールがまだ幼かった1916年に病死した。父親の死を受けて、1918年からフランス本土で暮らすようになる。とても厳しく、愛情を表に出さない母親と、幸せとは言い難い生活を送った。パリで高校に通い、良い成績をおさめたメルルは、卒業後に哲学と文学を専攻し、オスカー・ワイルドに関する博士論文を執筆した。1930年代にはボルドーやヌイイ＝シュル＝セーヌの高校で教鞭をとる。

1939年にはフランス軍に動員され、翌年に捕虜となる。解放されたのは1943年だ。この時代の経験が1949年に出版された『ズイドコートの週末 (Week-End A Zuydcoote)』の基となる。初めて発表したこの小説でゴンクール賞を受賞する。多くの読者を惹きつけたこの作品は、1964年にアンリ・ヴェルヌイユ監督の手により映画化される。

その後、レンヌやトゥールーズ、アルジェ、そしてナンテール（Nanterre）などで大学教員の職を得ながら、メルルは小説の執筆を続ける。アウシュヴィッツの強制収容所で仕えるナチを主人公とした『死はわが職業 (La mort est mon métier)』（1952年）や、自身がナンテールで教えていた頃に直面した1968年の学生運動を題材とした Derrière la vitre（窓の後ろで）(1970年) など、事実に基づいた小説を多数世に送り出した。さらに、1977年に始まった『シオラック家の運命 (Fortune De France)』というシリーズは2003年までの間に13巻にわたり、16世紀から17世紀のフランスを描いた大河小説である。メルルは時代小説を多数著したアレクサンドル・デュマ (Alexandre Dumas) になぞらえて、「20世紀のアレクサンドル・デュマ」とも呼ばれた。

自身の経験を複数の小説で取り上げてきたメルルだが、アルジェリアを題材にしたことはない。「楽園、太陽、暖かい海」とアルジェリアを懐かしむ一方で、「心に留めているが、そこから創作は生まれなかった。親密すぎて、近すぎる」と話している。また、アルジェリア独立戦争時には共産党員だったにもかかわらず戦争について意見を表に出すことはなかった。本人は戦争に反対しており、理由は明らかにしていないが、秘密軍事組織（OAS）から脅されたこともある、とのちにインタビューで語っている。独立戦争終結後にはアルジェリアの友人から呼ばれ、アルジェ大学で2年間教員として勤務した。

2004年に95歳で亡くなった。

観光地化されたアルジェリア

歴史家のコレット・ジトニキー (Colette Zytnicki) によると宗主国の当局は、植民地支配において観光は経済的にも、そしてイデオロギー的にも重要な要素として捉えていた。新たな土地を知る楽しみや、休日を快適に過ごせる喜びに加え、観光地は旅行者に植民地支配を正当化する理由を提供するからだ。つまり、植民地の観光地化はプロパガンダの一環として機能することを期待された。

植民地の中でも、アルジェリアは観光地として必要な要素を取り揃えていた。豊かな文化遺産、山脈や砂漠といった多様な自然、西洋と東洋の文化が融合した都市は、異国を感じさせた。また、裕福な客層を満足させる質の高いサービスも提供可能だった。

想定される客層はフランス本土や外国、さらにはアルジェリア一部の住民だ。ただし、客層を概ね3つのカテゴリーに分けることができる。一つ目は温暖な地域で冬を過ごそうとアルジェリアを訪れる富裕層だ。高級ホテルなどに数ヶ月滞在する者もおり、フランス本土以外では、イギリス、ドイツ、ロシア、オーストリアなどから旅行者は来た。二つ目は中産階級の旅行者で、植民地を数週間かけて訪問する者だ。三つ目は、アルジェリア在住の観光客だ。その一部の者は、冬が多くの観光客を惹き付ける一方で、夏の観光事業にも力を入れるべきだ、と考え、愛好会を結成し、アルジェリア当局に夏季の観光の発展が必要だと訴えた。とりわけ、夏にも山や浜辺といった魅力的な場所がアルジェリアには多数あることをアピールした。

アルジェリアは観光地として、1850年代から注目されるようになった。東洋の魅力や狩猟、穏やかな冬は多くの観光客を惹きつけ

フレンチ・ラインのポスター「アルジェリアの冬」
1900-1910年

カンパニー・ド・ナヴィガシオン・ミクスト社のポスター　1899年

た。19世紀の終わりに、とりわけ人気があった都市はアルジェとビスクラだ。東洋文化への関心は観光客の間で高く、当局もそれを理解していた。そのため、コンスタンティーヌやアルジェ、オランでは土着の文化を近代化から守り、観光客を引き寄せる東洋的な要素を保存する組織が結成された。観光地としての魅力を最大限に見引き出すために、アルジェリアのイスラム文化などを保護する策がとられるようになったのだ。

土地の魅力に加え、観光客がアルジェリアに訪れるようになった理由として、フランス本土との交通の便の良さも挙げられる。複数の会社がフランス本土とアルジェリアを結んだ。特にその分野で頭角を現したのは、カンパニー・ジェネラール・トランザトランティーク (Compagnie Générale Transatlantique)、通称トランザット (Transat) あるいはフレンチ・ライン (French Line) だ。32時間程度でアルジェリアとフランス本土を結ぶ新しい客船や、船のチケットとホテルの部屋を同時に予約できるシステムを導入したことはトランザット社の飛躍に大きく貢献した。

また、アルジェリア内の交通も1862年のブリダ―アルジェ間の鉄道開通により容易となった。ビスクラとアルジェも1886年に鉄道で結ばれた。このように各都市や、さらには、山へのアクセスが徐々に可能となり、観光客が訪問できる場所が増えていった。

ただし、観光客はあくまで観光をするために来ており、未知の危険な場所に足を踏み入れることはなかった。観光客がのちに出版した旅行記を読むと、治安がよく、リスクがないと分かっている場所にしか訪れなかったことが分かる。

このように、19世紀の後半から、20世紀の頭にかけて、アルジェリアは観光地として発展していった。ところで、観光客の客層

フレンチ・ラインのポスター　1901年

フレンチ・ラインのポスター　1901年

モロッコ・アルジェリア・チュニジアのミシュランの観光ガイドの宣伝用ポスター　1930年

は中産階級以上であったが、出自は多様だった。つまり、ヨーロッパ人やユダヤ人に加えて、ムスリムの名士も観光客となった。したがって、ジトニキーが論じるとおり、「植民地のエリート」の間で観光が定着していったといえる。

その後、20世紀初頭に客足が鈍ると、より広い客層をアルジェリアに呼び込もうとする動きがフランス当局の中で生じた。また、アルジェリアのさまざまな地域でも観光客を惹きつけるための努力がなされた。その結果、より魅力のある宿泊施設を提供できるように、改修工事の助成金などが新設された。これらの施策は経済効果に加え、観光客との接触による先住民族の同化と、観光客の将来的な入植を期待して行われた。なお、この時期からサハラ砂漠を観光地として開発していく政策もとられるようになった。

ただし、1930年以降は、1830年の侵攻100周年記念による盛り上がりが落ち着くと、世界的な不況の影響がアルジェリアの観光業にも影を落とすようになる。そのため、当局は観光客にアピールし、有給休暇の制度導入によりアルジェリア観光を促した。ところが、多くの投資が行われたものの、それに見合う数の旅行者はアルジェリアを訪れなかった。しかも、第二次世界大戦に入り、観光業はさらに低迷していった。

第二次世界大戦後は、観光の大衆化が本格的に進み、富裕層や中産階級に加え、より所得が少ない家庭にも手が届くようになった。アルジェリア内の道路の整備も進み、車による移動も容易になった。当局は、サハラ砂漠の観光地化も促進しようと努力した。また、1931年にはメニエ大将 (Général Meynier) とナバル大尉 (Capitaine Nabal) がサハラ砂漠のガイドブックを、1934年には石油会社のシェル (Shell) の関連会社が『サハラの自

動車・飛行機観光ガイド』を出版した。サハラ砂漠の観光業は雇用をあまり生まず、地元住民にとって利益が少なかったが、フランスの威光を示す一つの道具として重視された。

　しかしながら、1954年にアルジェリア独立戦争勃発で、兵士を迎え入れるためにフランス軍が多くのホテルを利用するようになると同時に、フランス当局の関心も観光から離れ、アルジェリアの観光地化は完全に停止した。結局、アルジェリアが大勢の旅行者を惹きつける魅力的な観光地となったとは言い難く、ジトニキーは、アルジェリアの観光地化は「半分失敗」に終わったと評価している。ジトニキーによれば、1930年代の不況などに加え、構造的な問題が観光地化の成功を遠ざけた。すなわち、宿泊施設と道路の整備の遅れは観光の発展に大きく響き、アルジェリア在住のヨーロッパ人の所得の低さはアルジェリア内観光のハードルを高くし、一部の名士を除いた先住民族は労働者として観光に携わることはあっても、旅行者になることは低所得ゆえにできなかった。つまり、植民地ゆえの観光地の試みは、植民地ゆえに実りきることができなかった。

　独立後、アルジェリアは観光業に注力してこなかった。かつてフランスの保護領だった隣国のチュニジアおよびモロッコは独立後に観光大国となった。一方で、アルジェリアの指導者らは脱植民地化した国としてのリーダーシップを取るべく、社会主義的思想の影響もあり、石油資源の強みを活かした国の工業化を優先した。そして、偉大な国家に相応しくない観光業を軽視した。1990年代に入ると、内戦が始まったため観光客を惹きつけることは一層難しくなった。

フレンチ・ラインのポスター　1937年

アルジェリアの他に、スペイン、南米、アンティル諸島、セネガル、イタリアを行き先としたSGTM社のポスター

ギロチンの人道性を証明するため為に博物館まで開館したアルジェリア最後の執行人

フェルナン・メソニエ
Fernand Meyssonnier
1931～2008

　フェルナン・メソニエは1931年にアルジェで生まれた。父親のモーリスはギロチンで死刑を執行する任務に就いており、フェルナンは《家業》を継いだといえる。元共産党員のモーリスは、1928年よりギロチンを商売道具としていた。父親は現役時代に約340人の死刑囚の刑を執行し、本人によればその内144人がテロリストだった。

死刑執行人への道

　フェルナンは、子供の頃は神父かバレエダンサーを夢見ていたが、のちに夢を諦めた。14歳の時にはギロチンの模型を製作し、父親に贈った。父親はたいそう喜んだという。

ギロチンの横にたたずむメソニエ

そして、16歳になり、初めて死刑執行に立ち会う。死刑囚は刑務官を殺した先住民だった。

　フェルナンは1947年からボランティアで父親の助手として死刑執行人の仕事を始めた。その後、主にアルジェリア独立戦争時に約200名の死刑執行に携わった。フェルナンによれば、人をギロチンにかける際には、4人の要員が必要だ。ギロチンのハンドルを操作する執行長、死刑囚を縛り、その体をギロチンに置く補佐2人、そして「写真家」である。メソニエは主に「写真家」だった。「写真家」とはギロチンの横で、体から切り離された死刑囚の頭を受け取り、専用の容器に置く任務を行う者を指す。この作業を「デリケート」で「危険」とメソニエは形容し、「刃が落ちたあとに頭を両手に持つことはとても印象的で、うまく説明ができないこと」と話している。また、「ギロチンにかけるやつのことは考えちゃいけないんだ。テクニックに集中しなきゃいけない」とし、「被害者のことを考え、被害者が受けた被害のことを考え、復讐の手となるんだ」と述べている。

　なお、メソニエはこの仕事を自発的に選んだという。給料は少なかったようだが、死刑執行人はアルジェリアで世間体がよく、さらには、武器の携帯許可、公共交通機関の無料利用などといった特権を持っていたことをメソニエは明らかにしている。また、いずれの死刑執行人も当時はレストランなどを経営する傍ら、ギロチンの仕事に就いており、メソニエの父親はアルジェ市内で政治家などが集まるカフェのオーナーだった。

　メソニエはアルジェリア独立戦争時に爆弾を仕掛けるなどしたアルジェリア民族解放戦線（FLN）のメンバーを多く手に掛けた。「死刑囚は全員犯罪者だったと確認している。(中略)もし無実の人を処刑していたら、私の存

在はただの長い悪夢でしかなくなる」と語っている。

死刑執行人引退後

1961年にメソニエはタヒチに移住することを決意した。父親はアルジェリアに留まったが、のちにアルジェリア警察に捕まり暴行され、アルジェリアから追放された直後に逮捕時に負った傷により死亡した。フェルナンはタヒチで結婚し、子供を儲け、アメリカ人観光客向けのサービスを提供したり、虫の除去サービスに参入したりし、土地を買うに至った。25年後には購入時の100倍の価格でその土地を売り、フランス本土に引っ越した。

フランス本土では近世以降に死刑や拷問で使われた道具や関連する資料を収集するようになった。ギロチンがいかに人道的で平等な道具かを証明するため、とメソニエは話している。すなわち、フランス革命時から、人々は平等にギロチンという苦痛の少ない装置によって処刑されるようになった、という主張だ。彼のコレクションはマルセイユから90キロほど離れたフォンテーヌ=ド=ヴォクリューズ (Fontaine-de-Vaucluse) の自宅で1992年に開館した「正義と罰」という博物館に展示された。展示物には1901年もしくは翌年にギロチンにかけられた者の頭のホルマリン漬けなどがあったが、1998年に来訪者不足で博物館は閉館した。

メソニエは2008年に死亡した。350点ほどに上るコレクションは2012年にフランスの競売会社コルネット・ド・サン・シール (Cornette de Saint Cyr) により競売にかけられる予定だった。しかし、フランスの人権活動団体や、植民地時代の清算を求めるアルジェリアの市民団体などの抗議が寄せられた。当時のフランスのフレデリック・ミッテラン文化相も競売の中止を求めるにいたった。2012年がアルジェリアの独立50周年にあたるため、アルジェリア独立戦争時の死刑用道具を出品し、話題を呼び、利益をあげようとしたのではないか、との批判も噴出した。コルネット・ド・サン・シール社は、その時代のものはない、との見解を示したが、人類学者でメソニエのインタビューを実施した経験を持つジャン=ミシェル・ベセット (Jean-Michel Bessette) によれば、独立戦争時の道具も出品予定の品に含まれていたとのことだ。「昔の刑と罰」というタイトルで行われる予定だった競売は最終的に中止となった。

アルジェリアに対する考え

メソニエの政治的立場は明確ではない。「右派の無政府主義者」だと自身は話しており、極右政党の元党首で、アルジェリア独立戦争では軍人として戦ったジャン=マリー・ルペンに投票した経験がある一方で、左派にも投票したことがあると話している。また、死刑を廃止したことで有名なフランソワ・ミッテラン元大統領については、「変わった廃止論者だったね」と振り返る。ミッテランは独立戦争時に司法相であり、メソニエによればその時代にギロチンによる処刑は44件あった。また、恩赦の件数は少なかったとのことだ。ちなみに、子供や高齢者が被害者となった殺人事件の犯人には死刑を下すべきだと明言し、完全な死刑廃止に反対していた。

継承権を存続させる為に無理やり
結婚させられたモナコ大公の母親

シャルロット・ド・モナコ
Charlotte de Monaco
1898〜1977

シャルロット・ド・モナコはシャルロット・ルヴェ (Charlotte Louvet) として1898年にコンスタンティーヌで生まれた。母親のマリー＝ジュリエット・ルヴェ (Marie-Juliette Louvet) は、シャルロットの出生届には無職とされているが、フランス軍でクリーニングを行っていたという説もあれば、パリのモンマルトル (Montmartre) のキャバレーで働き、写真のモデルの仕事をしていた

シャルロット・ド・モナコの出生届

とする説もある。父親は、モナコ大公のアルベール1世 (Albert Ier) の息子で、のちにルイ2世 (Louis II) としてモナコの元首となる、ヴァランティノワ公爵のルイ・グリマルディ (Louis Grimaldi) だ。「兵隊大公 (Prince-Soldat)」と呼ばれるほどフランスの軍人として活躍した人物で、アルジェリアに派遣されたときにマリー＝ジュリエットと知り合った。マリー＝ジュリエットとルイはその身分の違いから結婚しておらず、当時大公だったアルベール1世は二人の交際および子供の誕生を良く思っていなかった。

継承権をめぐる問題

シャルロットはすぐに母親から引き離された。また、出生届の余白に、1911年にシャルロットの登録に変更があることが記されている。「今後はモナコの太子であるルイ＝オノレー＝シャルル＝アントワーヌ・グリマルディの娘、シャルロット＝ルイーズ＝ジュリエット・グリマルディ・ド・モナコと呼ばれる」とのことだ。さらに、ルイには他に子供がおらず、大公の継承権の問題などから、シャルロットを正式な子供とする必要があり、1919年にルイはシャルロットを養女にする。こうして、シャルロットはヴァランティノワ女公 (Duchesse de Valentinois) となった。この一連の出来事は継承権がドイツの貴族にあったことに起因する。すなわち、シャルロットの身分を変えなければ、ドイツ人がモナコで即位することになり、このことをフランス政府は嫌がっていた。そのため、当時の大統領だったレイモン・ポワンカレ (Raymond Poincaré) がルイに圧力をかけ、養子縁組を実現したのだ。一方で、ドイツ人大公の誕生によりモナコはフランスの保護領になることを定めた条約が1918年にフランスとモナコの間で交わされたため、モナコ側

にとっても、主権を守るために、シャルロットに継承権を与えざるを得なかったのである。

継承権を与えられたシャルロットには結婚相手が必要となり、ポリニャック伯ピエール (comte Pierre de Polignac) が適当と思われ、二人は 1920 年に結婚した。だが、二人の仲はよろしくなく、「彼は王冠をかぶっていないとセックスができない」とシャルロットに言わせるほど、ポリニャック伯はシャルロットと愛を交わすことに消極的だった。それでも、1920 年にはアントワネット (Antoinette)、そして 1923 年にはのちのレーニエ三世 (Rainier III de Monaco) が誕生した。結局、1933 年にシャルロットとポリニャック伯は離婚する。一説によれば、ポリニャック伯はマルセル・プルースト (Marcel Proust) が「最後に愛した貴族」であり、女性に興味があまりなかったらしい。

離婚後は強盗と仲良しに

シャルロットは離婚後、自分の子供の教育に関心を持たず、1944 年には継承権を放棄した。そして、刑務所を訪問する活動を開始する。この活動で、シャルロットは、脚が悪いために「杖のルネ (René la Canne)」と呼ばれていたルネ・ジリエ (René Girier) と知り合う。ジリエは有名な強盗で、大金持ちのアリ・ハーン (Ali Khan) と結婚していた女優のリタ・ヘイワース (Rita Hayworth) の誘拐未遂などの犯罪歴があった。また、8 年間で 11 回脱獄に成功している。どれほどの関係かは不明だが、シャルロットはこの人物と仲を深め、運転免許を持っていなかったにもかかわらず、ジリエを運転手として雇った。1949 年に大公に即位した息子のレーニエが大スターのグレース・ケリー (Grace Kelly) と 1956 年に結婚した際には、ジリエが式場にシャルロットを車で連れて行った。シャルロットは呆れたレーニエに「暗いところで何年も過ごしたんだから、陽の光は彼にとっていいと思ったのよ」と話したらしい。レーニエは、母親と犯罪者のスキャンダラスな関係をおそれ、母親をモナコから遠ざけざるを得なかった。

シャルロットは 1977 年に亡くなった。

ポリニャック伯

レーニエ三世とグレース・ケリー

Algérie

史上3人目の白人キリスト教徒フランス人と結婚したコートジボワール大統領の敏腕夫人

ドミニク・ウワタラ
Dominique Ouattara
1953～

　ドミニク・ウワタラ（旧姓ヌヴィアン、Nouvian）は1953年にコンスタンティーヌで生まれた。母親はユダヤ人だったが、憲兵で敬虔なカトリックの男性と結婚するために改宗した。ドミニクもカトリックである。

　時期は不明だが、ヌヴィアン一家はドイツに移住し、1972年にドミニクはストラスブール(Strasbourg)の学区でバカロレアを取得する。翌年にはコートジボワールのアビジャン(Abidjan)の高校で教員として勤めていた男性と結婚した。ただし、すぐに同居はせず、パリ第10大学で外国語の学位を得たのちにアビジャンに引っ越した。そこでは、国連の職員として採用される。その後、1979年には不動産会社の社長となり、1989年からはフランスにも支店を出すなどして、事業を展開していく。2000年代に入ってからはガボンやブルキナファソにも進出している。

　私生活では、2人の子供に恵まれながらも30歳で夫を亡くしている。1991年にはパリの16区の区役所で当時コートジボワールの首相だったアラサン・ウワタラ (Alassane Ouattara) と結婚した。ウワタラは2010年から大統領に就任し、セネガルのアブドゥライ・ワッド (Abdoulaye Wade) とガボンのアリー・ボンゴ (Ali Bongo) に続き3人目の「黒人ムスリムで、白人でキリスト教徒のフランス人と結婚したアフリカの国家元首」となった。区役所で行われたウワタラ夫妻の結婚式には、フランスを代表する実業家のマルタン・ブイグ (Martin Bouygues) と、フランソワの息子のジャン＝クリストフ・ミッテランが参列した。

　ドミニク・ウワタラは顔が広く、見た目も派手で、フェリックス・ウフエ＝ボワニ元大統領 (Félix Houphouët-Boigny) と懇意だったことなどからさまざまな憶測の対象となっている。ウフェボワニと恋人関係にあったという噂が根強い中、2010年にウィキリークスが公開した電報はその噂に現実味を与える内容だった。ただし、真相は明らかになっていない。

　また、権力者と交流を持っており、ニコラ・サルコジやガボンのオマール・ボンゴ元大統領 (Omar Bongo) などと親しい。さらに、不動産事業に加え、有名美容院チェーンであるジャック・デサンジュ (Jacques Dessange) のアメリカにおけるライセンス事業などを成功させた敏腕実業家だ。反対勢力から「影が薄い」と言われる夫の大統領就任に、彼女の功績はそれなりに貢献したといえるだろう。あるコートジボワールの政治家は「ウワタラのキャリアはすべて奥さんのおかげ」と話している。夫の大統領就任に伴い、ドミニク・ウワタラはすべての事業から手を引き、他国のファースト・レディのように慈善事業などに力を入れている。

82人の殺人事件に関与し、4800年の禁固刑に処されているバスク独立を目指したテロリスト

アンリ・パロ
Henri Parot
1958〜

アンリ・パロは1958年にオランの近くに位置するシディ・ベル・アッベスで生まれた。父親はフランスとスペインにまたがるバスク地方の出身で、母親はアルジェリア生まれのピエ・ノワールだ。幼少期の頃にアルジェリアの独立戦争が終結し、一家はまずはトゥールーズ、そしてその後はバスク地方のバイヨンヌ (Bayonne) に移住する。その土地でパロはバスクの独立運動の魅力を知るとともに、話者が減っているバスク語を習う。そして、ウナイ (Unai)、すなわち「群れを率いる者」と名乗るようになる。

フランコ政権下でバスク文化が弾圧されたため、フランス側に移住し、バスクの独立を目指していた者と交流し、パロは独立運動組織「バスク祖国と自由 (ETA)」のメンバーの娘と結婚する。その後、パロと数名の友人は1978年にETAのナンバー1と知り合い、武装部門に入って、爆弾の製造を習う。テロリストとしての簡単な訓練を受けたのち、パロたちは独立運動の活動家であることを隠して生活するように指示される。しかし、実際には、彼らは独立運動の活動にかなり熱心に取り組んでいたようだ。

パロは多くの殺人やテロに関わったとされている。1978年には仲間と2人で実業家兄弟2人の殺害を企て、一人を殺し、もう一人には怪我を負わせた。亡くなった実業家はその前年にETAが求めていた革命税の納付を拒否していた。1981年や1987年には車に爆弾を仕掛け、死者および怪我人を多数出す。特に、1987年にサラゴサ (Zaragoza) で起きたテロでは11人の死者のうち5人が子供だったため、多くのスペイン人にショックを与えたのみならず、独立運動の中に亀裂を生んだ。ETAも、武装解除を支持する穏健派と暴力行為を続けるべきとする強硬派に分かれた。パロは1989年まで82人の殺人事件に関与し、1990年にセビリア (Sevilla) で逮捕された。4800年の禁固刑に処せられている。

バスク祖国と自由（Euskadi Ta Askatasuna）のロゴ

美学、映画、政治、マルクス主義と
多岐にわたる関心を持つ哲学者

ジャック・ランシエール
Jacques Rancière
1940〜

ジャック・ランシエールは1940年にアルジェで生まれた。第二次世界大戦中で、ドイツとの休戦直前だった。ちょうど生まれた時期に、もともと役人だった父親は戦死した。母親は生計を立てるために公務員になった。のちにランシエールは輝かしい学歴を誇ることとなるが、家族に大学教員や学者はおらず、親戚には役人が多かった。2歳までアルジェに住んでいたが、その後はフランス本土に移住し、3年ほどマルセイユで過ごしたのち、パリへと引っ越した。

パリでは、労働者区域と高級住宅街の間に位置するポルト・ド・シャンペレ (Porte de Champerret) に住んでいた。高級住宅街のあるヌイイ=シュール=セーヌの学校に通った。しかし、ブルジョワ的な環境で育ったというよりは、スクールバスに軍用車が使用されるなど戦後の雑多な雰囲気に囲まれ、多様な階級の混成を経験したと振り返っている。

ランシエールは若い頃に起こったインドシナ戦争やアルジェリア独立戦争、1958年の学生運動を受けて、同世代の者たちと共に政治に関心を持った。1960年代には共産主義を掲げる学生運動に加わると同時に、アルベール・カミュやジャン=ポール・サルトルの実存主義に興味を持った。その後、ランシエールにとって重要となるのは高等師範学校でのルイ・アルチュセールとの出会いだ。アルチュセールが行っていたマルクスに関するセミナーで二人は親しくなり、共同で『資本論を読む (Lire le Capital)』を執筆した。この書籍で、それまで無名だったランシエールは一躍有名となる。ただし、のちに「あの作品は私の真の関心とは異なっていた」と話しており、この本が出版されてからほどなくしてアルチュセールと距離を取った。その結果、アルチュセールを批判する『アルチュセールの教え (La Leçon d'Althusser)』を1974年に出版した。

その後は労働者の解放や19世紀のユートピア主義者に興味を持った。また、政治、美学、映画、文学に関わる考察も行っている。

ランシエールは、幼い頃に去ったアルジェリアに特別な思いを抱いていると話している。長い間、アルジェリアから送られてくる絵葉書や本などに囲まれていたため、「夢の国」としてアルジェリアを考えていたという。一方で、アルジェリア独立戦争はランシエールを政治活動に目覚めさせ、秘密軍事組織（OAS）や警察による暴力に反対する立場をとった。ただし、それはアルジェリア出身だからではなく、あくまで政治的な出来事を目の当たりして、高等師範学校の者も積極的に政治運動に参加していたことに起因する、と説明している。

アルジェ市長まで上り詰めながらも、本土と齟齬をきたした、反ユダヤ主義アジテーター

マックス・レジス
Max Régis
1873〜1950

マックス・レジスは1873年にセティフ (Sétif) で生まれた。イタリア系およびマルタ系の家系を持っている。父親は鍛冶屋で、8人家族を養うだけの余裕はあった。レジスは10歳の時にパリに渡り、その後、アルジェで高校を卒業したのち、モンペリエなどフランス本土にある学校に通った。

アルジェリアにおける反ユダヤ主義の背景

1870年にクレミュー政令によりユダヤ人に市民権が与えられた直後の時代にレジスは生まれた。ユダヤ人が市民権を持つことを面白くないと感じたアルジェリアの入植者は多かった。アルジェリアではフランス本土よりも早い時代から反ユダヤ主義が人々の中で蔓延していった。こうした時代背景の中でレジスも反ユダヤ主義に傾倒していく。

本土からアルジェリアに戻ると、セティフの新聞の記者となり、編集長にも就任する。記事では左派を強く批判し、当時一般的だった決闘にまで複数回及んだ。

その後、兵役を終え、アルジェ大学の法学部に1894年に入学した。レジスはレヴィというユダヤ人教員の採用に激しく反対する活動に参加し、ストライキの末、非ユダヤ人教員による交代を勝ち取った。ただし、レジスをはじめとする反ユダヤ主義運動のリーダーだった学生らは2年間の停学処分となった。

レジスの反ユダヤ主義活動

停学を機に、レジスは反ユダヤ主義活動家として生活していった。1897年になると、アルジェリアで反ユダヤ主義の萌芽が見られる中、アルジェ反ユダヤ同盟の会長になり、ランティジュイフ・ダルジェ紙 (*L'Antijuif d'Alger*) (「アルジェの反ユダヤ」の意) の編集長に就任する。ユダヤ人軍人だったドレフュスが機密情報をドイツに流したと疑われ、当時は話題だった。だが、実際にアルフレッド・ドレフュスは冤罪だった。レジスはドレフュスの無罪を訴える者を糾弾した。さらに、ユダヤ教を批判するのではなく、ユダヤ人がフランス社会に及ぼす悪影響やユダヤ人の家族に対する想いの欠如などを訴えた。それに加え、クレミュー政令の廃止やユダヤ人の追放、もしくは、殲滅を主張した。他にもフリーメイソンや当時のジュール・メリーヌ内閣 (Gouvernement Jules Méline) を批判した。レジスは侮辱罪で何度か罰せられたものの、いずれも少額の罰金や短い服役という刑にとどまった。

1898年には、エミール・ゾラ (Emile Zola) がドレフュスの無罪を訴える「私は弾劾する (J'accuse)」と題された有名な記事を書いた。レジスは同年1月にアルジェで反ユダヤ主義の暴動を数日間にわたりしかけた。春からはパリで著名な反ユダヤ主義者の作家で政治家のエドゥアール・ドリュモン (Edouard

1898年のアンティジュイフ紙の紙面

ゾラによる「私は弾劾する」

Drumont) とともに政治活動を行い、反ユダヤ主義を煽った。レジスの攻撃的な演説は暴動を扇動するものとみなされ、起訴されるも、無罪となった。それどころか、金の手錠をレジスに贈るためにお金を出し合う人が出てくるほど、彼はヨーロッパ系住民の女性に人気があった。この裁判はレジスの知名度を上げる機会となった。

アルジェ市長としての活動

その後、総選挙と市議会選挙が立て続けに行われ、レジスはドリュモンにアルジェ県から総選挙に出馬するよう要請した。ドリュモンが出馬した結果、定数6のアルジェで、ドリュモンを含めた反ユダヤの議員が4人も当選した。一方で、レジスはアルジェ市議会議員選挙に出馬して当選後、議会により市長に選出された。25歳で市長に就任したレジスは、ユダヤ人の客を受け入れるカフェがテラス席を設けられないようにしたほか、ユダヤ人行商人の交通を禁じ、ユダヤ人御者が馬車を停められる場所を限定し、市が運営する劇場にユダヤ人の観客が入れないようにした。反ユダヤ主義的政策が講じられる一方で、社会的にも反ユダヤ主義が蔓延し、ユダヤ人が経営する商店が強奪されることがしばしばあった。ところが1898年11月に市長になったばかりにもかかわらず、派手な女性関係、モンテカルロのカジノへの出入り、公務の放棄などのせいで、2ヶ月ほどで罷免された。

レジスはフランス本土がアルジェリアを理解していないことをたびたび訴えた。たとえば1898年11月18日のアンティジュイフ・ダルジェ紙には一面に「フランスとアルジェリア」という記事が掲載されており、次のような内容になっている。「母と娘は仲たがいしている。なぜか。なぜならば（中略）前者は国内政治に後者のあらゆる社会現象を結び

付けるからだ。そのため、アルジェリアで突如沸き上がった反ユダヤ運動の真の意味を一度も理解できなかった。(中略)〔大臣たちは〕反動的な企て、もしくは宗教間対立の萌芽しか見出せなかった。我々の営みが本質的に経済的であり、フランスの最重要の利益のために、アルジェリアの繁栄の開化を妨げる障害を打ち壊すことだけを目的とした、という我々が必死に叫んだ真実に誰も耳を傾けなかった」と不満を述べている。こうしたフランス本土による無理解に対し、レジスはアルジェリアの自治を目指すようになるが、実現はしなかった。ただし、アルジェリアの高度な自治を求める考えをそれなりに入植者たちは共有しており、1890年代から不景気や治安の悪化などといった諸悪の根源は本土にある、という不満を抱いていた。

1900年の市議会選挙でレジスとその反ユダヤ主義の名簿はアルジェで大勝し、再度レジスは市長に選出される。ところが、フランス本土とアルジェリアの間で反ユダヤ主義の主張のずれが顕著になり、アルジェリアの反ユダヤ主義運動は徐々に力を失っていった。すなわち、本土の反ユダヤ主義では「フランスはフランス人のもの」という主張が強く、アルジェリアに住むヨーロッパ系移民も排除するべき対象だった。一方で、レジスらは「アルジェリアはアルジェリア人のもの」、つまりアルジェリアはヨーロッパ系住民のものと主張していた。したがって、それぞれの反ユダヤ主義においてアルジェリアのヨーロッパ系住民の位置づけが異なっていた。フランス本土の反ユダヤ主義との齟齬に加え、1898年以降、アルジェリアが財政的、行政的に本土から自立したこともレジスの求心力の低下につながったと思われる。彼の派手な私生活は信頼回復を助けはしなかった。結局、1902年の総選挙では4人の反ユダヤ議員は落選した。

その後のレジスの人生はあまり知られていない。政治家として落ちぶれた後は、ホテル業界に転身した。

冤罪の被害に遭ったアルフレッド・ドレフュス

エミール・ゾラ

Algérie

アルジェリアのユダヤ人

アルジェリアの先住民といえばアラブ人、という印象が強いが、独立前のアルジェリアには大きなユダヤ人コミュニティが存在していた。ユダヤ人はセファルディムとアシュケナジムに大別できるが、アルジェリアのユダヤ人は15世紀にイベリア半島から迫害を逃れるために移動したセファルディムである。北アフリカやイタリア、中東などにセファルディムは分布し、現在のユダヤ人人口の過半数を形成する。ただし、15世紀に多くのセファルディムが北アフリカに移動する前から、アルジェリアの地におけるユダヤ人の歴史はあった。この土地におけるユダヤ人の歴史は紀元前11世紀にまでさかのぼる。アシュケナジムはヨーロッパ北部や中東欧のユダヤ人で、ホロコースト以前はユダヤ人全体の約9割を占めていた。

クレミュー政令制定を可能にしたアドルフ・クレミュー

アルジェリアのユダヤ人と本土のユダヤ人

まず、興味深いのは、フランスによるアルジェリアの侵略当初、フランス本土のユダヤ人がアルジェリアのユダヤ人は、フランス国民として順調に同化していくだろう、あるいは、同化するべきと考えていた点である。こうした考えを支えていたのは、本土のユダヤ人によるアルジェリアのユダヤ人に対する蔑視だ。同化、そしてフランス市民権の取得に賛同するアルジェリアのユダヤ人は少なくなかったが、フランス社会への同化はアルジェリアのユダヤ的伝統や文化的・社会的特徴の放棄を意味し、そうした動きに抵抗する者も無視できない存在であった。そもそも、フランス本土のユダヤ人はアルジェリアのユダヤ人の実態をおよそよく知りもせずに見下し、アルジェリアのユダヤ教を「フランス化」あるいは「道徳化」しようと検討していた。すなわち、本土とアルジェリアのユダヤ人コミュニティは、共有する文化的背景を持ちつつも、手と手を取り合う関係にあったとはいえない。

こうして植民地支配の最初の頃からユダヤ人は侵略者により同化を迫られた一方で、1870年まで市民権を獲得できなかった。フランス革命より重視されてきた平等原則は植民地における実践にいたらず、アルジェリアのユダヤ人とムスリムは「原住民」という法的身分を押し付けられ、市民権にアクセスできない、あるいはしづらい状況にあった。だが、1870年に制定されたクレミュー政令により3万人以上に上るアルジェリアのユダヤ人の立場は大きく変わった。この政令は一斉にアルジェリアのユダヤ人を帰化させ、フランス市民とした。だがクレミュー政令は、以下に見ていくとおり、必ずしもユダヤ人の解放や平等原則の適用といった進歩的な

面ばかりを有していたとはいえない。
クレミュー政令によるユダヤ人の解放
　アルジェリア生まれでユダヤ人の歴史家、バンジャマン・ストラはアルジェリアのユダヤ人は、フランスによる植民地支配下で、三つの重大な出来事に見舞われたという。その一つ目がクレミュー政令の発令だ。クレミュー政令に基づきユダヤ人はフランスの市民権を得ることにより、「原住民」という下級の身分からの解放とフランス社会への包摂が実現したといえる。一方で、この政令を機にユダヤ人は、アルジェリアのアラブ化以降、アラビア語をしゃべっていたのに、フランス語を習得し、アラブ文化から離れ、フランス文化へと同化していき、育んできた伝統から引きはがされたともいえる。また、この政令が、市民権の付与を認められなかったムスリムの不安をあおり、ムスリムとユダヤ人の間の対立を激化させた、と理解する者もいるが、必ずしもそうではなかったことが歴史研究によりわかっている。両コミュニティの間で対立がまったくなかったわけではないが、クレミュー政令を好意的に受け入れたムスリムもいた。そして、ムスリムの権利を拡大するべきだと主張したユダヤ人もいた。たとえば、エリー・ゴズラン (Elie Gozlan) は反ユダヤ主義と闘うシオニストだったが、ムスリムへの市民権付与を訴えた人物でもあった。つまり、ユダヤ人コミュニティとムスリム・コミュニティの接近もクレミュー政令以降観察された。

ヴィシー政権の反ユダヤ主義
　二つ目の重大な出来事は 1940 年 10 月に生じたヴィシー政権下で見られたクレミュー政令の廃止をはじめとする反ユダヤ主義政策だった。戦間期において、同化は進んでおり、多くのユダヤ人はヨーロッパの服を着て、共

コンスタンティーヌのユダヤ人女性 1856-1857 年

コンスタンティーヌのユダヤ人の男女　1856-1857 年

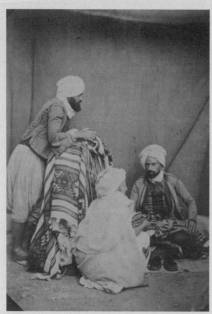

コンスタンティーヌのユダヤ人商人 1856-1857 年

和国の理念を大事にしていた。ただし、アルジェリアでは反ユダヤ主義が根強く、ナチス政権支持者は少なくなく、差別の対象となることで、ユダヤ人コミュニティは自身のアイデンティティを強く意識させられた。そのため、ユダヤ人の同化は進んでいた一方で、それなりに自分たちの文化を保持していた。当時、鉤十字を建物の壁に描いたり、ネクタイピンなどのアクセサリーのモチーフに用いたりする者が相当数いたことが分かっており、アルジェリアの反ユダヤ主義とナチス支持がいかに強かったかが窺える。ところで、アルジェリアで反ユダヤ主義を掲げる者の具体的な主張の一つはクレミュー政令の廃止だった。アルジェリアの自治体レベルでは、ユダヤ人市民を有権者リストから削除する市長が出てくるなど、ユダヤ人から市民権を剥奪しようとする急進的で差別的な取り組みがあった。結局、第二次世界大戦に早々にフランスが敗北し、ヴィシー政権が1940年7月に誕生すると、ユダヤ人は「反フランス (Anti-France)」の象徴となり、この年からユダヤ人の権利が制限されていった。全国的に、官民問わず、多様な職種や職位からユダヤ人は追放された。また、一部の職種においてはユダヤ人の割合の上限をヴィシー政権は設けた。そして、10月7日にはクレミュー政令が廃止された。一つの法律で、それまで認められていた権利が剥奪され、約14万人に上るアルジェリアのユダヤ人コミュニティは衝撃を受けた。また、度重なる法律の制定により段階的にユダヤ人は仕事を失い、中間層を形成し始めていたユダヤ人および貧しいユダヤ人の暮らしは大きな打撃を受けた。さらに、ユダヤ人は教育へのアクセスも遮られた。1941年6月21日の法律により、全国的に高等教育への進学が制限され、アルジェリアでは初等および中等教育にまで制限が設けられた。その結果、全生徒の14%以内にユダヤ人生徒はとどまらねばならなかった。翌年10月19日の法律ではこの割合が7%にまで引き下げられた（アルジェリア生まれ、ジャック・デリダ参照)）。

反ユダヤ主義政策を白人社会の大部分は歓迎した一方で、ユダヤ人コミュニティはこうした政策により被害を受けたため、レジスタンスを応援するようになった。1941年の時点では、ヴィシー政権や政権を率いるペタン元帥に強く反発する姿勢はあまり見られず、アルジェリアの少なくとも一部のユダヤ人はペタンが反ユダヤ主義政策をやめ、ユダヤ人の地位を回復すると期待していた。アルジェリアのユダヤ人は、具体的には、第一次世界大戦および第二次世界大戦の戦間にフランス軍の兵士として加わった経験を持ち、70年および市民権を行使してきたにもかかわらず、兵士として動員された経験もなく、スペ

イン人やイタリア人の子供で、フランス国籍に帰化した者が市民権を保持できた状況を不公正だと考えていた。自分たちの状況が改善されない中で、レジスタンスあるいはドゴールへの支持はユダヤ人の間で醸成されていった。

1942年11月に連合軍がアルジェリアに上陸し、クレミュー政令が復活するかと思われたが、実際にはかなりの時間がかかった。すなわち、上陸の約1年後の1943年10月22日になるまで、復活させればムスリムの不満が噴出する、という理由によりクレミュー政令は復活されず、ユダヤ人の市民権は回復されなかった。この背景には、フランス軍事司令官のアンリ・ジロー (Henri Giraud) によるクレミュー政令復活に対する反対姿勢があった。ドゴールはクレミュー政令復活に前向きだったが、アメリカ政府は軍事支援を行う上で、ジローが軍事司令官であることを条件としたため、クレミュー政令は上陸後約一年間廃止されたままだった。付け加えれば、ユダヤ人コミュニティやドゴールなどによる積極的な行動によりクレミュー政令が復活したとは言いがたい。ジローがオルドナンス（行政命令）を以て1943年3月18日にクレミュー政令を1940年10月に続き再度廃止し、3ヶ月以内に適用条件を定める法令を予定していたにもかかわらず、そうした法令が発せられなかったため、オルドナンスが失効し、ユダヤ人は市民権を取り戻したのである。こうしたオルドナンスの失効に伴うクレミュー政令の復活について『フランス・ユダヤの歴史』を著した菅野賢治は「実に行政的な味気ない幕切れ」と評し、「これほどまでの言葉と政治的エネルギーが費やされた現実を振り返るにつけて、『法』という人工物の儚さ、虚しさがしみじみと感じられてくる」と述べている。

ところで、ムスリムがクレミュー政令の復活を快く思わなかったという形跡は確認できていない。むしろ、1940年にクレミュー政令が廃止されてから、ムスリムの名士の多くは当然と思われていた権利がユダヤ人から奪われたことを批判していた。一方で、ユダヤ人の市民権回復後も一部のヨーロッパ系住民は、アルジェリアのユダヤ人は本土への愛着が希薄であり、そうした者に市民権を再度与えたクレミュー政令の復活は好ましくない、と考えていた。

なお、1942年の連合軍によるアルジェリア上陸は、クレミュー政令の復活につながったと同時に、アルジェリアのユダヤ人をホロコーストから守った。つまり、アルジェリアのユダヤ人はヨーロッパ大陸の強制収容所に送られなかった。こうした結果は、もともとヴィシー政権がアルジェリアのユダヤ人を強制収容所に移送する意図がなかったからではなく、まさに連合軍の上陸があったから生じたと考えられる。アルジェリアのユダヤ人は世帯ごとに登録されており、アウシュヴィッツ行きは準備されていたと歴史家のバンジャマン・ストラはいう。上陸は「奇跡だった」とアルジェリア生まれの大ラビのアブラハム・ハザン (Avraham Hazan) と語っている。

アルジェリアの独立戦争とフランス本土への移住

そして、三つ目の出来事は独立戦争に伴う、アルジェリアからフランス本土への移動である。1954年の時点でユダヤ人は約13万人いた。彼ら・彼女らは独立戦争中、独立派にも独立反対派にも傾かなかった。前者がイスラムを、そして後者の強硬派がカトリックを軸としていたからだ。そもそも、多くのユダヤ人はアルジェリアが永遠にフランスの領土として存続すると幼少期から前提してお

り、いずれアルジェリアが独立国家になるとは他のヨーロッパ系住民と同様に考えていなかった。独立戦争が勃発し、コミュニティとしていずれの陣営からも協力を請われたが、結局どちらにもつくことはせず、個人単位で独立派あるいは独立反対派に付き、活動を行った。ユダヤ人のフランス社会への同化の度合いは高く、フランスが掲げる自由や平等といった理念への愛着が強かった点が理由の一つとして挙げられる。コミュニティとしてはあらゆる暴力行為に反対したが、戦況に影響を与えられなかった。

　ムスリムとともに内陸部で共生し、独立に好意的であったユダヤ人は、市民権を持ち、自由な生活を送れるならば、ムスリムとともに独立国家を作ろうと考えた。こうした考えは、一部のユダヤ人名士の間でも共有されていた。

　一方で、アルジェリアが独立した場合、ムスリムが支配的な国家になることを恐れたユダヤ人は独立に前向きではなかった。フランスの植民地としてアルジェリアを保持することを強く希望していた多くのヨーロッパ系住民よりもユダヤ人は「リベラル」、すなわち独立に強く反対しない立場にあったが、一方的にアルジェリア国籍を付与され、ムスリムが主導する新たな独立国家で生活する可能性には抵抗感を覚えていた。こうした立場のユダヤ人が最も懸念していたのは、アルジェリア国籍を自動的に取得し、ズィンミー (dhimmi) となることだった。ズィンミーとはムスリムの支配下でイスラム法が庇護を認めた非ムスリムの人々であり、原則としては啓典の民であるユダヤ教徒とキリスト教徒のみがズィンミーになり得る。ズィンミーは庇護を得る一方でムスリムの支配に従わなければない。こうした懸念から、ユダヤ人はアルジェリアの独立に警戒し、約13万人が独立前後の時期においてフランス本土に移住した。なお、「社会研究ユダヤ人委員会 (Comité juif algérien d'études sociales, CJAES)」や「アルジェリア・イスラエリート・コミュニティ連合会 (Fédération des communautés israélites d'Algérie, FCIA)」といったアルジェリアのユダヤ人コミュニティの代表を標榜する団体は以上のような懸念を示すユダヤ人名士を後押ししたと歴史学者のピエール=ジャン・ル・フォール・ルシアニ (Pierre-Jean Le Foll Luciani) は論じる。

　結局、アルジェリアの独立前後の時期に、ユダヤ人の大半はフランス本土に移住し、約2万人のみがアルジェリアに留まった。

アルジェのシナゴーグ（会堂）

ユダヤ人に対する差別的政策を推し進めたペタン元帥

アルジェリアのユダヤ人をテーマとしたバンジャマン・ストラによる Les trois exils. Juifs d'Algérie（三つの離別―アルジェリアのユダヤ人）。表紙は1914年に撮影されたストラの祖父（中央）を囲む親族の写真。

カミュ、フェラウンやアフリカ出身作家による本の出版に力を入れた、不正義に抵抗する作家

エマニュエル・ロブレス
Emmanuel Roblès
1914～1995

エマニュエル・ロブレスは1914年にオランで生まれた。父親はおらず、スペイン人の祖母とクリーニング店で働いていた母親に育てられた。

社会の不正義に対する怒りは常にロブレスの作品を貫いた。1938年に初めて出版した小説 L'Action（行動）からすでに不正義に対する抵抗を描いている。社会に対する意識はアルジェ師範学校（Ecole normale d'Alger）でともに学んだムスリム作家のムルード・フェラウンとの出会いでより一層強まる。

第二次世界大戦中はフランス空軍に所属し、スペイン語通訳として活動した。

戦後は1948年に Les Hauteurs de la ville（町の高台）で知名度を上げた。第二次世界大戦で死を遂げたアルジェリア人のためにファシストに復讐するアラブ人を描いたこの小説はフェミナ賞を受賞した。また、1952年には Cela s'appelle l'aurore（それを暁と呼ぶ）で世界的に有名となる。1955年にはルイス・ブニュエルにより映画化された。

これらの小説に加え、ロブレスは戯曲も書いた。1948年の Montserrat（モンセラ）はスペイン軍とヴェネズエラ人の対立を描き、人気を博した。その他にもスペイン内戦やテロを描いた戯曲を書いている。

1958年にはアルジェリア独立戦争のため、パリに移住した。そこでは、執筆活動を続けるとともに、アフリカ人作家の発掘に力を入れた。

なお、1937年にはエドモン・シャルロが創設した書店である「真の富」でアルベール・カミュと知り合った（アルジェリア生まれ、アルベール・カミュおよびエドモン・シャルロ参照）。1995年には『カミュ―太陽の兄弟（Camus, frère de soleil）』という伝記で、カミュとの関係を綴った。

1995年にパリ郊外で亡くなった。

『カミュ―太陽の兄弟』

『ラルース』と並ぶ、自身の名前を冠した
フランス語辞書を作り上げた辞書学者

ポール・ロベール
Paul Robert
1910～1980

ポール・ロベールは1910年にオルレアンヴィルで生まれた。1849年に製粉業者のマルシアル・ロベール (Martial Robert) という人物がオルレアンヴィル (Orléansville) に入植し、二人の息子、ジョゼフ (Joseph) とポール (Paul) を儲ける。マルシャルの息子のポールは、のちに辞書学者になるポール・ロベールのおじであり、1892年からオルレアンヴィル市議、1903年からアルジェ県議会議長をそれぞれ務めたのち、1904年からはオルレアンヴィル市長に就任した。

1910年におじのポール・ロベールは選挙戦を戦っていた相手が新聞に載せた記事をめぐり対立し、決闘で決着することになり命を落とした。彼は地元の名士だったため、多くの住民が葬儀に駆け付けた。1915年には、オルレアンヴィルから60キロほど離れた街に「ポール＝ロベール」という名前が付けられた。現在はタウーグリット (Taougrite) という名前に代わっている。

名士だったのは父方の家族だけではない。母方の曾祖父はフランスが侵攻した際に上陸した地のシディ・フェルーク (Sidi Ferruch) の市長で、祖父はコンスタンティーヌの副知事だった。

政治家ポール・ロベールが死去した半年後に、ジョゼフの息子が誕生した。ジョゼフは生まれた子供に亡くなった兄弟の名前を付けた。高校時代と大学の学部時代をアルジェで過ごしたポール・ロベールは、1934年からパリで法学の勉強を続ける。戦争の勃発により1939年に兵士として動員されるも、翌年に除隊となる。そして、『世界における柑橘類』というテーマで政治経済学の博士論文を執筆し、1945年に博士号を取得する。実業家としても、政治家としても期待されていた。

しかしながら、この博士論文執筆の経験がロベールのその後を大きく左右することになる。執筆の際に、納得のいくフランス語の辞書がない、とロベールは感じていた。ある意味を表す正確で、適切な単語は一つしかなく、それを見つけるためにはアルファベット順に単語が並んだだけの辞書では不充分だと考えていた。その適切な単語を知らなかったり、綴りを知らなかったりする場合には、その単語を辞書の中で見つけることは不可能だからだ。そのため、ロベールは35歳にして、自分のために新しい辞書の製作を決意したのである。そして、他の項目を参照するよう案内する形で項目を執筆した。約1年かけてAとBから始まる単語の項目を執筆した。1951年には、執筆の傍らでカサブランカに本社を置く会社を立ち上げる。また、1952年から数名の執筆者の協力を得るようになる。最初に発行した辞書は、分冊の形式を取っていて、一冊当たりアルファベット一文字の半分もしくは4分の1の単語を収録していた。最初の分冊は1952年に出版され、

アカデミー・フランセーズから表彰された。最終的に 1964 年に大辞典の『グラン・ロベール (Le Grand Robert)』が完成し、1967 年には小事典『プチ・ロベール (Le Petit Robert)』が出来上がった。『ロベール』は『ラルース (Larousse)』と並ぶフランス語辞典の一大勢力となった。

ポール・ロベール本人によれば、ある言語の単語をすべて収録した辞書を製作することは不可能である。たとえば、すべての魚の種類を採録すると膨大な量になるため、さまざまな専門分野の単語を一つ一つ取り上げることはできないからである。『ロベール』は約 8 万語採録している一方で、存在するフランス語の単語の総数はおそらく何百万に上るだろう、と語っている。

ロベールは 1980 年に病気の末、イタリアとの国境近くにあるアルプ・マリティーム県 (Alpes-Maritimes) で亡くなった。

2017 年版『プチ・ロベール』

「フランス領アルジェリア」で使われた言語

フランス統治下のアルジェリアで、人々はフランス語、アラビア語以外にもイタリア語やスペイン語を使用していた。ただし、フランス語が支配的であったことはいうまでもない。特に、アラビア語話者にとって、フランス統治に伴い、アラビア語での教育の機会を奪われ、他のイスラム諸国との交流を阻止される事態は、それまでの伝統的な文化・言語との断絶を強いられることを意味した。

一方で、フランス語自体もアルジェリアで独特な発展を遂げ、「アルジェリアのフランス語」や「パタウエット (pataouète)」などと呼ばれている。「パタウエット」はアルジェリア在住のフランス人がしゃべる言葉であり、「アルジェリアのフランス語」はより広く、アルジェリアの行政などでも使用されるものを指す。

ピエ・ノワールが話していたフランス語には次の3つの種類の言葉があった。まず、アラビア語、スペイン語、カタルーニャ語、イタリア語、ナポリ語などの外国語が由来の言葉だ。次に、南仏などフランスの地方で使用される言語が由来の言葉だ。最後に、独自に発達した熟語や造語、既存のフランス語単語に対して異なる意味を付与したものなどが挙げられる。

アンドレ・ランリ (André Lanly) の調査によれば、マルタ人はアルジェリアの言語にほぼ影響を与えることがなく、マルタ語由来の言葉はほぼない。マルタ人人口が少なかった点や、マルタ人がアルジェリア社会に溶け込むためにフランス語習得に注力した点などが理由として考えられる。一方で、アラビア語からは約 210、スペイン語からは約 180、

イタリア語からは約60の単語および表現が派生し、ピエ・ノワールにより使用されたとランリは論じる。また、アルジェリアの地方によっても言語は異なる。イタリア語由来の言葉が多いのはイタリア人が多く住んでいたアルジェやフィリップヴィルやボーヌが位置する東部だ。スペイン語由来の言葉はオランやアルジェで頻出する一方で、スペイン人人口が多かったなどの理由により、アルジェリアのほかの地域やチュニジアでもスペイン語の影響は観察された。

そもそも、ピエ・ノワールが話していた言葉に付けられた「パタウエット」という名前もスペイン系の言葉に由来している。「パタウエット」はカタルーニャ、バレンシアそしてマヨルカの言葉で「土着の言葉」を意味する単語から来ていると考えられており、もともとは「スペインから来たばかりの、地元の言葉をしゃべる者」を意味していたが、それがのちに「スペイン系住民の言葉」、そしてさらに発展し、「アルジェリアのフランス人がしゃべる言葉」を指すようになった。

日常会話で使用する言葉の中でも、とりわけ独特な言語の発展が見られたのは、料理の分野においてだ。これは驚くべきことではない。ピエ・ノワールたちは豊かな文化の融合の中で、自分たちの料理を作っていったからだ。たとえば「ポタジェ (potager)」は通常のフランス語では「畑」を意味するが、アルジェリアではごく一般的に「台所の調理台」という意味で使われた。

また、日常会話の中で頻繁に使用される言葉のみならず、行政や軍が使用する言語もフランス統治下のアルジェリア特有の事情から影響を受け、アラビア語由来の言葉が多用されるようになった。さらに、アルジェリア独立戦争もアラビア語由来の言葉を生んだ。たとえば、「ハルキ」はフランス軍の補充兵となった先住民族を、そして、「フェラガ」はアルジェリア人独立派の戦闘員を指した。

こうして、ピエ・ノワールたちの言葉は多様な言語の出会いによって出来上がったと同時に、地域や時代を反映するものとなった。

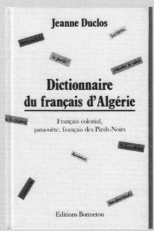

ジャンヌ・デュクロ (Jeanne Duclos) による *Dictionnaire du français d'Algérie : Français colonial, pataouète, Français des Pieds-Noirs*（アルジェリアのフランス語辞典—植民地のフランス語、パタウエット、ピエ・ノワールのフランス語）

ヴィシー政権支持者、イギリス空軍
パイロット、反植民主義者だった作家

ジュール・ロワ
Jules Roy
1907～2000

　ジュール・ロワは 1907 年にロヴィゴ（Rovigo、現・ブガラ、Bougara）で生まれた。母親と教諭の婚外関係によりジュール・ロワは生まれたが、出生に関しては長い間知らされなかったという。

　ロワの思想や行動は時代とともに変遷した。カトリックだったロワは、共和制に反対する反ユダヤ主義的組織のアクシオン・フランセーズ (Action Française) に共感した。第二次世界大戦になると、狙撃兵になるも退屈し、空軍に入りパイロットになった。フランスは早々に敗れるが、ロワはペタン元帥に魅了され、新たに樹立されたヴィシー政権を支持した。この時期に *La France sauvée par Pétain*（ペタンに救われたフランス）を出版した。その後、連合軍がアルジェリアに上陸した約 1 年後の 1943 年 10 月には、ヴィシー政権とは反対の立場のイギリス空軍に入り、ドイツ空爆に参加した。この経験を基にロワは『幸福の谷間 (*La Vallée heureuse*)』を出版した。

　第二次世界大戦の後にロワを待っていたのはインドシナ戦争だった。戦争の広報を任されたが、インドシナ戦争の意義には大いなる疑問をロワは抱いていた。貧しいながらも理想のために戦う独立派をロワは称える一方で、フランス軍の活動には懐疑的で、「ナチスと戦争したあとに、自分たちがインドシナのナチスになるなんて意味がない」と振り返っている。1953 年に除隊した。この経験はその後のアルジェリア独立戦争におけるロワの立場に影響した。

　ロワは影響を受けた人物にたびたびアルベール・カミュの名前を挙げる。「カミュが私の目を覚ました」とし、「アルジェリア生まれの私たちの先生だった」と語っている。カミュと並んでカビール人作家のジャン・アムルーシュ (Jean Amrouche) の名前も挙げ、彼から文章の書き方を教わった、とロワは話している。こうした偉大な人物の影響を受けて、エッセーや小説や戯曲を書くと同時に、レクスプレス誌にフランス軍による拷問を問題視する記事などを寄せた。秘密軍事組織（OAS）は、反植民地主義の立場を明らかにしていたロワを敵視し、脅迫までした。

　アルジェリアが独立したのち、1968 年には 6 巻にわたり、植民地時代を描き、フランスによる支配の暴力を告発する大河小説 *Les Chevaux du soleil*（太陽の馬たち）を出版した。1960 年にロワにとって偉大すぎたカミュが亡くなったからこそ、この本を書こうと思ったと話している。

　その後も多数のエッセーや小説を発表し、2000 年に 92 歳で亡くなった。

ディオールに認められ、香水やプレタポルテでも偉大な業績を残した天才デザイナー

イヴ・サン=ローラン
Yves Saint-Laurent
1936 ～ 2008

イヴ・サン=ローランは、1936年にオランで生まれた。裕福な家庭の生まれで、父親のシャルル (Charles) は弁護士、保険業界で働いていた。父方および母方の先祖は1870年頃にアルザスを去り、アルジェリアに移住した者だった。

幼少期から育まれたファッションへの興味

母親のリュシエンヌ (Lucienne) が息子にファッションのへの関心を呼び起こした。とりわけ、リュシエンヌが買っていたファッション誌がイヴを惹きつけた。そして、ファッションに興味を持った少年は独自の洋服の制作に注力するようになる。

ファッションへの興味と並行して、演劇にもイヴは心を奪われる。1947年にモリエールの『女房学校 (L'Ecole des Femmes)』を鑑賞し、感激する。この時以来、舞台を愛するようになり、のちに多数の戯曲、バレエ、映画などの衣装を担当することになる。

早くから一流のデザイナーたちに注目される存在に

17歳という年齢で、国際羊毛事務局が主催するコンクールの存在を知り、偉大なデザイナーであるピエール・バルマン (Pierre Balmain) やユベール・ド・ジバンシイ (Hubert de Givenchy) などが審査員を務める中、ドレス部門で賞を取る。このコンクールにおける受賞を機に、サン=ローランは初めてパリを訪れ、ヴォーグ誌 (Vogue) の編集長だったミシェル・ドブリュノフ (Michel de Brunhoff) と知り合う。翌年の1954年には再度ドレス部門で受賞する。この年のコンクールのコート部門では、カール・ラガーフェルド (Karl Lagerfeld) が最優秀賞に輝いた。3歳違いで、同じように裕福な家庭で育ち、若くから才能を世に見せつけた二人はオート・クチュール（オーダーメードの高級服）の世界でライバルと認識されるようになる。ただし、ラガーフェルドはサン=ローランとライバル関係にはなかったと語っている。

1954年からサン=ローランはパリにあるファッション学校に通っていた。しかし、授業が面白くなく、退学を考えていた。そこで、父親のシャルルはドブリュノフに息子の相談に乗るよう求めた。複数のデッサンをサン=ローランが持参したところ、ドブリュノフはクリスチャン・ディオール (Christian Dior) に連絡する。その結果、ディオールはサン=ローランを気に入り、アシスタントとして雇うことになった。1955年から店舗のレイアウトなどを担当するが、1956年からはライセンス事業の商品のデザインを任される。そしてその後はオート・クチュールのコレクションのデザインにも関与するようになる。1957年にディオールが心不全で亡くなると、21歳という若さにしてサン=ローランはディオールのブランドを任される。

Algérie

ピエール・ベルジェ

ディオールが健在だった頃から、サン=ローランはコレクション（ファッションショー）があるたびにオランに戻り、デッサンを描いていた。ディオールの死後、ディオールのブランドで自分のコレクションを発表するために、サン=ローランはオランに戻り、それまでと同じようにコレクションの準備に取り掛かった。そして、1958年にトラペーズラインという、台形を基にしたデザインを発表する。当時はくびれを強調するデザインが多かったため、個性的なデザインとしてこのコレクションは注目を集め、サン=ローランを世界的に有名にする。この年にサン=ローランは、のちの恋人であり、その後の人生に多大な影響を及ぼす実業家のピエール・ベルジェ（Pierre Bergé）と知り合う。

アルジェリア独立戦争勃発とオリジナル・ブランド立ち上げの決心

1960年になると、アルジェリア独立戦争にサン=ローランは動員される。しかし、うつ病のため入院する。メディアは、サン=ローランが義務を果たさないと強く批判し、反独立派だったディオールのオーナーはサン=ローランを解雇する。のちに、不当な契約解除だったことが裁判で認められる。入院している頃に、サン=ローランとベルジェは新しいブランドを立ち上げることを心に決める。

独自のブランドを展開するということで、1961年に著名なグラフィックデザイナーのアドルフ・ムーロン・カッサンドル（Adolphe Mouron Cassandre）が、重なり合う「YSL」の三文字をモチーフにしたロゴタイプを制作する。そして、サン=ローランは1962年1月に初めての自分のブランドのコレクションを発表する。資金不足などが囁かれたが、コレクションは大盛況だった。

1962年は新ブランドの立ち上げと同時に、サン=ローランの両親および二人の姉妹が本土へ移住した年だった。一家はオランに資産のほとんどを残し、注目のデザイナーとなった長男を頼り、パリに引っ越した。サン=ローラン一家は独立に反対しており、特にオランに住んでいた両親は秘密軍事組織（OAS）を支持していた。パリに移住した母親にイヴは、ピエ・ノワールであることを表に出さないでほしいと話したという。母親と姉妹はパリの生活に馴染むものの、父親にとってはオランでの生活の方が快適だった。

香水、プレタポルテなど、手広い事業展開

1963年から、サン=ローランが日本を訪問したことをきっかけに、ベルジェはライセンス事業の展開を検討し、翌年には「Y」という名の香水を発売する。1965年にはピエト・モンドリアン（Piet Mondrian）の作品を取り入れたワンピースなどを世に送り出し、話題を呼ぶ。翌年には婦人用タキシードを含むコレクションを発表する。並行して、パリの6区に「リーヴ・ゴーシュ」（Rive Gauche、「左岸」の意）と名付けられたプレタポルテ（既製服）の店舗がオープンする。オート・クチュールのデザイナーが既製服の店舗を展開したのは初めてだった。オープンの日には親交のあったカトリーヌ・ドヌーヴが応援に駆け付けた。のちにニューヨークやロンドンでも店舗を構え、パリでは紳士服の店も出すことになる。

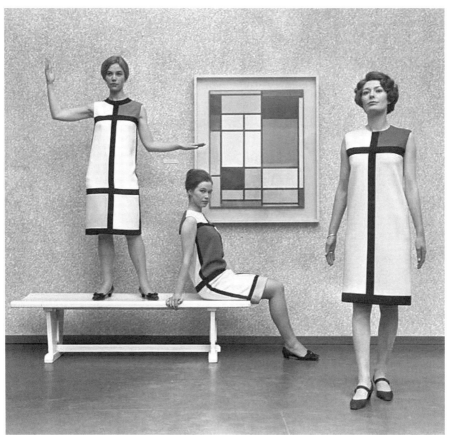

モンドリアンの作品をモチーフにしたドレス

　1967年には恋人のベルジェとともにマラケシュ (Marrakech) に家を買う。サン＝ローランにとっては、子供時代を過ごした北アフリカへのある種の回帰だった。その後も二人はいくつかの不動産をマラケシュで購入した。

　二人の事業は順調に進む。たとえば、服飾組合内にソニア・リキエル (Sonia Rykiel) やケンゾー (Kenzo) を創設した高田賢三などを含めたクリエーターを代表する機関を作ったり、本社を移転したりした。1971年には男性用の香水の発売を機に、サン＝ローランはヌード写真をヴォーグ誌 (*Vogue*) に載せ、「裸の社長」としてメディアの注目を浴びる。また、1977年には香水「オピウム (Opium)」を発売する。ジェリー・ホール (Jerry Hall) を広告に起用し、アヘンを意味する香水は世界的に有名になる。

　1998年には300人ものモデルを集めたショーが同年のサッカーW杯の会場であるフランス国立競技場で開催された。サン＝ローランの創作活動40周年を記念する大規模なイベントで、試合の前に、サッカー・ファンたちを前に、カーラ・ブルーニ、レティシ

『イヴ・サンローラン』のポスター

『SAINT LAURENT/ サンローラン』のポスター

ア・キャスタ (Laeticia Casta)、アドリアナ・カランブー (Adriana Karembeu) などのトップ・モデルらが、約 4000 点ある過去のコレクションの中から、サン＝ローラン本人が厳選した 300 点を披露した。

引退とサン＝ローランの人生を描いた映画

　2001 年 7 月には 92 点で構成されたコレクションを発表し、その半年後にサン＝ローランは引退を表明する。当初は、2001 年 7 月の発表が最後のコレクションになることは知られていなかった。2002 年の引退記者会見では、「ファッションとは女性を美しく見せるためだけではなく、女性に安心と自信を与え、自己を肯定できるようにするもの」だと話した。

　2008 年にサン＝ローランはパリの自宅で、脳腫瘍のため亡くなった。火葬後、マラケシュで散骨が行われた。

　サン＝ローランの成功の裏には、ピエール・ベルジェとの公私にわたる依存とも呼べる密接な関係、孤独と不安、そして薬物摂取があった。波乱万丈なサン＝ローランの人生は 2014 年に別々に作られた二本の映画の主題となる。ジャリル・レスペールの『イヴ・サンローラン』はピエール・ベルジェも認める映画だ。この映画でサン＝ローランを演じたピエール・ニネ (Pierre Niney) はセザールの最優秀男優賞を受賞した。ベルトラン・ボネロ (Bertrand Bonello) の『SAINT LAURENT/ サンローラン (Saint Laurent)』に関しては、ベルジェは映画の制作について知らされておらず、サン＝ローランとの同性愛の描き方も不適切だと強く批判した。

**服役を繰り返し、獄中結婚し、
29歳で早逝した伝説の無頼派女性作家**

アルベルティーヌ・サラザン
Albertine Sarrazin
1937〜1967

アルベルティーヌ・サラザン（旧姓ダミアン (Damien)）は1937年にアルジェで生まれた。生まれてすぐに親に捨てられ、1歳半の時に裕福な夫婦に引き取られた。養父は軍医で、夫婦は幼児の親になるにはとても高齢だった。引き取られて、アルベルティーヌからアンヌ=マリー (Anne-Marie) という名前に変わった。その後、一家はエクサンプロヴァンスに引っ越した。

10歳の時に、彼女は養父母の友人だったアルベール (Albert) という40代の男性に強姦される。その後、1952年に、素行が悪かった彼女を養父は感化院に入れ、養子縁組を解消した。感化院では、すでにアンヌ=マリーという少女が収容されていたため、教官たちはアニック (Annick) という名前で新入りの彼女を呼ぶようになる。1959年に結婚した際にアルベルティーヌという名前を再度使用するようになる。

16歳で、恋人のマリーという女性と二人でパリまでヒッチハイクで行く。パリに到着し、セックスワーカーとなるが、1953年12月に二人の女性は強盗で捕まる。マリーは5年、アルベルティーヌは7年の禁固刑を科される。しかし、1957年に12メートルの壁から飛び降りて、脱獄に成功する。その際に足根骨の一つである距骨を折るが、アルベルティーヌは数百メートル這って国道までたどり着き、ジュリアン (Julien) という13歳上の男性に拾ってもらう。二人の恋愛はここから始まる。

素行は若い時から悪かったが、もともとアルベルティーヌは秀才でもあった。読書が大好きで、養父の本を隠れて読んでいた。12歳の時には、未完となるものの、初めての小説執筆に挑戦した。フランス語以外でも、ラテン語や美術で良い成績を収めていた。

ジュリアンは酒飲みで、子供を虐待する父親を持っていた。第二次世界大戦中、ドイツの占領下では、食べ物がなかったため、食糧を盗み、服役した。脱獄や強盗の繰り返しにより、結局13年も服役することになった。

1959年に二人は結婚する。結婚時、アルベルティーヌは服役中だったが、婚姻により、サラザンという苗字になった。服役中に、アルベルティーヌ・サラザンはジュリアンに捧げた『アンヌの逃走』を執筆した。原題は *L'Astragale*、つまり『距骨』で、自伝的な小説だ。この小説は出版前に作家のシモーヌ・ド・ボーヴォワールから称賛され、出版に至る。文学的な評価も高く、売り上げも好調で、一部のガソリンスタンドでさえ購入できた。この小説は17ヶ国語に翻訳された。この大人気を受け、無数の取材をアルベルティーヌ・サラザンは受けるようになる。「書くことは私にとって生き延びる手段。あとは、カネや栄光なんて付随的」と文学番組で語っている。

『アンヌの逃走』は同じくアルジェリア生まれのマルレーヌ・ジョベールが主演で1969年に映画化された（邦題は『ある日アンヌは』）。2014年にはレイラ・ベクティ (Leïla Bekhti) 主演の『夜、アルベルティーヌ (L'Astragale)』として再度映画化された。

アルベルティーヌ・サラザンは腎臓の手術を受けた際に、麻酔の量が多すぎたために死亡した。29歳だった。手術前に血液検査などをしておらず、医療過誤による死だった。夫のジュリアンは執刀した医師らを訴え、勝訴した。

Algérie

アルジェリアの解放、そして身体の解放を
訴え、謎の死を遂げた私生児・同性愛の詩人

ジャン・セナック
Jean Sénac
1926～1973

ジャン・セナックは1926年にベニ・サーフで生まれた。2013年に発売された伝記では、母親はスペイン人の婦人帽製造工で、父親はフランス人の理容師だったが、私生児だったとされている。ただし、父親はロマ人だった可能性がある、とも言われている。いずれにせよ、セナックは父親を知らずに育った。

アルジェリア独立戦争中の執筆活動と政治活動

セナックは1954年にフランス本土へと移住するとともに、文壇デビューを果たす。アルベール・カミュとルネ・シャール (René Char) との交流が、1948年から1952年までにパリとアルジェを行き来する中で誕生した詩を集めた *Poèmes* (詩) の出版につながった。この詩集でセナックの作品は広く知られ始めるが、以前から多作であり、新聞や雑誌を通じて発表を積み重ねていた。また、アルジェリアにおける二つの文学流派、すなわち既に廃れ始めていたロベール・ランドー (Robert Randau) などに代表されるアルジェリアニズムと、アルベール・カミュ率いる活気溢れるアルジェ派の支援をセナックは以前から受けていた。

1954年は詩集の出版のみならず、セナックにとって本格的な戦いの始まりの年でもあった。この年から植民地支配がもたらす不正義を訴え、アルジェリアの独立を熱烈に支持するようになった。以前よりアルジェリアの先住民の主張に敏感であり、アルジェで独立派との交流を深めていた。また、1950年頃から政治的な詩を書き始め、ソレイユ誌 (*Soleil*) やテラス誌 (*Terrasse*) といった雑誌を発行した。雑誌では、カミュや、フランス語で執筆する先住民族の作家であるカテブ・ヤシーン (Kateb Yacine) やムールード・フェラウン (Mouloud Feraoun) の作品を掲載するなど、アルジェリア内で文化的な交流を図っていた。アルジェリア独立戦争が開始すると、アルジェリア民族解放戦線 (FLN) のフランス本土支部に加入し、地下印刷所を作って、政治的な文章を発行した。しかし、アルジェリアの将来に関して、カミュと考えが相容れず、戦争中に二人の関係は悪化する。アルジェリア独立戦争の後半に入ると、独立闘争から少し距離を置き、自分のルーツと向き合うためにスペインを訪問する。

独立後のアルジェリアにとどまった数少ないフランス人

アルジェリアが独立すると、セナックは他のフランス人とは異なり、アルジェに戻る。そして、アルジェリア政府の公職やそれに類似する職位を1962年から1966年まで歴任する。しかし、人間的な社会主義に希望を持っていたセナックは、冷徹な官僚主義を目の当たりにする。その後は公の場から遠ざけられるようになる。アルジェリア社会からも、外

国人という理由で排除されるようになる。こうしたアルジェリア政府とアルジェリア社会の態度を歴史学者のモハメッド・ハルビ (Mohammed Harbi) は「継母のよう」と比喩している。

　以上のように政治的な立場を明確にし、創作活動以外にもアルジェリアにおける多様な政治活動に参加してきたセナックだが、植民地の解放と同様に重要なのが、彼の性的指向である。同性愛者だったセナックは、身体の解放を訴え、作品は、とりわけ1960年代以降、エロティックな表現を含むようになる。こうしたセナックの作品は、同性愛者に対する迫害に抗するものであった。また、男らしくフランスを守ることを掲げ、アルジェリアの独立派を動物同様に扱い、独立を許したドゴールらを女々しいと批判した、従来の男らしさ／女らしさというジェンダー観に基づく極右の言説を非難する役割も果たした。

過酷な晩年と不可解な死

　1968年からは、太陽を愛する詩人だったにもかかわらず、アルジェ市内の地下室で生活を送るようになる。新たな生活は過酷であり、近所の人々は彼をからかい、子供たちは彼に石を投げた。それは、フランス人であり、キリスト教徒であり、私生児であり、同性愛者だったからであろう。

　1973年8月29日から30日の夜、住んでいたアルジェの地下室でセナックは何者かに刺殺された。事件の真相は解明されていない。

　死後、彼の多くの作品はフランス本土で出版された。しかし、アルジェリアでは独立の直後に公職に就いたにもかかわらず、作品は手に入りにくく、過小評価されている。

ブリダ /Blida

　約33万人の人口を誇るブリダは、アルジェリア第5の都市である。ブリダ県の県都でもある。

　16世紀にこの街はアンダルシアから来たムスリムを迎えるために開発された。1825年には大きな地震に見舞われ、街の大部分は破壊された。フランスが1839年から支配し、街を再建した。のちにブリダは食品加工業が盛んな都市となる。

　ブリダから少し離れた標高1550メートルに位置するクレア (Chréa) という街にはアルジェリアで初めて作られたスキー場がある。長い時は12月から3月まで積雪がある。フランス人が植民地支配時代に開発したスキー場だ。内戦時代には廃れたが、その後改修工事がなされ、再度スキーができるようになった。また、夏には避暑地として多くの人が訪れている。

アルジェリアに残った《緑の足》

ピエ・ノワールは黒い足を意味するが、独立したアルジェリアに留まったフランス人をピエ・ヴェール (pieds-verts)、訳せば緑の足、と呼ぶことがある。1968年に出版されたブリューノ・エティエンヌ（Bruno Etienne）の研究によれば、フランス本土に移住しなかったアルジェリアに住むフランス人は約20万人いた。残念ながら学術研究で取り上げられることがあまりない集団だが、決して人数が少ないわけではない。「鞄か棺か」、つまりフランス本土に移住するか、死ぬか、という二つの究極の選択しかない中、多くのヨーロッパ系住民はフランス本土に渡ったといわれている。そのような中でもなぜ一部の者はアルジェリアにとどまったのか。そして、彼女ら・彼らはどのような人たちだったのだろうか。

呼称と人数

まず、彼女ら・彼らの実態を紹介する前に、呼称と人数について説明しておこう。ピエ・ヴェールという呼称は、アルジェリアの国旗の色に由来している。だが、この呼称は一般的に広く認知されているとは言い難く、「アルジェリアに留まったピエ・ノワール」などと呼ばれることが少なくない。また、ピエ・ノワールを自称するかどうか自体、個人によって差があるが、*Ni valise ni cercueil : les pieds noirs restés en Algérie après l'indépendance*（鞄でもなく、棺でもなく―独立後にアルジェリアに残ったピエ・ノワール）という書籍を著したピエール・ドーム（Pierre Daum）は、彼女ら・彼らがピエ・ヴェールという言葉を使用していないと指摘し、著作の中でその呼称を使用していない。

ただし、一時期ピエ・ノワールという呼称が蔑称として認識されたように、ピエ・ヴェールが特定の集団を蔑視する呼称だったという報告は見当たらない。おそらく社会的に使用されていない呼称だから、そのようなコノテーションを持つこともなかったのだろう。ピエ・ヴェールと呼ばれた人々は多くの場合自らを「ヨーロッパ出身のアルジェリア人 (Algérien d'origine européenne)」と認識しているようだ。当事者が使用していない呼称ではあるものの、以下ではアルジェリアに独立後も留まったヨーロッパ系住民をピエ・ヴェールと便宜的に呼んでいく。

人数に関しては、約20万人だった、と述べたが、時代によって異なることに留意したい。独立前の1961年には、アルジェリア在住のフランス市民は約100万人いたが、多くの者がフランス本土に渡った結果、1962年のエヴィアン協定締結後は約半分にまで減った。1962年の終わり頃にアルジェリアに留まっていたフランス市民は20万人程であった。しかし、その後数年でさらに人数は減っていき、情報源により数字は異なるが、1965年には約6万人までに減少したという報告もある。正確な数字は分からないが、1962年の大移動後より、徐々に減っていったことは確かだ。しかも、ある情報源によると1990年代初頭には数千人のピエ・ヴェールがいたものの、アルジェリアが内戦状態に陥ったため、多くの者が住んでいた土地を去り、2008年には数百人しか残っていないと報告された。

ピエ・ヴェールの実態

ピエ・ヴェールらの証言によって、多くの者がアルジェリアに留まることに恐怖を覚えていなかった実態が明らかになっている。ある女性は「『鞄か棺か』はウソ」とし、フラ

ンス本土に渡った親戚は「怖がっていた」と認めつつも、本土に移るよう「誰も脅迫したことはない」と語っている。すなわち、アルジェリア独立戦争中の生活に不安があったことは確かである一方で、フランス本土に渡らなければならないほどの状態ではなかったとこの女性は主張している。マグレブ史研究を専門とするバンジャマン・ストラも、「鞄か棺か」というほどの事態があったとは言い難く、あくまで当時の状況の一面に過ぎないと指摘している。さらに、本土に移住したピエ・ノワールたちが自らの移住を余儀なくされたものと主張するために、アルジェリアで生活を続けることが危険だったと語っているとストラは述べている。結局、多くのヨーロッパ系住民が強硬に独立に反対する秘密軍事組織(OAS)を支持し、そうした急進的な反独立派への賛同に対する報復を恐れたため、人々はフランス本土に逃げるように移住したとストラは分析している。しかしながら、実際には報復は少なく、多くのアルジェリア人はヨーロッパ系住民の急速で大規模な移住に驚いたという。

ピエ・ヴェールの思想

アルジェリアに留まることを当然と考え、危険や不安をあまり感じていなかったピエ・ヴェールたちの中には、独立派やリベラルと呼ばれた者たちがいる。たとえば、ある者はアルジェリア民族解放戦線(FLN)とともに戦い、6年にわたりフランスの刑務所で服役した。独立後はアルジェリアの国営企業で働いた。別のピエ・ヴェールは親がリベラルの立場、つまりFLNにも、OASのような強硬な反独立派にも与せず、植民地支配下のムスリムが置かれている不当な身分を問題視し、是正が必要だと考えていた者だった。アルジェリアに残った者の中には、ピエ・ノワールたちがフランス本土に移住した真の理由はアルジェリア人と平等な立場で生きていることに耐えられなかったからだ、と断言する者もいる。ピエ・ヴェールのある女性は、「もしかしたらアラブ人に命令されると考えただけで怖いとピエ・ノワールは思ったのかもしれません。実質的に、私たちは優越感を持っていました。(中略)結局、それこそが植民地支配なのでしょう。私自身も、そうしたまなざしを捨てるのに努力を要しました」と話している。ピエ・ヴェールの研究を行っているエレーヌ・ブラッコ (Hélène Bracco) も「アルジェリア在住のあらゆるヨーロッパ人は、社会的に最下層にいても、最上層にいるムスリムよりも優位だと感じていた」とした上で、「〔アルジェリアに〕残るためには昨日今日で、それまで習慣的に命令を出したり、見下したりしていた人たちとすべてを共有できるようになる必要があった」と論じる。つまり、ストラが論じるように、実際には起こらなかったアルジェリア人による報復を恐れたのみならず、ピエ・ノワールたちはアラブ人との関係が独立を経て突然激変することを受け入れられなかったと推測できる。したがって、リベラルと言われた人や明確に独立派だった者がとどまったことは当然といえるだろう。

なお、独立戦争中および直後、とりわけ1962年に大量のヨーロッパ系住民がフランス本土に渡った経緯に加え、1963年には多くの土地が国有化されたため、それを機にアルジェリアを去った者もいた。その国有化は広大な土地やフランス国籍の者の一部の土地などのみが対象であり、アルジェリア国籍を取得しなければ、所有地を国有化すると言われたフランス人もいたようだ。

国籍に関しては、アルジェリア国籍を取得した者も、フランス国籍を保持した者もい

る。アルジェリアに残ったフランス人は自動的にアルジェリア国籍を取得できたわけではなく、申請を行わなければならなかった。これは、独立以前からアルジェリアに在住していた者には自動的に新たな国籍が付与されることを期待していた一部のピエ・ヴェールにとっては残念な結果だった。彼女ら・彼らは、自らを「アルジェリア人」と認識していたからだ。さらに、アルジェリア国籍の取得は容易ではなく、フランス国籍の保持を選択した者もいる。1963年に制定されたアルジェリアの国籍法は、「出身」によるアルジェリア人、つまり二世代以上前からアルジェリアにおり、かつ、植民地支配下でムスリムの身分を持っていた者と、「取得」によるアルジェリア人を区別していた。すなわち、ユダヤ人は「出身」によってアルジェリア国籍を自動的に得ることはできない制度だ。アルジェリア国籍の「取得」は、独立戦争時における独立派としての活動によるものと、アルジェリア在住歴等の条件に基づいたものがある。「出身」と「取得」というカテゴリーはまさに植民地支配下におけるフランス市民とムスリムという一部の例外を除き両立し得ない身分の区別と符合する。なお、独立国家となったアルジェリアの国籍を取得したフランス人の人数は明らかになっていない。ブルーノ・エティエンヌの研究では1965年7月までに506名がアルジェリア国籍を取得したとなっているが、一部の国籍取得がアルジェリアの官報に載っていないため、それ以上の者が取得した可能性が高いと同時に、1965年7月以降も取得があったはずである。なんにせよ、正確な数字は不明だが、少なくとも大規模な国籍取得はなかったようだ。

ところで、アルジェリアに残留した者でも、アラビア語が必ずしもできるわけではない。アラビア語を流暢に話せる者、簡単な会話や仕事で必要な範囲で使える者、会話はできても読み書きはできない者、フランス語とスペイン語に加えて住んでいた地方のアラビア語が流暢な者、アラビア語に加えベルベル語の一種であるカビール語もできる者など、使用できる言語や習得のレベルは多様だ。

また、厳密な社会学的考察ではないが、検討できた事例を見る限りアルジェリアに残った者の社会的属性も多様だ。医師や工場経営者、教諭、エステティシャン、会社員、レストラン経営者、神父、工場労働者、書店経営者、記者、看護師などの職に就いていた者が見受けられる。

ピエ・ヴェールが味わった苦しみ

なお、アルジェリアに残るという選択は必ずしも家族単位で取られたわけではなく、異なる決定を下した者が混在する家族も存在する。その結果、アルジェリアに残った者がフランス本土に渡った近親者から裏切り者としてみなされるケースも生じている。あるピエ・ヴェールはアルジェリア人との間に子供を儲け、娘を連れてフランス本土を訪れたら、「アラブ人の女の子をあやせというのか」という言葉を浴びせられたと振り返っている。別の者は、フランス本土の家族とは絶縁関係にあると話している。生まれ育った地を去るのか、もしくはその地に留まるのか、という人生における重大な問題が、異なる選択をした者の間の関係を悪化させてしまったケースがある。さらに、アルジェリア社会からの疎外、アルジェリア社会からの疎外に苦しむピエ・ヴェールもいる。アルジェリア国籍を取得したり、政府や中央省庁関連の職に就いたりしても、結局アルジェリア人として社会に認められることが難しく、独立したアルジェリアに数年から数十年在住したのちにアルジェリアを後にした者もいる。

ミッテランにも影響を与えたといわれる
元モデルの占い師

エリザベート・テシエ
Elizabeth Teissier
1938 〜

　エリザベート・テシエ（本名ジェルメーヌ・エリザベス・アンセルマン、Germaine Elizabeth Hanselmann）は1938年にアルジェで生まれた。テシエは離婚した相手の苗字である。離婚する際に、テシエとしてすでに活動していたため、旧姓に苗字を戻さなかった。ジェルメーヌという名前は嫌いだったと話している。

　父親のヴァルター (Walter) はドイツ語圏のスイス人で、プロテスタントだった。父親は厳格で冷たく、テシエは「山羊座はどちらかというと不幸な子供時代を送ることが多いから」と当時を振り返る。フランス人の母親の名前はジェルメーヌだった。紛らわしいことに、この夫婦は息子に父親と同じ名前を、そして娘に母親と同じ名前を付けた。

モデルと女優の道を歩み始める

　エリザベートは成績が優秀な子供だったが、どうせ結婚するのだから、秀才であって も意味がない、と両親は考えていた。子供時代はアルジェ以外にモロッコ、スイス、そしてフランスで過ごし、パリで大学進学する。その後、1960年にテシエという学生と結婚する。二人の子供に恵まれるが、1983年に離婚する。

　学生時代、「よくナンパされた」と語っている。若く、美人で、175センチと長身だったため、26歳にしてシャネルのモデルとなる。その後、20本あまりの映画に出演する。フィリップ・ド・ブロカやシドニー・ポラックなど著名な監督の作品に携わった。

占星術で人気者に

　1968年にフェデリコ・フェリーニ (Federico Fellini) の勧めで占星術を学び始める。当時、映画界の人たちから役を餌に言い寄られたことにうんざりしていたテシエは、「頭を使う活動」をしたいと思い、占星術の勉強に勤しんだ。

　1975年には国営放送アンテーヌ2で世界初の占星術のテレビ番組を担当する。2分間の短いものだったが、毎日放送された。非科学的な占星術の番組には多くの批判が集まり、半年ほどで打ち切りとなった。しかし、テシエの人気は高まるばかりで、同放送局で再度番組を担当するのみならず、国境を超え、ドイツのテレビ局でも自分の番組を持った。他にもスイス、ベルギー、オーストリア、オランダなどでも番組出演や講演会を開き、ヨーロッパで高い知名度を誇るようになった。

　テシエの影響力は番組視聴者などの一般市民のみならず、政治家にまで及んだ。フランソワ　ミッテランがテシエから助言を受けていたことは有名である（用語解説「フランソワ・ミッテラン」参照）。ミッテランの死後、2000年にテシエは二人の会話の録音を公開

イタリアのケント誌のカバー　1968年

し、湾岸戦争やマーストリヒト条約に関する国民投票について占星術の立場から助言を与えたことを明らかにした。しかし、ミッテランの娘であるマザリーヌ・パンジョ (Mazarine Pingeot) は、テシエの影響力はほぼなく、助言を受ける前から重要な決断は自身で行っていた、と語っている。

　2001年にはパリ大学で「ポストモダン社会の魅惑／拒絶の両義性における占星術の認識論的位置づけ (Situation épistémologique de l'astrologie à travers l'ambivalence fascination-rejet dans les sociétés postmodernes)」という題目の博士論文を提出し、社会学博士の学位を取得した。占星術が科学的知見に基づかないことから、多くの研究者が論文の提出前からテシエと大学を批判していた。博士論文の公聴会には、テシエのファンが駆けつけた。審査員は、占星術の非科学性を指摘し、学位の取得は占い師の活動を正当化し得ないと強調したものの、テシエは結局学位を取得した。彼女は世界の大学で占星術を学べるようにすることが夢だと語っている。

テシエによる2018年の占いの著書
Votre Horoscope 2018 Le Renouveau:
Prévisions pour vous...et votre chat
（2018年のあなた　再生—あなたと…あなたの猫のための予想）

直接観客に話しかけるワンマンショーを確立し注目を浴びたコメディアン

パトリック・ティムシット
Patrick Timsit
1959 〜

パトリック・ティムシットは1959年にアルジェで生まれた。親はアルジェリアに住むセファルディムだった（コラム「アルジェリアのユダヤ人」）。アルジェリア独立戦争中にパトリックは生まれ、まだ幼かった1961年にアルジェにあるマンションの近くで爆弾が爆発する事件があった。この爆発を機に一家はパリに引っ越し、両親は革製品の店を開く。

自然科学のバカロレアを取得するも、ティムシットは大学などに進学せず、輸出入業の仕事に就いたのち、不動産事業を立ち上げる。だが、演劇に興味を持ち、夜間の演劇学校に通い、自分でも戯曲を書くようになる。

一人芝居でティムシットはキャリアを開始する。最初はアヴィニョン演劇祭やパリの小さな舞台でショーを行う。不動産業を辞め、演劇に全力を投じるようになると、1985年には映画デビューも果たす。ティムシットのワン・マン・ショーも新しいスタイルをフランスで確立したことで注目を浴びるようになる。それまでフランスでは、一人芝居であってもコメディアンは役を演じていたが、ティムシットは特定の役を作らず、直接観客に話しかける形式を取り入れた。内容では、大統領だったジャック・シラクや歌手のパトリシア・カース (Patricia Kaas) などの有名人をからかうものが人気となった。

1990年代からは本格的に映画で活動するようになる。1992年にはコリーヌ・セロー (Coline Serreau) の『女と男の危機 (La Crise)』でホームレスの役を演じ、受賞には至らなかったが、セザールの最優秀助演男優賞にノミネートされる。その後、1994年の『僕は、パリに恋をする (Un Indien dans la ville)』や1995年の『ペダル・ドゥース (Pédale douce)』などが大ヒットし、監督業にも手を出し、1998年にはヴィクトール・ユーゴー (Victor Hugo) の『ノートルダム・ド・パリ (Notre-Dame de Paris)』を原作とした『カジモド (Quasimodo d'El Paris)』を撮る。2012年にはアルジェリア生まれのシャバが撮った『マルスピラミ (Sur la piste du Marsupilami)』に出演した。

アルジェリアに関しては、引き揚げた時に2歳だったものの、訪問したいという気持ちが強い、と語っている。2015年のインタビューではアルジェリアに行きたいと考え始めた1990年代には内戦状態で行けなかったと振り返り、「本当に両親と一緒に行きたい。僕を案内してほしい」と話している。また、両親は「太陽や地中海の傍での素晴らしい生活に対する名残惜しさはあったけど、すべてを失った、という気持ちはなかった」と話す。

また、ティムシットはアルジェリアのユダヤ系アラブ音楽が好きでよく聴くという。ロベール・カステルが参加する「エルグスト」などを好きなアーティストとして挙げている。

ユダヤ系ピエ・ノワールの母親役を
こなす女優

マルト・ヴィラロンガ
Marthe Villalonga
1932～

マルト・ヴィラロンガは1932年にアルジェ近郊のフォール＝ド＝ロー（Fort-de-l'Eau、現・ボルジ・エル・キファン、Bordj El Kiffan）で生まれた。両親はカフェを営んでいた。父親はフランス発祥の球技であるペタンクに長けており、狩猟を趣味としていた。一方で、母親は無声映画のピアノ伴奏や結婚式の音楽などを演奏するピアニストだった。母親の影響で、ヴィラロンガは6歳からピアノを習っていた。

演劇への目覚め

ヴィラロンガはピアノの才能を活かして、コンクールで賞を取り、ついにはアルジェのコンセルヴァトワールでダンスの伴奏奏者の仕事を任されるレベルまで達した。しかし、コンセルヴァトワールに行くたびに目にしていた演劇の授業に惹かれた。ヴィラロンガの演劇への興味に気付いた教師が個別指導を引き受け、その結果、小さな賞を受賞し、地元の新聞に写真が載った。これをきっかけに、親は娘の演劇への情熱を初めて知った。その後、アルジェの生活を描いた生活を描いた *La Famille Hernandez*（エルナンデス家）を上演していた劇団に入団し、アルジェリア独立戦争真っ只中の1957年に劇団と共にパリへと渡った。その後、両親は戦争の勃発を受け、2つのカバンと2000フランだけ持ち、ヴィラロンガのアパートを訪れ、狭い部屋で3人で生活したという。

ヴィラロンガは1963年にテレビ・ドラマに出演し、翌年にはアニー・ジラルドー(Annie Girardot)と初出演の映画 *Déclic et des claques*（始動装置と平手打ち）で共演した。その後は多数の映画でピエ・ノワールの俳優と共演する機会があった。ギイ・ブドス、ロベール・カステル、そしてロジェ・アナンとは複数回にわたり同じ映画に出演した。

ユダヤ人家庭の母親というはまり役

ヴィラロンガの人気をもたらしたのは何よりも「ユダヤ人家庭の母親」の役だった。早くから母親の役をこなしていたため、老けメイクを幾度も施したという。カトリーヌ・ドヌーヴ、ダニエル・オートゥイユ、コリューシュ(Coluche)、パトリック・ブリュエル、ギイ・ブドス、ロジェ・アナンなどの母親を演じてきた。特に印象的なのは、歳が近いギイ・ブドスや年上のロジェ・アナンの母親を演じた経験だ。映画のみならず、1983年には *Comment devenir une mère juive en dix leçons*（ユダヤ人ママになるための10のレッスン）という舞台にも出ている。ただし、「私は母親でも、ユダヤ人でもない」と本人は念のためにインタビューで話している。

アルジェリアに戻りたくないという思い

ところでアルジェリアの生活は「海のそばの楽園」だったという振り返っている。「誰がアラブ人、ユダヤ人、カビール人、ピエ・ノワール、本土のフランス人かなんて気にせず、みんなですべてを分かち合っていた」と語っている。しかしながら、旅行好きであるにもかかわらず、独立後にアルジェリアに戻ったことは一度もない。「あの場所の美しい思い出をそのままきれいにしまっておきたい」とし、「戻ることはない」とテレビ番組で話している。ブリュエルと番組で共演した際に、ブリュエルはアルジェリアに行って歌いたい、と話したが、ヴィラロンガはアルジェリアで撮影がある映画にも出演したくないという意見を明らかにした。

Déclic et des claques
（始動装置と平手打ち）のポスター

Comment devenir une mère juive en dix leçons
（ユダヤ人ママになるための10のレッスン）の原作

『92歳のパリジェンヌ』のポスター

Algérie

パリのサン=ニコラ=デュ=シャルドネ教会と植民地時代への懐古主義

パリ5区のモーベール=ミュチュアリテ駅 (Station Maubert-Mutualité) から歩いてすぐのところに、サン=ニコラ=デュ=シャルドネ (Saint-Nicolas-du-Chardonnet) という教会がある。この教会は特異な思想に支えられており、一部のピエ・ノワールと深く関係している。

サン=ニコラ=デュ=シャルドネの特徴

この教会は基本的に第二バチカン公会議を否定している。この公会議は1962年から1965年にかけて開催され、カトリック教会の重大な改革につながった。教会はこの公会

議を以て、他宗教・他教派との対話の重視や、各地域の言語によるミサなどを定め、近代化を目指した。だが、さまざまな地域でこの近代化を否定する立場のカトリックがおり、サン＝ニコラ＝デュ＝シャルドネはそうした姿勢を堅持するパリの代表的な教会だ。一般的に「伝統派」や「原理主義的」と形容される教義を掲げている。

パリ市が教会を所有しているが、1977年よりこうした考えを共有する者たちが教会を違法に占拠し、運営している。パリ市は明け渡しを求める法的措置などはとっていない。この占拠は、1977年に近くのホールでラテン語のミサを開催すると見せかけて、サン＝ニコラ＝デュ＝シャルドネ教会を乗っ取る計画から始まった。第二次世界大戦中にレジスタンスで活動し、ユダヤ人を迫害から守り、晩年には王党派の意見を発信したフランソワ・デュコー＝ブルジェ神父 (François Ducaud-Bourget) が支持者を引き連れて、教会を乗っ取ったのだ。

極右と植民地時代懐古

カトリック教会の指示に背いて近代化を拒み、他宗教・他教派との対話に否定的で、ラテン語でミサを行い続ける立場はフランスの一部の極右活動家との親和性が高い。極右政党の国民戦線党首であるマリーヌ・ルペンは子供たちにこの教会で洗礼を受けさせている（用語解説「国民戦線」参照）。また、教会は同性間の婚姻を可能とする立法に反対する市民団体とも近しい関係にある。そして、極右と植民地時代を懐古するピエ・ノワールの親和性も高い。

アルジェリアとの関係においてまず挙げられる特徴は、聖母マリア像だ。アルジェにあるノートルダム・ダフリク大聖堂 (Basilique Notre-Dame d'Afrique) で見られる銅製の聖母マリア像のレプリカがサン＝ニコラ＝デュ＝シャルドネにある。原物の背後の壁には「聖母マリアよ、我々のため、ムスリムのために祈りたまえ」と書いてある。パリにある複製は全く異なるメッセージを掲げるプレートが設けられている。すなわち「我らの死者たちへ。1962年3月26日、アルジェ。1962年7月5日、オラン。そして、フランス領アルジェリアへの忠誠を理由に命を落としたすべての犠牲者たちへ。アフリカの聖母マリア（ノートルダム・ダフリク）よ、彼らのために祈りたまえ」とある。ムスリムとの共生を重んじるアルジェの大聖堂に対して、サン＝ニコラ＝デュ＝シャルドネでは植民地支配を肯定するメッセージだといえよう。

さらに、この伝統派カトリックの教会は毎年3月26日に多くのピエ・ノワール、そしてピエ・ノワールの団体代表者などが集うミサを行っている。アルジェリア独立戦争に関わる日のうち、どの日に記念式典などを行うべきか、という議論は長年決着を見ていない。休戦を定めるエヴィアン協定締結の発効日である1962年3月19日に由来して、3月19日を記念日とするべき、とする者がおり、一部の自治体では「3月19日通り」などが存在する。しかし、この日以降にも暴力行為は続き、被害者が多数出た。そのため、一部のピエ・ノワールは3月19日を記念日とすることに強く反発している。そして、ヨーロッパ系住民がアルジェで亡くなった1962年3月26日に追悼イベントを行うことがある。サン＝ニコラ＝デュ＝シャルドネ教会の3月26日のミサには、フランス統治時代のアルジェリアを懐古し、フランスによるアルジェリアへの謝罪などを否定するピエ・ノワールの市民団体である「全国北アフリカおよび海外のフランス人とその友の会」(Association Nationale des Français d'Afrique et d'Outre-Mer et de leurs Amis, ANFANOMA) の代表者らが毎年参列している。

アルジェにあるノートルダム・ダフリク大聖堂

教会の正面玄関

教会内にある肌の黒い聖母マリア像

第三共和政下の社会主義を代表する政治家の一人

ルネ・ヴィヴィアニ
René Viviani
1863 ～ 1925

ルネ・ヴィヴィアニは1863年にシディ・ベル・アッベスで生まれた。イタリア系の父親はオランの県議会議員だった。

労働者が直面する問題への関心

オランで勉強した後、パリで法学士を取得した。1887年に弁護士資格をとり、アルジェとパリで弁護士業務に従事した。ストライキを決行した労働者を支援するなど、労働者の権利を重視した。また、1893年に社会党の代議院 (Chambre des députés) 議員に選出されると、社会党の傘下にあったラ・プティット・レピュブリック紙 (*La Petite République*) の編集長に就任した。この頃、ヴィヴィアニはジャン・ジョレス (Jean Jaurès) と近しい関係にあり、ともに冤罪の被害に遭ったアルフレッド・ドレフュスを擁護した。1904年には、ジャン・ジョレスとともにリュマニテ紙を創刊した。現在では共産党に近い日刊紙だ。

ただし、その後はジョレスと距離をとるようになった。1902年に選挙で敗れたヴィヴィアニは、1906年の選挙ではジョレスが率いるフランス社会党（労働インターナショナル・フランス支部）(Section Française de l'Internationale ouvrière, SFIO) を離れた。議員に復帰したヴィヴィアニは、この年にSFIOと対立するジョルジュ・クレマンソー (Georges Clémenceau) 政権に入閣し、初の労働社会保障大臣に就任した。休暇や労働者の社会保障、既婚女性の給与受給、産休などに関する法案成立に寄与した。ヴィヴィアニは1910年までこのポストを担った。新しく労働省ができた際にヴィヴィアニは議会で「世界の根本にあり、誰一人無関心であってはならない紛争とはなんでしょうか。それは貧困と資産の紛争です」と発言し、資本家と労働者の間の格差に言及した。

多様な官職に就任

さらに、ヴィヴィアニは労働者の権利だけではなく、女性の権利拡大にも関心を寄せた。既婚女性による給与の受給や、女性の弁護士資格取得を認める法律制定にヴィヴィアニは貢献した。

なお、アルジェリアでの生活はヴィヴィアニの政治的立場に影響した。たとえば、1890年代にアルジェリアで根深かった反ユダヤ主義にヴィヴィアニは染まり、アルジェリアにおける「ユダヤの専制」を敵視していた。しかしながら、上記のとおり、ドレフュス事件では反ユダヤ主義を弾劾する立場に転向し、「シオニズム友の会 (Ligue des amis du sionisme)」にまで入った。

ヴィヴィアニは1910年の選挙ではそれまでと異なる選挙区から代議院議員に選出され、1922年までその座を守った。また、1913年には一年弱にわたって公教育・美術大臣を務めた。第一次世界大戦中は首相を一年強務めた。この間、ヴィヴィアニは外務大臣を兼務した。なお、開戦を受け、1914年8月4日にヴィヴィアニは大統領のレイモン・ポワンカレ (Raymond Poincaré) による両院へのメッセージを代読し、ユニオン・サクレ (Union sacrée)、すなわち議会の諸会派による協力関係である「神聖なる同盟」を呼びかけた。ユニオン・サクレはおおよそ1917年の夏まで続いた。1915年10月から1917年9月までは司法大臣を務めた。この時期にはロシアやアメリカを訪問し、両国の参戦を促した。第一次世界大戦後は1920年から翌年まで、国際連盟でフランスを代表した。

その後は体調が芳しくなく、1923年に妻を亡くすと、ヴィヴィアニの健康状態はさらに悪化した。同年に卒中を起こし、その後は安静のために施設に入所した。1925年に死去した。

1923年5月19日版タイム誌の表紙を飾ったヴィヴィアニ

アルジェリアが独立しなかったという設定の
SF 小説でも有名なロックバンドのボーカル

ローラン・ワグナー
Roland Wagner
1960 〜 2012

ローラン・ワグナーは 1960 年にアルジェのバブ・エル・ウエド地区で生まれた。父親はドイツ人で、ドイツ軍の兵士だった。父親は第二次世界大戦時に捕虜となった後、フランスの外国人部隊に従事し、インドシナに派遣されたが、フランス軍の敗退により、アルジェリアに渡った。アルジェリアの地で結婚し、子供を儲けたが、ローランが生まれた 2 年後に家族は独立を獲得したアルジェリアを去らざるを得なかった。こうして、戦争に影響された生活を家族は送ったため、「戦争の陰」が家庭内に忍び込むことが多かったとローラン・ワグナーは語っている。

ワグナーは若いときから本が好きで、1980 年代初頭には執筆した SF の短編小説が賞をとった。その後、SF 長編小説も出版した。一方で、音楽が好きで、1983 年にブレイン・ダメージ (Brain Damage) というロック・バンドのボーカルを務め、作詞も自ら手掛けた。

一時期は小説で家計を支えることが難しくなり、ペンネームでライターとして仕事をしていたこともあったが、生涯で 10 編を超える小説を出版し、2011 年には 20 年もの年月を構想に費やした Rêves de gloire（凱旋の夢）を発表した。この作品はドゴールがアルジェリア独立戦争中に暗殺され、フランス政府が独立派に勝利し、アルジェリアが独立しなかった、という設定の歴史改変 SF だ。

フランスの SF 界を代表する作家の一人だったが、2012 年にボルドーから少し離れたラリュスキャド (Laruscade) という街で亡くなった。

Rêves de gloire（凱旋の夢）

サハラ砂漠で行われたフランスの核実験

フランス政府はアルジェリアのサハラ砂漠で核実験を冷戦期の1960年代に繰り返した。当時の核実験は21世紀に入ってからも長く、アルジェリア政府やアルジェリア社会による強い批判の対象となっている。

フランスの核兵器開発

世界で初めての原子力爆弾使用は、1945年に生じたアメリカ軍による広島への投下だった。広島の原爆投下に先立って1945年7月16日の一度しかアメリカ政府は核実験を行っていなかった。東側では、1949年8月29日にソビエト連邦が核実験を実行した。その後、イギリスも核兵器を保有し、大国は核保有に力を注いだ。

こうした背景の中で、フランス政府も核兵器の開発に取り組んだ。1945年10月にはシャルル・ドゴールの指示により原子力委員会 (Commissariat à l'Energie Atomique, CEA) が設立され、フランス政府は原子力開発への道を歩み始めた。核実験においては、実験場をどこに設けるかが重大な課題だった。実験の機密性を守れる一方で、気候が実験に適し、都市部や人口密集地などから遠隔の地にありつつも、コストを抑えられる距離に位置していることなどが必要とされた。

正式に核兵器を保有することが決定したのは1956年2月であり、翌年から実験場の場所が検討され始めた。南太平洋のポリネシアや南インド洋の南極に位置するケルゲレン諸島が検討されたが、結局サハラ砂漠に落ち着いた。砂漠という好条件に加えて、好ましい風向きが期待できたため、アルジェリアが最適という結論に至ったのだ。なお、ポリネシアは核実験を成功させる潜在的可能性があるとされたものの、空港がなく、本土からの距離が離れているため、却下された。

砂漠という選択は当時の核保有国にとって一般的だったといえるだろう。アメリカはネバダ (Nevada)、ソ連は現在のカザフスタンにあるセミパラチンスク (Semipalatinsk)、イギリスはオーストラリアの南部に位置するエミュー平原 (Emu Field) を試験場としていた。

アルジェリアにおけるフランスによる大気圏内核実験と地下核実験

フランスが初の核実験を行ったのは1960年2月13日だ。レッガーヌ (Reggane) というサハラ砂漠の西に位置する街から50キロメートルほど離れた場所にある10万8000平方キロメートルの土地を利用し、サハラ軍事実験センター (Centre Saharien d'Expérimentations Militaires, CSEM) という試験場を政府は設けた。ここで1961年4月25日まで4回の大気圏内核実験が実施された。最初の実験は「ジェルボワーズ・ブルー」(Gerboise Bleue、青いトビネズミの意) という名前を付けられた。第二回は「白いトビネズミ」、第三回は「赤いトビネズミ」、第四回は「緑のトビネズミ」と名付けられた。

「ジェルボワーズ・ブルー」の報道の動画はフランス国立視聴覚研究所 (Institut National de l'Audioviuel) のウェブサイトで視聴できる。フランスがウラン鉱山を持っており、そこで採れたウランを加工し、プルトニウムを生産したことや、開発施設で安全性を確保したこと、当時のスーパーコンピューターで実験に使用するプルトニウムの量を計算したことを紹介し、フランスの技術の高さを示している。一方で、実験場と従業員の住居の建設においては重機を多用し、水を確保

し、電気を通す作業が行われた。作業場と休憩場所、住宅に加えて道路の整備や飛行場の建設も必要だった。人の移動を容易にし、実験のみならず生活に必要なものを運ぶためだった。さらに「ジェルボワーズ・ルージュ」の後に行われたベネデッティ大将という軍医のインタビューでは、核実験は兵器開発のためだけではなく、原子力のリスクと人間の体に関する知見を得るためだったことが明らかになっている。原子力の脅威から身を守るための手立てを検討するために、ヤギやネズミを被曝させる動物実験を核実験は伴っており、人体にも応用できる知識の蓄積へ期待が寄せられた。

これら4回の大気圏内核実験を経て、フランス政府は地下核実験を行うようになった。イン・エッケル (In Ecker) というサハラ砂漠の東側に位置する街から約150キロメートル離れた場所で実施した。アメリカがネバダで実施した地下核実験をモデルとした技術をフランス政府は使用した。オアシス軍事実験センター (Centre d'Expérimentations Militaires des Oasis, CEMO) と名付けられたこの実験場で、1961年11月3日から1966年2月16日まで13回の実験を行った。「アメジスト」や「ルビー」「トルマリン」といった鉱物の名前が各実験のコードネームとなっていた。1960年から1966年までの間にフランスは合計17回の核実験を行ったことになる。

このように、1962年にアルジェリアが独立したにもかかわらず、旧宗主国の核実験は解放後も続いた。これは、独立後5年間フランス政府によるイン・エッケルやレッガーヌなどの核実験関連施設の利用を認める約束がアルジェリア民族解放戦線（FLN）との間で交わされたからだ。その後、1967年に実験場は解体され、土地は除染後にアルジェリアに返還された。

ところで、アルジェリアでフランス政府が核実験を開始した時にはすでに独立戦争が始まっており、次の実験場の場所を検討する必要があった。ジャン＝マルク・ルニョー (Jean-Marc Regnault) はこの時期にニューカレドニアやポリネシアの独立派をフランス政府が排除したのは、核実験の場所を確保するためだったと論じている。

核実験の影響

フランスが行った核実験には民間人と軍人が参加し、レッガーヌでは約1万人、イン・エッケルでは約2000人が働いていた。当然ながら、人口が少ない場所に実験場はあり、レッガーヌの北に遊牧民が若干いたものの、イン・エッケルの施設から半径100キロメートルに住むサハラの人々は「2000人以下にとどまっていた」と2001年にフランス国民議会に提出された報告書は示している。

この2001年の報告書によれば、フランス政府は厳しい管理により安全を確保した。管理下に置いた地域は、実際に汚染の可能性がある地域よりも広く、風の観測なども厳格に行ったという。また、線量限度は作業員においては年間平均50 mSvとし、住民においては1960年には年間15 mSvで、翌年には5 mSvに引き下げた。大気圏内核実験の際には、住民の避難を徹底し、実験後も放射性物質の影響がある地域への立ち入りを禁止した上、内部被曝の検査を行うことで住民の安全を確保し、核実験後の調査も行った。地下核実験では、砂漠地域にしか放射性物質の影響がないようにした上で、放射線量の測量を広範囲で行い、住民の安全を確保した。いずれの核実験でも、空気中や地面の放射線量の体系的・定期的な測定を実験場付近で行い、実験場から離れたアルジェリア内の地域

やフランスの支配下にあった他の植民地では、より精密な測定のために採取したサンプルを研究所で検査した。核実験の関係者で被曝の可能性があった者は、健康診断、血液検査、外部被曝、場合によっては内部被曝の検査の対象となった。報告書は、他国では人体の被曝検査を体系的に行っていなかったことを指摘し、フランスの安全確保が万全だったことを強調している。

この報告書によれば、関係者2万4000人中、約1万8000人は外部被曝の量が0で、約6500人は0から5 mSv、581人が5 mSv以上で、50 mSv以上だった者はほぼ全員地下核実験「ベリル」の際に被曝した。この地下核実験では地下から放射性物質が放出する事故が生じ、従業員9名が汚染地域を防御マスクなしで通過したため、約600 mSvの線量を受けたと思われる。当該従業員はその後搬送されたが、内部被曝量は低かった。加えて、事故による住民の被曝量は少なかった、と報告書は示している。

この報告書に先立ち、国際原子力機関 (International Atomic Energy Agency, IAEA) は、アルジェリア政府の要請に基づき、1999年にレッガーヌとイン・エッケルの実験場跡で調査を行った。残留放射能を調べたところ、両地域で放射性物質は少なかったものの、レッガーヌの「ジェルボワーズ・ブルー」と「ジェルボワーズ・ブランシュ」の実験跡、および、「ベリル」が行われた地下の付近で比較的高い残留放射能が検出された。また、現地の遊牧民の被曝量は高くないと考えられているが、不明瞭な点が残っている。すなわち、核実験による汚染について遊牧民が充分な情報を持っていないため、汚染地域を通過する可能性があり、予測よりも高い線量を帯びている場合もあると考えられる。さらに、彼女ら・彼らの生活様式や習慣、食糧入手の方法などに関わる正確な情報をIAEAが持っていないため、正確な予測が困難となっている。

深刻な被害の疑い

以上のような、重大な被害はなかったとする見解が見られるが、深刻な健康被害があったと証言する者もいる。たとえば、ロンドンに本部を置くアラビア語紙のアッシャルク・アル＝アウサット紙 (Asharq al-Awsat) は、レッガーヌの実験場に従事した者の証言を紹介している。レッガーヌ在住のこの男性は核爆弾の爆発の数日後に失明したという。レッガーヌの他の住民にも失明した者や、それまでこの地域で見られなかった病気に罹患した者がいたという。また、実験に先立ち、実験場などの施設建設において多くのアルジェリア人が低賃金かつ長時間という過酷な条件の下で勤務させられたという男性もいる。さらに、現地の住民の多くは核実験の影響を充分に知らされていなかったようで、家の屋根が爆発により吹き飛び、呆然としたと話す者もいる。同紙によれば、この地域にはがん患者が多く、失明や緑内障の件数が通常よりも高い。加えて、精神疾患の件数も多いという。

さらに、2010年にル・パリジャン紙 (Le Parisien) や武装監視団 (Observatoire de l'Armement) が公開したフランス政府の機密文書では、「ジェルボワーズ・ヴェルト」の後に行われた軍事演習で一部の兵士が、線量の高い地域で作業を行ったことなどが明らかになっている。1998年に匿名の一人、もしくは、複数の兵士が書いたと思われる約260ページにわたる文書は、「フランスの核実験に関する報告書 (1960年－1996年) 第一巻 計画の起源とサハラにおける実験 (C.S.E.MとC.E.M.O)」(Rapport sur les essais nucléaires français (1960-1996):

Tome I La genèse de l'organisation et les experimentations au Sahara (C.S.E.M et C.E.M.O)) と題されており、上記の軍事演習が一部の兵士を実験材料として利用したといわれていたことを裏付けている。また、実験場付近にいた人々の被曝量が低く、健康被害は限定的だった、という政府の見解に疑義を呈する文書となっている。なお、「第一巻」となっているが、続きがあるかどうかは不明だ。

さらに、約150名のアルジェリア人が爆心地から約1キロメートルの位置に縛り付けられ、人体実験が行われたといわれている。アルジェリアのル・マタン紙 (Le Matin) は外国人部隊のドイツ人兵士が、独立戦争真っただ中に拘禁されていたアルジェリア人を150名ほど実験場に連れてくるよう指示された、と報じている。フランス政府はこれを否定しているが、遺体が実験に利用されたことは認めている。ただし、死体の身元などは明かしていない。

健康被害に対する補償

2010年の立法により、アルジェリアとポリネシアでフランス政府が行った核実験により健康被害を受けた人への補償が可能となった。しかし、2016年2月の時点で補償を受けたアルジェリア人はいない。また、核実験に携わった退役軍人の団体を結成し、自身もサハラ砂漠の核実験に関係したミシェル・ヴェルジェ (Michel Verger) によれば、「ごくわずかなリスク」を負った場合は健康被害が核実験によるものではない、と定めている点に法律は問題を抱えている、と主張する。さらに、補償の対象となっている症状も限定的であり、たとえば小児ガン以外の甲状腺ガンが対象外となっている点は改めるべきだとしている。そして、アルジェリア人被害者に関しては、アルジェリア政府との協力が必要だとしている。とりわけ、アルジェリア人従業員に関しては、手渡しで賃金を支払われていた場合が多く、給与明細がないため、実験場で勤務したことの証明が困難となっている。したがって、アルジェリア人の元従業員にとって、補償へのハードルは高い。

サハラ砂漠で行われた核実験の実態に関して、開示されていない公文書が多く、明らかになっていない点は多い。被害者が救済されることが望まれるが、アルジェリア人に対する補償などに関して、アルジェリア政府が今まで積極的だったとはいえない。おそらく、フランス政府にサハラ砂漠の軍事利用を独立後も認める約束をしたことが結果的に健康被害や環境汚染の原因となったからだろう。2000年頃から調査をIAEAに依頼するなど、アルジェリア政府も少しずつ核実験の影響を明らかにする取り組みを始めている。

波乱に満ちた人生を送った1960年代と1970年代のミューズ

ズズー
Zouzou
1943〜

ダニエル・シアルレ (Danièle Ciarlet)（ズズー）は 1943 年にブリダで生まれた。両親は第二次世界大戦中にダンス・ホールで知り合った踊り子と軍人だった。

本土に渡った父親の元に移住するために、母親と娘は二人でマルセイユにたどり着くも、父親は迎えに来なかったという。「妻と小さな娘がいることを〔父親は〕ちょっと忘れたみたい」だったとズズーは語っている。母親にとってアルジェリアからフランス本土への移住はまさに「天国から地獄」へと転落だったと振り返る。

ファッションへの興味と束の間のモデル時代

ズズーの学校の成績は極めてよく、14 歳の頃にバカロレアを取得する。しかし、その後勉強への興味をなくしてしまい、カバンには本やノートではなく、ジーンズとブーツを詰め込み、毎日出掛けては外で着替えていたという。とにかく鏡で自分の格好を見つめるのが好きだったズズーはファッションが大好きで、パリのサン＝ジェルマン＝デ＝プレ (Saint-Germain-des-Près) の地区で出歩いていた。

1960 年代に入るとズズーというあだ名が定着し、サン＝ジェルマン＝デ＝プレのクラブでよく遊ぶことから「ツイストのズズー」(Zouzou la twisteuse) と呼ばれるようになる。そして、モデルとして働くようになり、立ち上がったばかりのサン＝ローランに起用される。しかし、夜遊ぶことが習慣だったズズーは定時に出勤して化粧をすることが苦手で、出勤しては寝ていたという。サン＝ローランを経営していたピエール・ベルジェはズズーのひどい勤務態度を我慢できなかったという。最終的にはサン＝ローランはズズーにいとまを出す。

有名ミュージシャンとの交流と映画出演

交友関係が広く、ビートルズの大ファンだったズズーはジョージ・ハリソン (George Harrison) やジョン・レノン (John Lennon) と仲良くなり、ローリング・ストーンズのブライアン・ジョーンズ (Brian Jones) からは薬物を教わる。音楽関係者と親交を深めるだけではなく、マリアンヌ・フェイスフル (Marianne Faithfull) の勧めもあり、1960 年代半ばにはジャック・デュトロン (Jacques Dutronc) が作曲し、自身で作詞した曲をズズーは発表する。この時期にボブ・ディラン (Bob Dylan) やドノヴァン (Donovan) と友人になる。

また、映画でも活躍するようになる。1967 年にフィリップ・ガレル (Philippe Garrel) の『記憶すべきマリー (Marie pour mémoire)』に出演する。ガレルとはその後 4 本の映画で共に仕事をする。ガレルの作品でズズーに注目したエリック・ロメールは彼女を 1972 年

ベストアルバムのジャケット

の『愛の昼下がり (L'Amour l'après-midi)』に出演させる。ズズーはその後、1974年の『ス★パ★イ (S*P*Y*S)』をはじめ、いくつかのハリウッド映画にも出演する。

ズズーを苦しめた薬物

1960年代から1970年代のミューズとなったズズーだが、薬物のせいで、依存症治療を行わざるを得ず、服役も二度経験した。初めて刑務所に入った時には、毎日のように読み書きができない受刑者の代筆を行ったと振り返る。その後、仕事がなく、レヴェルベール紙 (Le Réverbère) というホームレスが収入を得るための新聞を売るようになる。ある日、地下鉄の車内で新聞を売っていたら、エリック・ロメールが乗ってきたが、声をかけられなかったとズズーは話す。

こうした波乱万丈を乗り越え、同時代を生きたジャニス・ジョプリン (Janis Joplin)、ジミー・ヘンドリクス (Jimmy Hendrix)、ジム・モリソン (Jim Morrison)、ブライアン・ジョーンズらが27歳で亡くなったことを考えると、難を逃れた「生き残り」だとズズーは語る。

2004年にはパリのジョルジュ・ポンピドゥー国立美術文化センターでズズーが出演した映画の上映イベントが2週間にわたり行われた。

『愛の昼下がり』

ピエ・ノワール料理

ピエ・ノワールは、アルジェリアの土着のアラブ文化やユダヤ文化と、フランス、スペイン、イタリア、ポルトガル、マルタなどの文化を融合させた食文化を持っていた。そのため、フランス本土では知られていない、料理に関連する独特な言葉も豊富だ。なお、フランス統治下のアルジェリアでは、家庭料理は女性が作るものだった。

食事を始めるにあたり、食前酒とともにケミア (kémia) と呼ばれるつまみ、いわば突き出しが出る。ピーナッツ、オリーブ、スーブルサド (soubressade) と呼ばれるソーセージ、塩味もしくはクミン風味の豆、魚のフライなどが代表的なケミアとして挙げられる。家庭でもケミアを出し、友人らとともに賑やかな時間を過ごすことが一般的であったが、とりわけバーでは、美味なケミアを出せるかどうかが客の定着を左右した。

ケミアはピエ・ノワールにとって欠かせないアニゼット (anisette) と呼ばれるお酒と出されることが多かった。アニスという香草を原材料にしたリキュールを冷えた水で割った飲み物だ。よく知られているのは「クリスタル・アニス (Cristal Anis)」という130年の歴史を持つ商品だ。45度のアルコール度数を誇り、オススメは、リキュール1に対し、よく冷えた水を3から5の割合で希釈する飲み方だそうだ。

食事はスープ、サラダ、揚げ物、串焼き、煮込みなど多種多様だ。よく出てくる食材はひよこ豆、にんにく、コリアンダー、クミン、牛肉、羊肉、ウサギの肉、オリーブ、オリーブオイル、海の幸などだ。また、ピエ・ノワールたちは北アフリカの伝統的な料理であるクスクスやタジンもよく食した。クスクスは小

ケフタ

麦粉でできた細かいつぶ状の粉食だ。これに香辛料と野菜と肉のスープを掛けて食べる。野菜は主に、玉ねぎやカブ、ニンジン、ズッキーニ、トマト、ひよこ豆だ。フランスにもクスクスの店は多く、香辛料と野菜のスープと焼いた牛肉や羊肉、鶏肉、そしてレーズンが別添えで出てくることが多い。場合によってはひよこ豆も別で出てくる。また、ハリッサ (harissa) と呼ばれる赤唐辛子の辛いソースとともにクスクスは提供される。一方でタジンは、三角の背の高い蓋を浅い鍋に載せて食材を火にかけた煮込み料理だ。材料は多様だが、ピエ・ノワールたちは鶏肉と果物を組み合わせたタジンをよく食べていたようだ。鶏肉とレモンの砂糖漬けとオリーブや、鶏肉とマルメロの実は比較的よく見かける組み合わせで、フランスの北アフリカ料理のレストランでも提供している。

甘いものも豊富で、アルジェリアで栽培が盛んだったオレンジやレモンを使用したものが多い。また、橙花油、すなわちオレンジの花のエッセンスで香りを付ける習慣もあった。他にもシナモンやアーモンドもよく使われる材料だ。よく作られたポピュラーなお菓子としては、オレイエット (oreillette) が挙げられる。小麦粉、砂糖、卵、バターをベースにして、バニラもしくは橙花油で香り付けした生地を薄くのばして揚げ、粉糖をまぶし

タジン

た、しばしば四角やひし形の形をしたお菓子だ。クリスマスなどのイベントの際に女性たちが作っていたという。起源は分からないが、オレイエットはフランス本土の地中海近くにあるモンペリエ辺りでもカーニバルの時期に食されており、橙花油やバニラではない場合は、ラムなどのお酒で香り付けする。また、その地方に住むプロテスタントたちは教会のバザーでこのお菓子を振る舞う習慣があるという。似たお菓子が南フランスで見られる。たとえば、プロヴァンスなどではメルヴェイユ (merveille)、リヨンがあるオーヴェルニュ=ローヌ=アルプなどではビューニュ (bugne) という名前で呼ばれている。形や香り付けに用いられる材料は異なるが、いずれもほぼ同じ材料で作った生地を揚げている。なお、オレイエットはアルベール・カミュの作品にも登場しており、「オレイエットと呼ばれる崩れやすく軽い菓子」と紹介されている。

　お菓子のレシピを見ると砂糖の量がかなり多いが、飲み物も同様である。たとえば、コーヒー占いで有名なトルココーヒーもとても甘い。細かく挽いたコーヒー豆と水と砂糖を鍋に入れ、コーヒーを淹れる。占いの方法としては、飲み終わった後にソーサーにカップをひっくり返して、カップの底に残ったコーヒーの粉が描いた模様で未来を占う。北アフリカでは、緑茶に砂糖と生のミントの葉を入

「クリスタル・アニス」のラベル

れたとても甘いミントティーも人気だ。フランスの北アフリカ料理店でも必ず提供している。他にもオレンジやレモンの果汁をベースにし、橙花油で香りを付けた爽やかで甘いオレンジエードやレモネードをピエ・ノワールは好んで飲んだ。

　とにかく香り豊かで、地中海地方の材料をふんだんに使用している点がピエ・ノワール食文化の特徴だ。

M A R O C

モロッコ

モロッコを愛する記者兼講師兼小説家
兼伝記作家

ピエール・アスリーヌ
Pierre Assouline
1953～

　ピエール・アスリーヌは1953年にカサブランカで生まれた。父親のマルセル (Marcel) は経営者で、アスリーヌという苗字は「石」や「岩」という意味のベルベル語を語源に持っている。アスリーヌはユダヤ系の家族で育った。1965年にパリに移り、名門ジャンソン＝ド＝サイー高等学校 (Lycée Janson-de-Sailly) を経て、大学では歴史とアラビア語を学んだ。1956年にモロッコが独立しているため、保護領時代と独立国家時代の両方をアスリーヌは経験したことになる。

　1973年に第四次中東戦争が勃発すると、学生だったアスリーヌはイスラエル軍に志願する。だが、結局イスラエル軍では七面鳥の世話を2ヶ月ほど行って終わってしまった。1976年から1978年まではル・コティディアン・ド・パリ紙 (Le Quotidien de Paris)、1979年から1983年まではフランス＝ソワール紙 (France-Soir) の記者を務めた。また、その傍ら、1979年から1984年まで記者要請学校の教員として勤務した。文芸の分野に精通しており、ラジオ番組に出演したり、文学関係の記事を雑誌などに寄稿したりしている。1997年にはパリ政治学院の講師に就任し、リーディングとライティング、そして取材方法などを教えている。

　記者と教員の仕事に留まらず、小説家および伝記作家としても活動している。ガリマール社 (Editions Gallimard) という文壇に大きな影響力を持つ出版社を立ち上げたガストン・ガリマール (Gaston Gallimard) や、メグレ警部の推理小説シリーズで知られるベルギー人作家ジョルジュ・シムノン (Georges Simenon)、『タンタンの冒険 (Les aventures de Tintin)』のシリーズで有名なベルギー人漫画家のエルジェ (Hergé) などの伝記を出版している。

　宗教あるいは政治に関しては、反ユダヤ主義者と「ユダヤ中心主義者 (judéocentristes)」の間で非常に居心地が悪く、後者とは「私の精神的仲間では全くないが、それでも彼らは私の仲間だ」と複雑な心境を自身の著書で述べている。

　一方で、モロッコには特別な愛着を持っている。モロッコで12年間生活したが、「その12年間は私の人生で最も重要です」とインタビューで語っている。また、モロッコにいた頃は、学校でフランス人とムスリムが友人にいて、アラビア語を聞く機会が多い環境だったという。さらには、両親とはフランス語で会話していたものの、女中はスペイン語を話すなど、多文化の社会で生まれ育っており、そうした環境は自身に影響を与えたとも述べている。

　なお、アスリーヌはフランス人で初めて文芸エージェントを付けた作家だ。敏腕エージェントの交渉力により、シムノンの伝記を出版した際に大金を得たとされている。

アグレガシオン首席取得で、毛沢東主義の政治団体を結成した共産主義を貫く哲学者

アラン・バディウ
Alain Badiou
1937 〜

アラン・バディウは1937年にラバトで生まれた。父親のレモン・バディウ (Raymond Badiou) は高等師範学校の卒業生であり、数学を専門としていた。レモンはロシュフォール (Rochefort) で教諭として勤めていたが、その後ラバトに渡り、カサブランカにも赴任した。母親のマルグリット (Marguerite) も高等師範学校の卒業生で、文学を専門としていた。

アラン・バディウも両親と同様に高等師範学校に進学し、ジャン＝ポール・サルトルやルイ・アルチュセールの影響を受けた。1960年に教授資格のアグレガシオン（一級教員資格）を哲学で受験し、首席で取得した。また、この時期にはアルジェリア独立戦争に反対し、反植民地主義の立場を取っていた。

1968年5月のいわゆる5月革命を経て、「フランスのマルクス・レーニン主義の共産主義者連合 (Union des communistes de France marxiste-léniniste)」というフランスにおける革命を目指す毛沢東主義の政治団体を結成したり、ミシェル・フーコー (Michel Foucault) やエレーヌ・シクスー（アルジェリア生まれ、エレーヌ・シクスー参照）らとパリ第8大学の設立に携わったりした。具体的な行動が伴う政治活動の一方で、哲学書や小説、戯曲の執筆も行った。

主な関心は政治であり、将来的な革命の可能性を捨てていない。また、作品で取り上げるトピックは広範に渡っており、歴史に関する考察に加えて、現代の出来事も扱っている。2016年には、パリで大勢の人が命を落とした2015年11月13日のテロ事件に関するエッセー *Notre mal vient de plus loin. Penser les tueries du 13 novembre*（我々の不幸は遥か遠くから来ている―11月13日の虐殺を考える）を発表した。このエッセーでは宗教をめぐる問題ではなく、現代の世界を支配する資本主義の問題を取り上げ、資本主義の支配への対案を出さない限り、こうした暴力行為が繰り返されるとバディウは考えている。

フランスのマルクス・レーニン主義の共産主義者連合のプログラム

新しくて伝統的な創造力を持つ
ファッション・デザイナー

ジャン＝シャルル・ド
・カステルバジャック
Jean-Charles de Castelbajac
1949〜

ジャン＝シャルル・ド・カステルバジャックは1949年にカサブランカの侯爵家に生まれる。ガスコーニュ地方 (Gascogne) 出身の貴族の伝統に則り、6歳の時より寮生活を送る。厳しい規律の学校だったが、豊かな創造力を活かして、寮で毛布を使ってコートを仕立てたことがファッション・デザイナーの原点となったといわれている。

リモージュ大学で法律学を修め、パリ国立高等美術学校 (École nationale supérieure des beaux-arts) などで美術と服飾を学ぶ。1968年からは、母親のジャンヌ＝ブランシュ (Jeanne-Blanche) が設立した Ko&Co というプレタポルテ（既製服）のブランドでデザイナーとして仕事をする。また、同年にはフリーランスで他のブランドのためにも働くようになる。1970年には自身のブランドを、1978年には自身の会社を立ち上げる。この頃、セックス・ピストルズ (Sex Pistols)、アンディー・ウォーホル (Andy Warhol) などの当時の大物芸術家や音楽家などと知り合う。そして、パリのみならず、ニューヨークや東京でも自分のブランドの店舗を構えるようになる。

カステルバジャックの活動は舞台や映画に及ぶ。また、テレビシリーズの『チャーリーズ・エンジェル (*Charlie's Angels*)』に出演するファラ・フォーセット (Farrah Fawcett) の衣装も担当する。のちに、1997年のワールドユースデーでパリを訪れたローマ教皇ヨハネ・パウロ2世の上祭服を任され、白い伝統的な衣装に鮮やかな色の十字架の刺繍を誂えた。カステルバジャックは教皇フランシスコの衣装も担当したいと述べている。他にはスヌーピーやクリスタル・メーカーのバカラ、コカコーラなどといった服飾以外のブランドなどとのコラボレーションを多く手掛けており、既存の型を活かし、新しく、明るいポップな創作に力を入れている。

カステルバジャックのファッションショー

サルコジと敵対し、アメリカと
対立した元首相

ドミニク・ドヴィルパン
Dominique de Villepin
1953～

ドミニク・ドヴィルパンは1953年にラバトで生まれる。彼は大物軍人や高学歴エリートの名が連なるブルジョワ家系の出である。父親は元老院（上院）の議員だった。幼少期をアメリカ合衆国、ラテンアメリカやアフリカで過ごしたドヴィルパンはスペイン語と英語が堪能である。1985年に結婚した妻のマリー＝ロール (Marie-Laure) は貴族である。マリー＝ロールとは3人の子供に恵まれるも、2011年に離婚した。

輝かしい学歴とキャリア
華やかな家系であるのみならず、ドヴィルパンは輝かしい学歴の持ち主である。カラカスのフランス人中学校、トゥールーズの学校、ニューヨークのフランス人高等学校を卒業した。パリ第2大学および第10大学では文学と法律を専攻し、パリ政治学院を経て、1978年に名門国立行政学院に進学する。国立大学からパリ政治学院、国立行政学院と

いう典型的なエリート街道を歩んだといえる。1980年卒業の国立行政学院の同期生には2012年にフランス大統領に就任したフランソワ・オランドやその元内縁の妻でオランド政権の環境大臣を務めたセゴレーヌ・ロワイヤル (Ségolène Royal) がいる。

1980年に外務省に入省し、在米フランス大使館や在インド・フランス大使館に勤務するなど華麗な経歴を積み上げた。1977年から中道右派政党の共和国連合の党員だったドヴィルパンはシラクと懇意にしていた。そのため、1995年にシラクが大統領になると、ドヴィルパンは政府の要職に就くようになり、のちに外務大臣（2002年～2004年）、内務大臣（2004年～2005年）そして首相（2005年～2007年）を歴任した。選挙で選ばれた経験がない者とは思えない栄えある経歴だ。

イラク戦争に関する姿勢
ドヴィルパンを世界的に著名な政治家にしたのは、外務大臣だった2003年2月の国連安保理における反イラク戦争演説だ。サダム・フセイン政権下のイラクの武装解除に向けた国連による査察を続け、イラクに対する武力行使は最後の手段として検討するべきと述べ、アメリカが実行しようと考えていた武力行使に強く反対した。当時の状況では「武力の使用は正当化できない」とし、平和的な手段によるイラクの武装解除の必要性を訴えた。この演説は安保理の一部から拍手を浴びた。なお、ドイツや常任理事国のロシアと中国もアメリカによるイラク攻撃に反対した。ドヴィルパンは反米だ、などと批判されたが、本人は決して反米ではなく、アメリカに5年滞在し、アメリカを愛している、とのちに語っている。

クリアストーム事件

　この反イラク戦争演説を以て、2007年の大統領選挙の候補者にドヴィルパンは名を連ねるかと思われた。党内からはサルコジも大統領選挙への意欲を見せており、互いに敵対心を抱いていた。しかし、2006年12月に、ドヴィルパンはクリアストリーム事件 (affaire Clearstream) で警察の聴取を受ける。この事件によりドヴィルパンの政治家としてのキャリアに大きな傷がついた。外務大臣だったドヴィルパンは2004年に、台湾海軍への艦艇販売と、それによって政治家が受け取ったとされる資金について調査を行うよう諜報機関の者に指示を出す。その後、台湾の艦艇をめぐる疑惑について調査を行っていた判事は匿名の差出人から手紙とCD-ROMを受け取る。内容は、艦艇販売に伴い不法に仲介手数料を受け取った者のリストだった。そのリストには大企業の役員やニコラ・サルコジ、ドミニク・ストロス＝カーン (Dominique Strauss-Kahn) などの名前が載っていた。これらの著名人は、国際決済機関であるクリアストリームに隠し口座を持っており、その口座を通じて手数料を受け取ったと差出人は主張していた。公安警察はこの差出人を割り出す調査を行った。メディアがこの調査結果の報告書の存在を報じると、サルコジは自身の無罪を証明できるはずの調査結果が出ているにもかかわらず、その調査結果を開示しようとしないとドヴィルパンを批判した。二人の関係は急速に悪化する。そして、大企業やサルコジをはじめとする政治家が虚偽告訴の被害にあったとして損害賠償を請求する。一説によれば、シラクの指示の下で、ドヴィルパンはサルコジらについて調査を行うよう諜報機関に依頼したという。ドヴィルパンはこれを否認するも、2007年に虚偽告訴などの共犯として起訴された。ドヴィルパンはその後も大統領になったサルコジと対立し続け、サルコジが越権的に司法を操作しようとしていると主張した。一方で、サルコジを陥れるために工作したと司法はドヴィルパンを疑った。関係者たちは責任を擦り付け合い、裏切り合い、事件は二転三転する驚きの展開を見せた。結局ドヴィルパンは無罪判決を勝ち取った。

　外交官や政治家としてのキャリア以外にも詩人およびマラソン・ランナーとしての顔も持つ。

　ところで、1986年に生まれた長女のマリー (Marie) はモデルで、ジバンシーの香水「アンジュデモン (Ange ou Démon)」の広告に登用され、同ブランドのランウェイの経験がある。女優や歌手としても活動しており、アメリカとフランスの行き来をして暮らしている。2015年にはリュイ誌 (*Lui*) の表紙でヌードを披露した。

リュイ誌でヌードを披露した娘マリー

サッカーＷ杯一大会あたり最多得点を記録したレジェンド

ジュスト・フォンテーヌ
Just Fontaine
1933〜

ジュスト・フォンテーヌは1933年にマラケシュで生まれる。父親はノルマンディー出身で、母親はスペイン出身だ。

1950年からカサブランカのサッカー・クラブでプレーしたのち、1953年からはフランス一部リーグのニース (Nice) に所属した。ポジションはセンター・フォワードだった。最初の年に国内のカップ戦であるクープ・ド・フランス (Coupe de France)、1956年にはリーグを制する。ニースには3シーズン在籍し、合計44点を挙げ、1956年〜1957年のシーズンからは強豪ランスに籍を置く。

フォンテーヌを最も有名にしたのは、1958年にスウェーデンで開催されたＷ杯で13得点を挙げたことだ。Ｗ杯一大会13得点はこの大会以来破られていない記録だ。しかも、フォンテーヌは当初、前年に半月板の手術を受けており、代表に選ばれていなかった。ところが、スウェーデン渡航直前に代表選手が捻挫をして、急きょフォンテーヌがＷ杯に行くことになった。スウェーデン到着後に、フォンテーヌは靴が壊れ、試合で使えないことに気付いた。当時はスポンサーもおらず、新しい靴を手に入れることができなかったため、同じ足のサイズのチームメイトから靴を借りた、とのことだ。この大会で、パラグアイ戦で3点、ユーゴスラビア戦で2点、スコットランド戦で1点、アイルランド戦で2点、ブラジル戦で1点、西ドイツ戦で4点を挙げた。すなわち、大会の全ての試合で1点以上をマークしたのである。この大会でフランスは最終的に3位という成績を収めた。

この大会の後、国内の試合で怪我を負い、まだ27歳だった1962年に現役を引退する。国際試合ではデビューした1953年から最後に代表入りした1960年までの間、21試合に出場し、合計30点という驚異的な得点数を記録した。

Ｗ杯得点王に授与されるゴールデン・ブーツ賞は当時存在していなかったため、2014年にフォンテーヌのキャリアを称えてプラチナ・ブーツ賞が贈られた。

フレンチ・コメディの担い手となった大物俳優

ミシェル・ガラブリュ
Michel Galabru
1922～2016

　ミシェル・ガラブリュは1922年にサフィ(Safi)で生まれる。7歳までサフィで過ごす。父親は国立土木学校の教員およびエンジニアで、サフィの港の建設に携わっていた。ミシェル・ガラブリュが7歳の時に、一家は地中海に面したエロー県に引っ越す。

古典もこなす舞台俳優としてデビュー

　地元であるモンペリエのサッカー・クラブのファンだったガラブリュは、プロのサッカー選手を目指していた。しかし、映画監督のサシャ・ギトリ(Sacha Guitry)に魅せられ、俳優の道を進むことにする。学校では勉強に身が入らず、7つの学校で退学させられたという。それでもモンペリエとパリの高校を経て、バカロレアを取得し、父親の指示通り法学部に進学する。第二次世界大戦中にはナチスによる強制労働に徴用され、オーストリアとスロヴェニアに送られた。ユーゴスラビアでチトーの勢力により解放される。その後パリに戻り、国立高等演劇学校に進学し、首席で卒業する。そして、フランス演劇界の最高峰であるコメディ・フランセーズに1950年に入団する。そこでは1957年まで、シェイクスピアやモリエールなどの古典からジュール・ロマン(Jules Romains)などといった同時代の作家による劇に出演する。

映画俳優としても大活躍

　コメディ・フランセーズ在籍中の1951年に *Ma femme, ma vache et moi*（妻と雌牛と僕）で映画デビューする。1961年にはイヴ・ロベールの『わんぱく戦争(*La Guerre des boutons*)』に出演する。そして、ガラブリュの大ヒットとなるのは1964年から始まる『ルイ・ド＝フュネスのサントロペ・シリーズ』だ。第一作の『大混戦(*Le Gendarme de Saint-Tropez*)』は憲兵がサントロペ(Saint-Tropez)のビーチでヌーディストを取り締まるとともに、絵画の窃盗団を追い詰める、という内容のコメディだ。ルイ・ド＝フュネス(Louis de Funès)を主演としたこの全6作にのぼるシリーズは大変な人気を博す。いかにもフランス的なおバカコメディ映画への出演を多数誇る一方で、1976年にはベルトラン・タヴェルニエ監督(Bertrand Tavernier)の『判事と殺人者(*Le Juge et l'Assassin*)』に出演し、セザールの最優秀男優賞を受賞するなど、実力を見せつける。

　その後90歳を超えても、ずっと映画および舞台で長く活躍し続ける。60年以上のキャリアで250本以上の映画に出演した。

　モロッコにはとても良い思い出を持っており、自身の子供にもよくモロッコ時代の話をするという。また、当時はチフスが流行っており、学校には行っていなかったと語っている。さらに、幼少期にはカイド(caïd)と呼ばれる地方官のところに行き、食事をしたり、

ハーレムに目を奪われたりした、と当時のことを振り返っている。

　ガラブリュは二度結婚しており、最初の妻とは二人の息子、二人目の妻とは一人の娘を設けている。息子のジャン (Jean) と娘のエマニュエル (Emmanuelle) は父親と同じ俳優の道を進んでいる。再婚相手のクロード (Claude) は 2015 年にパーキンソン病で死去した。2014 年には、医師で作家の弟のマルク (Marc) も亡くなった。

　ガラブリュは 90 歳を過ぎても俳優業を続けたが、2015 年秋には「疲労のため」舞台公演をキャンセルした。2016 年 1 月にパリ近郊の病院で 93 歳という高齢で亡くなった。

ハサン 2 世モスク

👣 カサブランカ /Casablanca

　20 世紀に大きく発展し、約 336 万人の人口を有するマグレブで最も人口が多い大都市である。カサブランカはモロッコの経済を支える中心となっている。港は青果等の輸出および工業製品等の輸入において重大な役割を担っており、繊維や食品加工等の工場を含む工業地帯もある。モロッコ経済の中心であることは 1929 年に設立されたカサブランカ証券取引所の存在からもうかがえる。

　新しく開発された都市であり、アフリカ最大規模のショッピング・モール「モロッコ・モール」がある。また、1986 年から 7 年かけて建てられた、200 メートル以上もあるミナレットを構えたハサン 2 世モスクは世界で最も高いモスクであり、海沿いに位置し、観光地となっている。

『わんぱく戦争』のポスター

フランスを代表するコメディ映画に
多数出演した俳優

ローラン・ジロー
Roland Giraud
1942〜

ローラン・ジローは1942年にラバトで生まれた。子供時代をフランス本土の南東部にあるモントーバン (Montauban) で過ごした。

19歳でパリに移り、当初は歌手を目指していたが、のちに役者の道を選んだ。演劇学校に行き、エキストラやスタッフのアルバイトをした。ジローのキャリアに影響を与えたのはコメディアンのコリューシュだ。1971年にコリューシュと知り合うと、彼が率いる劇場カフェに加入し、ジローは舞台に立つようになった。映画や舞台、テレビに出演するが、1977年にコリューシュが監督を務めた *Vous n'aurez pas l'Alsace et la Lorraine*（アルザスもロレーヌも渡さない）で役を得たことが、ジローのコメディ映画への進出を決定的とする。第二次世界大戦中のドイツ占領下のフランスを舞台にした *Papy fait de la résistance*（じいちゃん、レジスタンスをする）(1983年) や、アンドレ・デュソリエ (André Dussollier) とミシェル・ブジュナー (Michel Boujenah) と共演し、赤ちゃんの世話をしなければならなくなった独身男性三人を描いた『赤ちゃんに乾杯！(*Trois hommes et un couffin*)』(1985年) など、フランスの代表的コメディ映画の重要な担い手となった。その後は舞台やテレビ出演が目立っている。

私生活では、1966年にオランダに出自を持つ女優のマイク・ヤンセン (Maaike Jansen) と結婚し、1968年に娘のジェラルディーヌ (Géraldine) を儲けた。娘も女優として活動していたが、36歳だった2004年に、数週間前から交際を始めた恋人のカティア (Katia) と行方不明になった。捜査の末、二人の遺体はある男性宅の汚水溜めで見つかった。ジローは、苦しい思いを抱きながらも訃報を知らされた日に舞台に立った。その日の舞台について、「ゾンビのように芝居をした」と12年後に振り返っている。なお、遺体があった家の持ち主の男性は容疑者として拘留され、無罪を主張していたが、一度脱走し、再度拘留された際に自殺した。二人の殺害を命じたとされたジェラルディーヌのおばは4年にわたる捜査の末、免訴となった。カティアに想いを寄せていたおばが、恋仲になった二人を殺すように男性に頼んだという線が一時は有力視されたが、証拠は見つかっていない。おばの免訴と容疑者男性の自殺により、刑事事件としての捜査は中止された。

重要省庁を任されたフランス史上初の
女性政治家

エリザベート・ギグー
Elisabeth Guigou
1946 〜

エリザベート・ギグーは1946年にマラケシュで生まれた。父親は経営者だったが、モロッコ独立後、南仏で農業を営むようになった。

エリザベートは勉強がよくでき、12歳の頃にはアガサ・クリスティー (Agatha Christie) の作品を英語で読破していた。バカロレアを取得した16歳までマラケシュに滞在し、その後は2年間ラバトの大学に通った。18歳になった1964年から、モンペリエ大学で英語を学び、大学院では米文学を専攻した。修士課程ではヒッピー文化と深く関わったジャック・ケルアック (Jack Kerouac) の研究していた。その後、経済学の学士を取得し、エクサンプロヴァンス政治学院を経て、三回目の受験となった1971年に国立行政学院に合格した。国立行政学院に進学する前である1965年の大統領選挙から政治に強い関心を持つようになり、1973年に社会党に入党した。国立行政学院では同期生にのちの外務大臣のユベール・ヴェドリーヌ (Hubert Védrine) などがいた。この間、1966年に若くしてジャン=ルイ・ギグー (Jean-Louis Guigou) と結婚した。

エリザベート・ギグーは修了後、予算省の財務局史上初の女性の国立行政学院卒業生として配属された。1979年からの2年間、在イギリス・フランス大使館に勤務し、その間に長男を出産した。1982年から1990年まではミッテランの下で大統領府の参事官を務めた（用語解説「フランソワ・ミッテラン」参照）。大臣になるのは1990年で、1993年までヨーロッパ担当大臣だった。彼女はヨーロッパ統合を重視しており、マーストリヒト条約をめぐる交渉で重要な役割を担った。国内でも、1992年の夏にはマーストリヒト条約の批准に関する国民投票で、賛成票を投じるよう国民に訴えた。同時期に、プロヴァンス=アルプ=コート・ダジュール (Provence-Alpes-Côte d'Azur) の州議員となる。1994年には欧州議会議員にも選出され、フランス社会党会派の代表を務めた。1997年には国民議会議員として当選する。この年に司法大臣に任命され、2000年までこのポストを保持する。ギグーはこの登用により、国家権力の中枢にある中央省庁 (Ministère régalien) を任された初めての女性となった。司法大臣としては、1999年の憲法改正を行い、選挙の候補者における男女同数義務を導入した。連帯市民協約（PACS）制度の設立にも尽力した。2000年から2002年までは労働大臣を務めた。2012年には国民議会議長選挙に出馬したが、同じ党のクロード・バルトローヌ (Claude Bartolone)（チュニジア生まれ、クロード・バルトローヌ参照）に敗れた。

反植民地主義から反イスラムに転じた
マグレブ専門の地理学者

イヴ・ラコスト
Yves Lacoste
1929 〜

　イヴ・ラコストは1929年にフェズ (Fès) で生まれた。父親は地質学者だった。モロッコで子供時代を過ごしたが、フランス本土で大学に通った。地理学を修め、アグレガシオン（一級教員資格）を取得した後の1952年、大学で知り合い、結婚したカミーユ・デュジャルダン (Camille Dujardin) とともに赴任先となったアルジェリアに移住した。人類学者である妻のカミーユは、フランス本土のルーアン (Rouen) で生まれ、ドイツの占領から逃れるために子供のころをカサブランカで過ごした。彼女の専門はカビール人で、ベルベル語が得意だった。研究書に加えて、多くの童話の翻訳を業績として残している。

　ラコストは共産党に入党し、反植民地主義の立場を明らかにしていた。そのためか、1955年には当局により、アルジェリアに在住するべきではないとされ、夫婦はアルジェリアを後にした。その後、パリ第8大学で教鞭をとった。

　植民地主義や戦争に批判的で、ベトナム戦争時にはアメリカに対し批判的な立場をとるとともに、アメリカ軍が地理学の知識を駆使し、戦略的に空爆を行ったことを学術的に明らかにした。その後、1976年に *La géographie, ça sert, d'abord, à faire la guerre*（地理学は第一に戦争に役立つ）というインパクトのあるタイトルの書籍で多くの人に知られるようになった。その流れで、複数の学術誌を創刊し、地政学の活性化に力を入れた。また、編者としてマグレブに関する本を妻のカミーユと出版した。

　反骨のイメージが強い学者だが、2016年に *Géopolitique de la Nation France*（フランス国家の地政学）を地政学者のフレデリック・アンセル (Frédéric Encel) と共著し、体制派の立場を見せた。このエッセーでは、二人はイスラム主義が祖国たるフランス共和国を脅かしている、という主張を展開しているが、根拠に乏しく、事実誤認も含んでいるとして批判の対象となった。また、アルジェリア人移民が劣悪な状況に置かれていることについてはラコストは「劣悪といわれる状況を批判するためのメディアによるキャンペーン」を郊外で不満を募らせた不遇な公証人が張ったと論じるなど、地政学とは程遠く、実態の分析とは言い難い記述を残している。そのため、アルテルナティヴ・エコノミック誌 (*Alternatives Economiques*) の書評は「高度な調査による結果というよりも、個人的な気持ち」を書き出した本であり、「憂えている知識人の言葉」として受け取るべきだとしている。

　なお、妻のカミーユは2016年に闘病の末亡くなった。

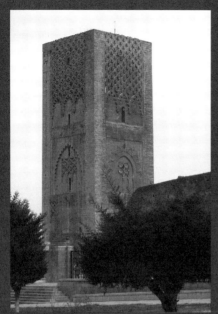

ハサン塔

クトゥビヤ

👣 ラバト /Rabat

　大西洋沿岸に位置するモロッコの首都である。大きく二つの部分に分かれる都市だ。フランスの保護領として1912年から1930年代にかけて作られた新市街は、宮廷やフランスの行政機関の建物、庭園などを含んでいる。アフリカ大陸における20世紀の都市開発の中ではもっとも規模の大きいものの一つだ。旧市街は歴史が古く、その一部は12世紀にまでさかのぼる。1184年に建設が開始したハサン・モスクはもっとも古い地区に位置している。ただし、そのモスクは竣工を迎えることはなかった。44メートルの高さの未完成のミナレットだけが現存しており、ハサン塔の名で有名だ。2012年にラバト市は世界遺産に登録された。

👣 マラケシュ /Marrakech

　古い歴史を持つ旧市街を含むモロッコの大都市である。旧市街は1070年から1072年にかけてムラービト朝（1056年～1147年）により開発された。ただし、この時代の建物はほとんど残っていない。ムワヒッド朝によりムラービト朝時代のモスクなどは破壊された。現存している旧市街の建物の中で特に有名なのは12世紀後半に建てられたクトゥビヤのモスクだ。その他にも16世紀に建てられたベン・ユースフのマドラサ（イスラムの高等教育機関）が有名。1985年に旧市街は世界遺産に登録された。

大統領選挙に2回出馬した、
メディア批判に明け暮れる左翼政治家

ジャン＝リュック・メランション
Jean-Luc Mélenchon
1951〜

　ジャン＝リュック・メランションは1951年にタンジェ (Tanger) で生まれた。教諭である母親と、タンジェでラジオ局を創設した父親はアルジェリア生まれだった。両親の離婚を機に、母親とフランス本土のノルマンディー (Normandie)、そしてその後はジュラ (Jura) に引っ越した。

政治への関心と政治家としてのキャリア

　1968年の学生運動があった時にメランションは高校生だったが、すでに周りの生徒を動員するほど政治に関心を持っており、かつ、周囲を引っ張っていく術も知っていた。地元ブザンソン (Besançon) の大学では哲学を専攻しながら、政治に興味を持っている学生と交流していた。また、家族の中で初めてバカロレアを取得し、大学に進学した者だったため、家族からインテリとして扱われていた。この頃はまだ政治家になる気はなかったようで、将来は教師か記者になろうと考えていた。

　1971年には友人らとモロッコ旅行に出た。移動はヒッチハイクで行った。故郷のタンジェを訪れ、親戚にも会った、と振り返っている。

　その後、ブザンソンで結婚し、1974年には子供に恵まれる。その時期は、高校教師として働きつつ、地元紙に寄稿したり、ア・ゴーシュ (*A Gauche*) という雑誌を作ったりした。

　1977年には社会党に入党し、幹部から一目置かれる存在となる。その結果、1981年にはエソンヌ (Essonne) の県連の会長となる。メランションはのちにこの地域から県議会議員や元老院議員として選出されるようになる。

　特に一般の注目を集めるようになるのは2000年代に入ってからだ。2000年から2002年まで職能教育担当大臣を務めた。社会党の中でもとりわけ左翼的な立場を掲げ、2008年に離党し、左翼党を結党する。さらに、2009年には欧州議会議員となった。2012年のフランス大統領選挙にも出馬するも、得票率は約11％と、全候補者の中で4位にとどまった。2017年の大統領選挙にも出馬したが、20％近い得票率を記録したものの、前回と同様に4位に終わった。

メディア批判というお家芸

　メランションはメディア露出が多い政治家で、記者やインタビュアー、またメディア全般を言葉で攻撃することを特技としている。たとえば、ラジオ出演した際には「偽善者のメディア！」「あなたたちは無責任だ」「あなたたちの話していることはプロパガンダだ」などと発言した。また、メランションがデモに参加した際に、記者が質問をした時には、質問に答えず「黙れ！（中略）メディアとお前のゴミみたいな仕事の話をしてやってるん

2017年選挙戦、トゥールーズでの集会

タンジェの港

だ」などと言い放ち、攻撃的な態度の理由を記者が問うと、「攻撃的なのはあなたたちで、頭が腐ってるせいで自覚もしてないんですね。私みたいな人間に話しかけるのにふさわしいと思ってますか？」と答えている。ただし、別のインタビューで、ダッソー (Dassault) のような軍用を含めた航空機を製造する会社が、フィガロ紙を傘下に持つことが妥当かどうかを訊かれた時に、「問題はダッソーじゃない」と断言し、企業によるメディアの支配は記者を免責し得ないと主張している。この説明には一理あるようにも思える一方、実際にはダッソー社の社長であるセルジュ・ダッソー (Serge Dassault) とメランションは懇意な仲である。

なお、メランションは1983年にフリーメイソンに入会したことを明らかにしている。

👣 タンジェ /Tanger

　タンジェはジブラルタル海峡の西側に位置する都市である。日本語ではタンジールと表記されることもある。イベリア半島との近さから、スペインやポルトガル、さらにはイングランドからの侵攻を受けた歴史を持っている。19世紀半ばからフランスはタンジェに諸機関を設置し、存在感を増していった。1940年から1945年までスペインの支配下にあったが、この時期を除くと、1923年から1956年まで国際管理地域となった。1956年にモロッコが独立するとともにモロッコの領土なった。

　近年では工業がタンジェで発展している。ルノー（Renault）やボーイング（Boeing）もタンジェに工場を置いている。さらに、2017年3月にはモロッコ政府が中国の海特集団（Haite）と協定を結び、タンジェの近郊にムハンマド6世タンジェ・テック（Mohammed VI Tanger Tech）という200に上る中国企業を迎える工業都市の開発が決定した。

ロシア革命時にコートダジュールに亡命してきたウクライナの貴族を母に持つ女優

マーシャ・メリル
Macha Méril
1940 〜

マーシャ・メリルは1940年にラバトで生まれ、マリア＝マグダレナ・ウラジミロフナ・ガガーリナ (Maria-Magdalena Wladimirovna Gagarina) と名付けられた。母親のマリー (Marie) はウクライナの貴族で、父親のウラジミール (Wladimir) はロシアの貴族だったため、プリンセスの称号を有している。両親は親戚同士だった。

ロシア革命を機に亡命した家族

両親はロシア革命を機に亡命した人たちだった。ウラジミールは1920年にフランス本土のコート・ダジュール (Côte d'Azur) に移住し、カーネーションを栽培していた。彼同様に、亡命中だったロシア貴族の女性と知り合い、結婚したが、出産時に女性は命を落とした。そのため、家政婦を探していたところ、親族のマリーと再会し、二人は結婚した。結婚する前のマリーは、革命から逃れるために宝石を洋服の折り返し部分に縫い付けたり、大勢の人が銃殺される場面を目撃したりしながら、ルーマニアを経由し、フランスに渡った経験をしていた。

マリーとウラジミールは2人の娘を儲けたことで、カーネーションの栽培では生活ができなくなった。そのため、モロッコに移住し、柑橘類の果樹園を管理することになった。第二次世界大戦では、マーシャの異母兄弟の兄がドイツとの対戦中に18歳にして戦死した。1945年に父親がチフスを患い、戦後まもなくパリで亡くなった。

舞台と映画に多数出演し、映画関係者と結婚

父親の死をきっかけに、5歳だったマーシャは姉たちと母親とともにパリへ引っ越した。パリ近郊のソー (Sceaux) で高校生活を送ったのち、文学をパリ大学で学び始めるものの、やがて芝居に興味を持つようになり、大学を中途退学して、演劇学校に通い始めた。

メリルのキャリアは1959年のエリック・ロメールの映画『獅子座 (Le Signe du lion)』で始まるが、同年のジェラール・ウーリー (Gérard Oury) の『熱い手 (La main chaude)』で最初の重要な役を任される。その後は、1964年のジャン＝リュック・ゴダールの『恋人のいる時間 (Une femme mariée: Suite de fragments d'un film tourné en 1964)』や、1966年のルイス・ブニュエルの『昼顔』などに出演した。他にもモーリス・ピアラ (Maurice Pialat)、ベルトラン・ブリエ、クロード・ルルーシュ、そしてアレクサンドル・アルカディなどの映画で起用された。1980年代後半からは舞台に力を入れるようになり、アントン・チェーホフ (Anton Tchekhov) やエドモン・ロスタン (Edmond Rostand) などといった古典的な作家の劇に出演した。

メリルはイタリア人の映画監督のジアン・ヴィットリオ・バルディ (Gian Vittorio

Baldi) と結婚し、1970年代をともにしたが、のちに別れた。2014年にはモナコで、『ロシュフォールの恋人たち (Les demoiselles de Rochefort)』の音楽などで知られる作曲家のミシェル・ルグラン (Michel Legrand) と婚姻届を提出し、その後パリにある正教会のアレクサンドル・ネフスキー大聖堂 (Cathédrale Saint-Alexandre-Nevsky) で式を挙げた。

　メリルは自身の先祖について次のように語っている。「1000年から何も変わっていない、広大な領地の領主として生活していて、悩みもなく、周りの見えていない貴族の世界から私は来ました。祖父は6万ヘクタールの土地を所有していて、40人の使用人に囲まれて暮らしていました」。母親も、自身でお金を支払うという経験をしたことがなく、長らく紙幣の存在を知らずに育ち、14歳になるまで貨幣を見たことがなかったという。

『熱い手』』のポスター

1975年に撮影されたメリル

『恋人のいる時間』のポスター

ジブラルタル出身のイギリス人の父親、アンダルシア出身のユダヤ人の母親を持つ作曲家

モーリス・オハナ
Maurice Ohana
1913～1992

　モーリス・オハナは1913年にカサブランカで生まれた。フランス語では"h"を発音しないため、日本語では「オアナ」と表記されることもある。

　父親は英領ジブラルタル出身のイギリス人で、母親はスペインのアンダルシア出身のユダヤ人だった。幼少期にはベルベル人の乳母の世話になった。その後、フランス本土のバイヨンヌに引っ越し、7歳からピアノを習い始めた。

　1933年にパリに移住し、建築の勉強を始めた。その後、1937年から音楽学校のスコラ・カントルム (Schola Cantorum) でピアノ、和声法、対位法を学んだ。1940年まで音楽の勉強をつづけ、ピアニストとしてキャリアを始めるも、戦争でキャリアを一度中断せざるを得なかった。第二次世界大戦ではイギリス軍に従事した。しかし、戦争によりローマに滞在する機会を得て、作曲家のアルフレード・カゼッラ (Alfredo Casella) に師事することができた。1946年にはパリに戻り、グループ・ゾディアック (Groupe Zodiaque) を3名で結成した。このグループは当時支配的であったセリアリズムや十二音技法などの作曲技法に逆らい、自由な表現を推奨した。

　実際に作曲した音楽は、アンダルシアや北アフリカの影響を強く受けたものだ。たとえば、フェデリコ・ガルシーア・ロルカ (Federico Garcia Lorca) の詩「イグナシオ・サンチェス・メヒーアスへの哀悼歌 (Llanto por Ignacio Sànchez Mejias)」に乗せた曲や、中世期スペインの詩に乗せた曲、ギターとオーケストラのための曲などが挙げられる。その後は、パーカッションを多用した作品やオペラ、ピアノのための楽曲など多種多様な作品を残し、多数の賞を受賞した。

　1992年にパリの自宅で亡くなった。なお、バイヨンヌにはモーリス・オハナの名前を冠した小学校が存在する。

シュテファン・シュミットによるオハナのギターのための作品集のジャケット

日本でも訳書が出るほどの人気小説や児童文学、漫画の脚本を書いた文筆家

ダニエル・ペナック
Daniel Pennac
1944 〜

ダニエル・ペナックはダニエル・ペナッキオーニ (Daniel Pennacchioni) という名で、1944年にカサブランカで生まれた。父親は軍人で、一家とともにジブチ、ドイツ、インドシナなどの駐屯地で生活をした。そのため、一家はカサブランカに長期滞在することはなかった。毎週日曜日になるとミサに家族で参列するカトリックの家庭であった。

ダニエル・ペナッキオーニが家族とともに幼少期の大半を過ごしたのはイタリアの近くに位置するフランスのアルプ＝マリティーム県 (Alpes-Maritimes) である。その後は、オラトリオ修道会の学校で寮生活を送った。成績は振るわず、本人はバカロレアも取得できないのが妥当、と考えるほどだった。だが、寮で読書が禁止されていたため、本を読むことによる背徳感と興奮がペナックを読書好きの少年にした。結局、ニースの大学で文学を専攻し、修士課程を修了する。その後、司法監視下にある子供の教育や、技術課程を置く高等学校でフランス語を教えるなど、1995年まで教育職を続ける。

徴兵終了後の1973年に、ダニエル・ペナックの名前で Le Service militaire au service de qui ?（誰に仕える徴兵制度？）という文章を発表し、徴兵制度が掲げる平等、男らしさ、成熟などをめぐる問題を指摘した。こうした内容が父親に迷惑をかけるかもしれないと思い、ペナックという名で発表したという。

その後は、小説と児童文学の分野で活躍する。『人喰い鬼のお愉しみ (Au bonheur des ogres)』（1985年）はペナックによるマロセーヌ一家の人気シリーズ (Saga Malaussène) の第一作となる。文学以外には読書をテーマとしたエッセー『ペナック先生の愉快な読書法　読者の権利10ヶ条 (Le qu'en-lira-t-on ou les droits imprescriptibles du lecteur)』（1992年）や、漫画『ラッキー・ルーク (Lucky Luke)』シリーズの脚本を複数執筆した。執筆以外にも朗読を行い、幅広い活動を見せている。日本でも訳書が多数出版されている。

『人喰い鬼のお愉しみ』

ナタリー・ポートマンや広末涼子と共演した、ドラえもんから殺し屋まで演じる国際的大スター

ジャン・レノ
Jean Reno
1948 ～

　ジャン・レノ（本名フアン・モレーノ・イ・エレーラ・ヒメネス、Juan Moreno y Herrera Jimenez）は1948年にカサブランカで生まれた。両親はスペインのアンダルシア州カディスの出身で、フランコ政権を逃れるために、モロッコに移住した。父親は印刷版型を作成する装置であるライノタイプの植字工で、母親は縫子だった。
　レノはカサブランカ芸術学校で演劇を始めるが、1960年に一家はフランス本土に移住する。その後、レノは17歳にして母親をガンで亡くす。

演劇学校で学び、映画俳優へ

　1968年に兵役をドイツで終え、パリのシモン演劇学校に入学する。そして、運転手、免税店の販売員、貨物取扱係などの職を転々としながら、演劇のアトリエに参加したり、劇団を立ち上げたりした。
　映画にジャン・レノが登場するのは1970年代の終わりからである。1978年にはラウル・ルイスの *L'Hypothèse du tableau volé*（盗まれた絵画の仮説）でエキストラとして出演する。1981年の *Les Bidasses aux grandes manœuvres*（兵士の大演習）ではミシェル・ガラブリュと共演し、その後のレノのキャリアを大きく変えることになる当時助監督を務めていたリュック・ベッソンとの運命の出会いを遂げる。

ベッソンの作品を通じ、世界的大スターへ

　ベッソンはまず、短編映画でレノと共に仕事をし、1983年に自身の初長編映画『最後の戦い (*Le Dernier Combat*)』でレノを起用する。その後、同監督の『サブウェイ (*Subway*)』（1985年）で小さな役を得る。その後、二人は『グラン・ブルー (*Le Grand Bleu*)』（1988年）、『ニキータ (*Nikita*)』（1990年）、『レオン (*Léon*)』（1994年）と大ヒット作品を連発する。40代に入ってからジャン・レノは大スターとなった。
　こうしたベッソンとの仕事はレノの国際的な人気につながり、フランス国内外で多様な映画に出演するようになる。アメリカでは1995年に『ミッション・インポッシブル (*Mission: Impossible*)』でトム・クルーズと、1997年には『GODZILLA』でマシュー・ブロデリック（Matthew Broderick）と、1998年には『RONIN』でロバート・デ・ニーロ（Robert De Niro）と、2005年には『ダ・ヴィンチ・コード』ではトム・ハンクス（Tom Hanks）と共演する。『GODZILLA』に出演するために、『マトリックス (*Matrix*)』のエージェント・スミスの役を断ったとされる。結局その役はヒューゴ・ウィーヴィング (Hugo Weaving) が演じることとなった。一方で、『GODZILLA』は1999年に、その年の駄作に与えられるラジー賞で最悪リメイク作品賞

を受賞する。フランス国内でもヒット作に恵まれ、1993年には俳優のクリスチャン・クラヴィエ (Christian Clavier) と『おかしなおかしな訪問者 (Les Visiteurs)』で共演する。1112年から1992年にタイムスリップした貴族とその家来の物語で、フランスの人気おバカ映画として、シリーズ化もされるようになる。1995年には『ジャガー』でパトリック・ブリュエルと、2003年には『ルビー＆カンタン (Tais-toi!)』でジェラール・ドパルデューと共演する。2000年には『クリムゾン・リバー (Les Rivières pourpres)』で警官の役を演じ、続編が作られるほどのヒットとなる。

2013年には、スペインからモロッコに渡った両親のいきさつを題材にした映画をレノが準備していると報道された。ただし、その後、計画が実現したのかは不明だ。

ところで、レノは日本と関係の深い仕事を多く受けてきた。1992年にはジブリ映画『紅の豚』で主役のフランス語版の吹き替えを担当した。また、2001年には『WASABI』で広末涼子が演じるユミの父親役で出演した。日本のCMにも何度も登場しており、2011年にはトヨタ自動車の広告でドラえもんの役を演じ、のび太役の妻夫木聡と共演した。当初は「猫の役をやってくれ」と頼まれ、戸惑ったようだったが、のちに「ドラえもんは、みんなが問題を抱えた時に導いてくれる存在で友だちでもあるし、親でもある」と解釈し、役を理解し、演じきったと話している。

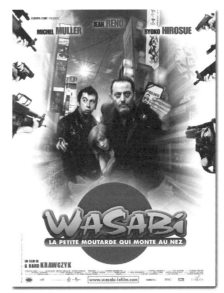

『WASABI』のポスター

『レオン』のポスター

アメリカやイギリスの音楽に影響を受けた
フランス音楽シーンの巨匠

アラン・スーション
Alain Souchon
1944 〜

　アラン・スーションは1944年にカサブランカで生まれた。生まれた時はキーナスト (Kienast) という苗字だった。戸籍上の父親の苗字だったが、のちに母親はアランの実父であるピエール・スーション (Pierre Souchon) と再婚し、アラン・スーションという名前になる。

　スーションは生後6ヶ月だった時にパリに家族と引っ越した。しかし、1959年には旅行から帰る際に家族で交通事故に遭い、父親を亡くし、生活は苦しくなった。

　とても大人しい子供だったが、同居することになった祖母が家にラジオを持ち込んだ影響で、スーションは音楽をたくさん聴くようになった。その後、地方の学校で寮生活を送ることになり、授業に無関心な一方で、詩や文章を書く活動に没頭した。1961年にはイギリスのフランス人学校に入るために、ロンドンへ渡るも、手続きに問題があり、結局入学には至らなかった。そのためロンドンのパブで働き、2年を過ごした。通信教育を通じてバカロレアに挑戦したものの、3度失敗した。

　その後、フランスに帰国すると、ギターを弾き、作曲するようになる。憧れの歌手はジャック・ブレル (Jacques Brel) だった。アルバイトをしながらオーディションを受けたがなかなか良い結果は得られなかった。だが、スーションと同様に駆け出しの歌手だったロラン・ヴルジー (Laurent Voulzy) と知り合い、意気投合し、共に音楽を作ることにした結果、1974年にスーションのアルバム *J'ai dix ans*（僕は10歳）が大ヒットした。詩を得意とするスーションと、アメリカやイギリスの音楽を熟知したヴルジーは素晴らしいコンビとなった。その後、彼らはヒットを連発した。

　1983年には俳優デビューを果たし、ジャン・ベッケル監督 (Jean Becker) の『殺意の夏 (*L'Été meurtrier*)』でイザベル・アジャーニ (Isabelle Adjani) と共演した。

　息子のピエールとシャルル (Charles) は二人とも音楽家で、ピエールはヴルジーの息子であるジュリアン (Julien) とグループを結成するなどしている。シャルルはヴルジーの次男のニコラ (Nicolas) とも活動した経験も持っている。

アルバム *J'ai dix ans*（僕は十歳）のジャケット

TUNISIE
チュニジア

アルジェリア独立戦争中に起きた未解決の
「オーダン事件」の被害者

モーリス・オーダン
Maurice Audin
1932〜1957

モーリス・オーダンと妻のジョゼット

モーリス・オーダンは 1932 年にチュニジアのベジャ (Béja) で生まれ、子供の頃にアルジェに引っ越した。父親のルイ (Louis) はフランス本土のリヨンの地域の工場労働者の家庭に生まれ、パリで働いたこともあったが、かなり貧しい生活を送っていたようだ。ルイは軍に入ってから、モロッコに赴任し、マルセイユなどを経て、1930 年ごろにチュニジア勤務となった。母親のアルフォンシーヌ (Alphonsine) はイタリアとスイスにルーツを持つ。

アルジェ大学の助手になるまで

モーリス・オーダンが生まれたころに、一家はルイの仕事の関係でベジャの憲兵隊舎に住んでいた。そこには水道も電気も通っていなかったという。この頃、一家はアルジェリアを訪れることが時々あり、モーリス・オーダンはアルジェの近くに位置するコレア (Koléa) でカトリックの幼児洗礼を受けた。その後、チュニジア、フランス本土、アルジェリアを転々とした。

父親が軍人であったため、オーダンは中等教育の一部をアルジェリアのハマム・リガ (Hammam Righa) とフランス本土のオータン (Autun) の軍学校で過ごした。ハマム・リガに行く前に、アラビア語の勉強をしていたようだが、どの程度習得できていたのかはわからない。当時の軍学校ではドイツ語の習得が重要であり、ハマム・リガでアラビア語の勉強を続けた形跡はないようだ。第二次世界大戦の終結に伴い、ハマム・リガの軍学校は閉鎖し、成績が良かったオーダンはフランス本土のオータンにある軍学校の高校に相当する学年に入ることができた。終戦後で士官が不足している状況の中で、オータンの軍学校ではサン・シール陸軍士官学校への進学が目標とされた。ただし、軍学校の生活はオーダンに合わなかったようで、1948 年から最終学年をアルジェの高校で送ることとなった。1949 年にはバカロレアを取得した。

その後は、アルジェ大学で数学を学んだ。また、同大学でのちに妻となるジョゼット (Josette) と知り合った。ジョゼットは 1950 年にアルジェリア共産党に入党し、オーダンはその翌年に入党した。1953 年には、数学の博士論文に取り組みながら、アルジェで大学の助手のポストに就いた。

結婚したのち、1954 年、1955 年、そして 1957 年に 2 人の間に子供が生まれた。1954 年生まれのミシェル (Michèle) はのちに数学者となった。また、出産と育児に伴い、ジョ

ゼットは大学を退学した。

アルジェリアの独立闘争と「オーダン事件」

　オーダンは学問に励みつつも、反植民地主義的な思想を持った。暴力的な活動には加わらず、ビラを配布したり、活動家を匿ったりした。しかし、独立戦争勃発後の1955年、アルジェリア民族解放戦線（FLN）を支持していたアルジェリア共産党はフランス当局に活動を禁止される。

　「オーダン事件」は1957年6月11日の夜に起きた。博士論文の執筆を終えた数か月後であり、年末に論文の審査を控えていた。オーダンとジョゼットと3人の幼い子供たちが住んでいた自宅にフランス軍の落下傘部隊の軍人が乗り込んだ。ジョゼットに「子供を頼む」と一言残したオーダンはアルジェ近郊のエル・ビアールに連れていかれ、拷問にかけられた。エル・ビアールでは同じく共産党員だったジョルジュ・ハジャジやアルジェ・レピュブリカン紙（Alger Républicain）の編集長で、1958年に拷問の経験をつづった『尋問』を発表したアンリ・アレッグも同じ頃に拷問の被害に遭った。オーダンと友人だったアレッグは、オーダンが逮捕された翌日に落下傘兵に連行され、エル・ビアールで会った時にオーダンは「きついよ、アンリ」と一言だけ言った、と振り返っている（コラム「アルジェリア独立戦争時の検閲と拷問の告発」参照）。

　その後の展開には不明な点が多い。フランス軍によれば、オーダンは6月21日に脱走した。軍の報告書は聴取のためにジープで移動していた途中でオーダンは車から飛び下りて逃げたと示しており、妻のジョゼットにもそのように伝えられた。しかしエル・ビアールでオーダンと会ったハジャジは脱走するとは考えにくい、と述べている。また、オーダンが脱走したとされるジープの運転手は誰を移送しているのか知らず、後部座席に座らされた者は覆面していたと証言している。しかも、この移送は単なる茶番であり、こ

娘のミシェル・オーダン

の時点で既にオーダンは亡くなっていたとのちに聞いた、と運転手は証言している。戸籍には「1957年6月21日にアルジェ（アルジェリア）で死亡」と記されている。

周囲の反応と事件のその後

　オーダンの拘禁は、家族と周囲の関係を悪化させた。ある隣人はオーダンの母親に「いい薬になる」と言い放ったという。オーダンが教会で結婚式を挙げなかったことを根に持っていたらしい。ジョゼットの父親はオーダンのことを馬鹿だといい、その後ジョゼットは父親と絶縁状態を続けた。

　1957年7月に、ジョゼットは殺人罪で被疑者不明で告訴したが、司法における事件の解決は何十年経っても実現しなかった。1962年4月には嫌疑不十分で公訴棄却となり、1966年12月には最高裁に当たる破棄院が、アルジェリア独立戦争時の犯罪は恩赦の対象となっているため審理しえないと判断した。2002年7月には改めてジョゼットが提出していた監禁と人道に対する罪の告訴に再度公訴棄却の決定が下された。結局司法においてオーダンの死に対する責任を誰もしておらず、遺体も発見されていない。事件後数十年にわたりオーダンの家族は事件の真相解明のために闘い続けている。

婦人服ブランドから男性向け香水を
大ヒットさせたデザイナー

ロリス・アザロ
Loris Azzaro
1933 ~ 2003

ロリス・アザロは1933年にチュニス(Tunis)で生まれた。両親はシチリア出身で、父親は公認会計士だった。ロリス・アザロはチュニジアで子供時代を過ごした後、本土のトゥールーズで文学部に進学した。その後、トゥールーズ政治学院 (Institut d'études politiques de Toulouse) にも通った。

高等教育を終えたアザロは1950年代半ばからスース (Sousse) やチュニスでイタリア語教師として働いた。しかし1962年にパリに引っ越し、それまでとは異なり、アクセサリーを制作し始め、1967年には自身のファッション・ブランドを立ち上げた。パリの一等地であるフォブール・サントノレ通り (rue du Faubourg Saint-Honoré) に構えた店舗にはブリジット・バルドー (Brigitte Bardot) やソフィア・ローレン (Sophia Lauren)、ロミー・シュナイダー (Romy Schneider)、ラクエル・ウェルチ (Raquel Welch)、ティナ・ターナー (Tina Turner)、ジェーン・バーキン (Jane Birkin) といった名だたるスターが訪れた。

1975年には女性向けの香水を限定商品として売り出し、人気を得た。その後、男性向けの香水開発を香水製造会社に打診される。アザロは当初前向きではなかったが、開発が開始してからは全力を注いだ。その結果、Azzaro pour homme というウィスキーのような琥珀色をしたシダとパチョリを合わせた爽やかでありながら男性らしさを演出した商品が1978年に発売された。婦人服のブランドが開発したにもかかわらず、この男性向けの新商品は全世界で大ヒットした。男性向けの香水を作ることに最初は消極的だったアザロは、のちに「もし私の意見を聞き入れてもらっていたら、男性向けの香水を発売することはなかった」と話し、この経験から自身の勘に疑いを持っていると述べている。この香水はのちにヒューゴ・ボス (Hugo Boss) やラルフ・ローレン (Ralph Lauren) の香水に影響を与えた。

世界的なブランドとなったアザロであるが、オート・クチュールの服飾組合に加盟することはなかった。2003年にロリス・アザロは死去し、ブランドを娘のベアトリス (Béatrice) が引き継いだ。

Azzaro pour homme

優しそうに見えるけれども
「ドン・バルトローネ」と呼ばれる政治家

クロード・バルトローヌ
Claude Bartolone
1951～

クロード・バルトローヌは1951年にチュニスで生まれた。9歳の時にフランス本土のセーヌ＝サン＝ドニ県 (Seine-Saint-Denis) に移住した。マルタ出身の母親と、イタリアのシチリア出身の父親は共に工場労働者で、クロードのほか2人の子供と公営住宅に住んでいた。両親は、成績が良いとはいえない中学生だったクロードが高校の普通科や大学で学ぶことを全く考えておらず、本人も自動車整備士になるための職業適性証 (Certificat d'Aptitude Professionelle, CAP) を取れる学校に申し込んでいた。しかし、フランス語の先生がクロードを含めた生徒を対象に補講を実施した結果、クロードの成績は飛躍的に向上した。自動車整備士より「もっと上を目指せる」と確信した教師はバルトローヌ家を説得し、クロードは高校に進学することとなる。その後、クロードはバカロレアを取得し、大学では数学を修める。

製薬会社勤務を経て、1977年に社会党から出馬した地元の市議会選に当選し、1981年には29歳で国民議会議員（下院議員）にバルトローヌは選出された。以後、国民議会議員選では毎回当選している。長くセーヌ＝サン＝ドニ県選出の社会党議員として君臨し続けており、シチリアに出自を持つことから「ゴッド・ファーザー (le Parrain)」や「ドン・バルトローネ」などと陰では呼ばれている。本人は「シチリアにルーツを持っているのは確かです」と言いながらも、こうしたニックネームの使用に抵抗を示している。たしかにバルトローヌは「ドン」などと呼ばれるような威圧的な人物ではなく、いつもテレビなどではにこやかで陽気な雰囲気を出している。そのためか、対立する政党の議員からの評価は高い。そのおかげもあってか、2012年には国民議会議長に選出され、フランスのナンバー4にあたるポストに就いた。

ちなみに、兄弟のルネ (René) は「マルコ・ポーロ」というイタリア・レストランを経営しており、多くの議員が訪れている。

同性婚を可能とする法案採決の際に国民議会議長席に座っているバルトローヌ

自分の出自を題材にしたり、
出自に苦しんだりしたコメディアン

ミシェル・ブジュナー
Michel Boujenah
1952～

　ミシェル・ブジュナーは1952年にチュニスで生まれた。ユダヤ人の家庭であり、父親は医師だった。3人の男兄弟と子供時代をチュニジアで過ごした末、1963年にフランス本土へ移住した。エコール・アルザシエンヌ (Ecole alsacienne) という恵まれた家庭の子供が通う高校に進学し、人前でしゃべることに目覚める。高校で演劇の授業をとり、ストラスブール国立演劇学校の入学試験を受けるが、これには失敗する。その後、1970年代初頭に友人とともに劇団を立ち上げる。

　劇団ではさまざまな舞台をこなす一方で、1980年に初めてのワン・マン・ショーに挑む。テーマはチュニジアからフランス本土に移住したユダヤ人の生活だった。その後このテーマをブジュナーずっと取り上げ続ける。映画でも活躍し、コリーヌ・セローの『赤ちゃんに乾杯！』(1985年)でセザールの助演男優賞を受賞した。なお、この作品はアメリカで『スリーメン＆ベイビー (3 Men and a Baby)』としてリメイクされた。その後、クロード・ルルーシュの『レミゼラブル (Les Misérables)』（1995年）でジャン＝ポール・ベルモンドと共演するなど、様々な映画に出演した。また、フィリップ・ノワレ (Philippe Noiret) やシャルル・ベルリング (Charles Berling) が出演した *Père et Fils*（父と息子）を2003年に監督した。

　順調なキャリアを積んだコメディアンという印象が強いが、2015年のインタビューではキャリアを通じて「型通りのユダヤ系チュニジア人」として扱われたことに対する強い怒りをあらわにした。11歳でフランス本土に移住し、なまりがあるつもりはなかったにもかかわらず、周りからしゃべり方を笑われ、とてもつらかったと振り返っている。そして、「『普通』の俳優のイメージに沿わない」とみなされた経験は苦痛に満ちていた、と語っている。また、「ユダヤ系チュニジア人」のイメージのせいで、舞台人を表彰するモリエール賞に一度もノミネートされたことがなく、「最低だ」と嘆いている。

『赤ちゃんに乾杯！』のポスター

**チュニジアとイタリアとフランスを
出自に持つ大女優**

クラウディア・カルディナーレ
Claudia Cardinale
1938〜

クラウディア・カルディナーレは1938年にチュニスで生まれた。家庭や学校でフランス語とシチリア語を覚え、イタリア語の習得は大人になってからであった。そのため「生まれによりアフリカ人、イタリア国籍で育ちからフランス人」と自身のことを形容している。

17歳の時に「チュニジアの最も美しいイタリア人女性」に選ばれ、ヴェネツィア映画祭への招待状を懸賞として受け取る。プロデューサーなどから映画出演を提案されるが、学校教師を目指すために断った。しかし、その後映画出演を決意し、数か月間ローマの映画学校に通う。そして、1958年にマリオ・モニチェリ監督（Mario Monicelli）の『いつもの見知らぬ男たち (*I soliti ignoti*)』で女優として注目される。その後ルキノ・ヴィスコンティ監督による作品がカルディナーレのフィルモグラフィーを輝かしく飾ることになる。『若者のすべて』（1960年）、『山猫 (*Il gattopardo*)』（1963年）、そして『家族の肖像 (*Gruppo di famiglia in un interno*)』（1974年）で二人はともに仕事をした。

フランスでヒットを飛ばしたのはジャン＝ポール・ベルモンド主演の『大盗賊 (*Cartouche*)』（1961年）である。この作品でヒロインを務めたカルディナーレはフランスでもよく知られるようになる。さらに、ピーター・セラーズ主演の『ピンクの豹 (*The Pink Panther*)』（1963年）がヒットし、国際的な人気も得た。同じ年にはフェリーニ監督の『8 1/2 (*Otto e mezzo*)』にマルチェロ・マストロヤンニ (Marcello Mastroianni) と共演する。他にもアメリカの西部劇『ウエスタン (*C'era una volta il West*)』（1968年）ではセルジオ・レオーネ監督 (Sergio Leone) のもとで芝居をするなど、大物監督の作品に出続ける。アメリカの大作に主演しながらも、同時代のソフィア・ローレンのように英語ができなかったため、アメリカにおけるキャリアは長続きしなかった。そのため、キャリアを主にヨーロッパで築いた。

精力的に女優として活動しており、カルディナーレは2000年には舞台デビューを果たした。また、社会活動にも注力しており、同じ年にはユネスコの親善大使に任命される。なお、美容整形をしたことがなく、美容整形を嫌っていると明言している。

ハイジャック未遂で射殺された妻を持つセザール賞創設者

ジョルジュ・クラヴェンヌ
Georges Cravenne
1914 〜 2009

ジョルジュ・クラヴェンヌ（本名ジョゼフ・ラウル・コーエン、Joseph Raoul Cohen）は1914年にカイルアンで生まれた。

1930年代半ばから映画関係の記事を書く記者として活動した。第二次世界大戦中はレジスタンス活動に加わった。

戦後は、フランスでは全く発展していなかった広報活動に力を入れた。複数回にわたる渡米により広報活動に興味を持ち、1950年代初頭より映画のプロモーションを手がけるようになった。1966年にはシャンゼリゼ通りで大々的に行ったルイ・ド・フュネス主演の『大進撃（La Grande Vadrouille）』のプレミア上映を成功させ、映画の人気に大きく貢献した。

1975年には大好きだったアカデミー賞から着想を得てセザール賞を創設し、授賞式のテレビ放映を行った。フランス映画の最も権威ある賞となった。

私生活ではフランソワーズ・アルヌールと結婚したが、のちに離婚した（アルジェリア生まれ、フランソワーズ・アルヌール参照）。その後、ダニエル（Danielle）という女性と結婚したが、1973年にハイジャック未遂によりスナイパーに射殺された。鬱状態だったダニエルは夫が広報を担当し、公開間近だった『ニューヨーク←→パリ大冒険（Les Aventures de Rabbi Jacob）』を反パレスチナ的だと考え、公開中止を訴えるためにライフルで武装し、パリ〜ニース間の飛行機をハイジャックしようとした。当時は第四次中東戦争の最中で、ユダヤ人やアラブ世界を描いたこの作品は緊張感の中で公開された。悲劇に見舞われたが、差別主義者でユダヤ人を嫌う会社社長の主人公が、さまざまな人に追いかけられ、ユダヤ人コミュニティの中でラビのふりをせざるを得ない、というこのコメディ作品は大人気となり、今でも多くのファンに愛されている。なお、クラヴェンヌは妻を殺されたため、国を相手取って提訴したが却下された。

セザール賞のトロフィー

同性愛を公表した数少ない政治家で
パリの元市長

ベルトラン・ドラノエ
Bertrand Delanoë
1950〜

　ベルトラン・ドラノエは1950年にチュニスで生まれた。父親は幾何学の専門家であり、母親は看護師だった。もともと、ドラノエはブルターニュ地方の苗字で、ベルトランの曽祖父は同地方のサン＝マロ (Saint-Malo) を19歳で離れ、カナダの東に位置するサンピエール島・ミクロン島 (Saint-Pierre-et-Miquelon) のシアン島（Ile aux Chiens、現・マラン島、Ile aux Marins）で長年過ごし、子供を授かってから、ブルターニュに戻った。だが、息子のオーギュスト (Auguste) はチュニジアに移住し、新たな地でイタリア出身のアニータ (Anita) と結婚する。この夫婦の息子がベルトランの父親である。

パリ市と国政における政治家としての活動

　ドラノエは1964年に母親と南仏のロデーズ (Rodez) に移住し、そこで中等教育を受けた。その後、大学では経済学を修め、1971年に社会党の党員となる。党幹部からすぐに一目置かれる存在となり、1974年以降パリで政治家として活動する。1977年のパリ市議会選挙で当選し、市議の座を2001年まで保持した。一方で、国政にも参加し、1981年から1986年まで国民議会議員を務める。ただし1986年の選挙で落選すると、いったん国政から距離を置き、広告やコミュニケーションの業績で実績を積んだ。その後、国政に戻り、1995年から2001年まで元老院議員を務める。2001年には、パリ市長の座を右派から奪い取り、2014年まで2期務めた。

同性愛を公表した数少ない政治家

　ドラノエの特徴はパリで大きな政策を実施した点と同性愛を公表した点だろう。同性愛を公表する政治家は少なかったが、1998年にドラノエはテレビ番組で自らの性的指向に言及した。アンドレ・ラバレール (André Labarrère) に次いで同性愛を公表したフランス人政治家として二人目となった。ドラノエはこの番組で「この点について、どうでもいい、と市民に思ってほしい」と述べている。この公表は、同性でも異性でも、「成年に達した二人の個人の間で、安定した持続的共同生活を営むために交わされる契約」である連帯市民協約（PACS）をめぐって議論が盛り上がった際になされたものだ。だが、ドラノエはこの協約に賛成しつつも、同性婚には反対していた。同性婚を肯定するようになるのは2001年にパリ市長に就任してからである。市長就任後、最初のゲイ・パレード（セクシュアル・マイノリティによるイベント）の際には同性カップルの結婚を可能とするよう訴えた。2002年には政治家と同性愛者を憎んでいる、と主張する男性に刺される。その男性は薬物摂取や窃盗を繰り返した過去を持ち、精神的に不安定な人物だった。結局殺人未遂の刑事責任能力がないとされた。

フランス通り

チュニス市役所

ジトゥナ・モスク

チュニス /Tunis

　チュニジアの首都で、年間100万人近くの観光客を迎えている観光都市である。もともとはベルベル人の都市であった。チュニスの旧市街はムワッヒド朝からハフス朝まで、すなわち12世紀から16世紀まで最も重要で豊かなイスラム都市だった。当時建設された宮殿やモスクは現存しており、旧市街は1979年に世界遺産に登録された。とりわけ、ジトゥナ・モスク（「オリーブの木のモスク」の意）は最も重要な建築物の一つである。

　さらに、バルド国立博物館は主に古代の美術品を豊富に所蔵しており、多くの観光客を惹きつけている。2015年3月18日に、この博物館は22人の死者を出したイスラム国によるテロ事件の現場ともなった。

**ドーヴィル・アメリカ映画祭、
コニャック国際ミステリー映画祭発起人**

アンドレ・アリミ
André Halimi
1930 ～ 2013

　アンドレ・アリミは1930年にベジャで生まれた。1955年から記者として活動し始めた。特に1969年から1981年までパリの展覧会や映画館の情報を掲載するパリスコープ誌 (*Pariscope*) の編集長を務めた。

　テレビ業界でも活躍しており、チャーリー・チャップリン (Charlie Chaplin) やルイ・ド・フュネスなど多くの映画界の著名人に関するドキュメンタリーを手がけた。本も執筆しており、映画に関するものに加え、政治をテーマとしたものも発表している。また、ドイツ占領下でユダヤ人などを密告した人たちという深刻なテーマを扱ったノン・フィクションの作品 *La Délation sous l'Occupation*（占領下の密告）も出版している。この本は1983年に出版され、1997年には同じタイトルでドキュメンタリーを制作した。

　こうした幅広い活動の中でも特に記憶に残るのはやはりドーヴィル・アメリカ映画祭 (Festival du Cinéma Américain de Deauville) だろう。アリミは1975年に作家のリオネル・シュシャン (Lionel Chouchan) とともに、ニューヨークやロサンジェルスで掘り出した映画をフランスの人々に紹介する場を設けたのである。アメリカ映画の俳優陣がこの場を訪れるまでには数年かかったが、のちに多数の大スターを毎年迎えるアメリカ映画の祭典となった。また、1982年にはコニャック国際ミステリー映画祭 (Festival du film policier de Cognac) も立ち上げ、2007年まで続いた。2009年からボーヌ国際ミステリー映画祭 (Festival international du film policier de Beaune) がコニャックの映画祭を引き継いでいる。

　晩年にアリミはパーキンソン病を患っていた。83歳にして、エルサレムで死去した。

1975年の第一回ドーヴィル・アメリカ映画祭のポスター

ラッセル法廷、「343人の宣言」、
死刑廃止などで活躍するフェミニスト

ジゼル・アリミ
Gisèle Halimi
1927〜

ジゼル・アリミ（旧姓タイエブ、Taïeb）は1927年にラ・グレット（La Goulette）で生まれた。ユダヤ人の両親は貧しく、とても保守的だった。アリミ本人いわく、家庭は「ほぼ無教養」で、家に本を持ち込んだのは彼女が初めてだった。母親は女児が生まれたことを残念に思い、娘に多くの愛情を注がなかった。父親もそうした考えからか、娘の出生届を出すまで3週間も時間をかけた。

女性であることを早くから意識させられた子供時代

家庭で「あなたは女の子だから」と言われ、兄弟とは異なる扱いを受けながら育った。たとえば、女の子として男兄弟の世話をさせられ、たとえば、男兄弟に食事を取り分けることを求められた。さらに、学校で優秀な成績を収めても、兄弟も両親も興味を示さなかった。母親は、自身が経験したことを娘に引き継がせようとした。つまり、若くして結婚し、子供を産むことをジゼルは期待された。

こうした性別に基づいた扱いの違いに反発し、男兄弟の世話をやめるべく、中学校に入って間もない頃にハンガー・ストライキを決行した。親に対する初めての反抗だった。しかし、14歳になるとお見合いの話が持ち込まれた。相手は36歳だった。結婚は彼女にとって、母親と同じ運命を背負わされるひどい仕打ちだった。そのため「私は勉強を続けたい、学校に行きたい」と訴え、結婚を断った。母親はそうした娘の主張に絶望していたという。

不正義への抵抗

パリで大学に進学し、1948年に弁護士資格を取得した。また、20歳の時にアリミという苗字の男性と結婚した。離婚したが、苗字を変えていない。もともと、初婚の際に苗字を変更することに抵抗が有り、父親もタイエブを名乗ってほしいと考えていたが、夫はそれを許さず、アリミに苗字を変更せざるを得なかった。だが、この経験から彼女は女性が私生活のさまざまな事情に応じて名前を変更させられることを問題視するようになった。そのため、離婚した際には、仕事でも使用していたアリミの姓を、元夫の反対を押し切って、使い続けた。アリミに改姓した際に、「もう今後は妥協しない」と決意していた。

アリミはこうした不正義に対して強く反発した。その立場はフェミニズム運動、そして、アルジェリア独立運動で顕在化した。アルジェリア独立戦争中には、独立派の弁護人を務め、特にフランス軍による拷問を告発した。また1967年には、ベトナム戦争におけるアメリカ軍の戦争犯罪を弾劾するバートランド・ラッセル（Bertrand Russel）とジャン＝ポール・サルトルが開廷したラッセル法廷の調査委員会に参加した。

女性の権利を訴える

フェミニストとして有名なアリミの代表的な活動の一つは妊娠中絶の合法化だ。1971年には、違法に中絶したことがあるという女性たちによる「343人の宣言」に名前を連ね、中絶の合法化を訴えた。同年には、シモーヌ・ド・ボーヴォワールらと「選択する (Choisir)」という市民団体を結成した。その目的は性教育の確立、自由で無料の避妊方法の普及、妊娠中絶の合法化、中絶で起訴された女性の無償弁護だった。1974年からはより広く女性の権利を守るという目的、すなわち性差別撤廃、女性に対する身体的・精神的暴力の撲滅、労働における男女平等の促進などを掲げている。1972年には、強姦の末に妊娠し、母親などの助けを得て違法に中絶した未成年女性の裁判で、「選択する」が未成年女性を含めた被告人たちを支援し、アリミが弁護人を務めた。この裁判は社会の注目を浴び、妊娠中絶の合法化を進める大きなきっかけとなった。

1981年から1984年まで、アリミは国民議会議員を務め、とりわけ死刑廃止に力を入れた。一方で、国民議会で蔓延する女性蔑視に悩まされたという。その後は、国連関係のポストに就いたり、新たな市民団体の設立に携わったりした。

なお、アリミは親パレスチナ派としても知られている。

息子のセルジュ・アリミ (Serge Halimi) はルモンド・ディプロマティーク誌 (*Le Monde Diplomatique*) で活躍している記者である。

リバト

グランド・モスク

スース /Sousse

スースは大きな港町で、旧市街は世界遺産に登録されている。海沿いに位置しており、海賊対策が施された都市となっている。リバト（要塞）はスース最古の建築物だ。また、リバトの近くには9世紀に建てられ、10世紀から17世紀まで改築・増築されたグランド・モスクがある。ミナレットがない点がこのモスクの大きな特徴である。旧市街は地中海地域のアラブ・ムスリム建築として現存する唯一のものとして極めて貴重である。

2015年6月25日、スースの浜辺で起きたテロ事件により38人の観光客が亡くなった。イスラム国が犯行声明を出した。

ユダヤとアラブの文化の中で育ち、
フランス語で活動する知識人

アルベール・メンミ
Albert Memmi
1920〜

　アルベール・メンミは1920年にチュニスで生まれた。ユダヤ系の家庭だったが、家族はアラビア語を話していた。父親は馬具職人だった。母親は読み書きができなかった。

　家族は貧しく、チュニスのユダヤ地区とアラブ地区の間でアルベール・メンミは育った。メンミはユダヤ系の学校に通い、そこでフランス語を習得した。その後、メンミは成績優秀のためフランス人学校に進学するための奨学金を得る。ここでは多文化を経験すると同時に、植民地支配下に置かれた先住民の中のマイノリティとしても自覚し始める。なお、進学後も優秀な成績を収め、哲学の科目で頭角を現し、学内の賞を受賞する。

　だが、第二次世界大戦中には、ドイツ軍がチュニジアに侵攻し、メンミは強制労働を科されることになる。戦後はアルジェ大学に進み、さらにはパリ大学に通い、哲学を専攻する。この頃に、ドイツに近いロレーヌ地域(Lorraine)出身のカトリックで、ドイツ語を専攻していた女性と知り合い、のちに結婚した。二人は結婚後に、チュニスに移り、2人の子供を儲ける。

　チュニジアでは、のちにジューヌ・アフリク誌 (Jeune Afrique) になるアフリク・アクション誌 (Afrique Action) の創刊に携わる。また、1953年には自伝的な小説である『塩の柱――あるユダヤ人の青春 (La statue de sel)』を著し、アルベール・カミュがまえがきを担当した。この作品をはじめとして、多数の小説やエッセーをメンミは出版した。1956年にチュニジアが独立すると、家族とともにパリへ移住し、翌年にはジャン=ポール・サルトルのまえがきを付した『植民地――その心理的風土 (Portrait du colonisé, précédé du portrait du colonisateur)』を出版した。アルジェリア独立戦争真っただ中のことである。

　その後、社会学を修め、1967年にフランス国籍を取得し、1970年以降は講師、教授としてキャリアを積んでいく。メンミは自身の研究・作品の中で支配や人種差別、ユダヤ性などをテーマとした。加えて、差異嫌悪 (hétérophobie) という新たな概念を作り出し、他者が有するあらゆる差異に対する恐怖と攻撃的な拒絶を表そうとした。また、メンミの特徴は、自身の個人的な経験がフィクション、小説、そして研究の土台となっている点だ。

　なお、メンミは自身の経験と切り離しがたい植民地支配と脱植民地化、そして旧植民地から旧宗主国へと渡った移民について考察を行った。植民者―被植民者関係が終わっても、移民により、旧植民者―旧被植民者関係が永続するため、旧植民地から来た移民と旧植民地以外から来た移民は異なる点に注目した。

　メンミの作品は様々な文学賞を受賞してお

り、自身も複数の国から勲章を授与されている。

スファックスの塁壁

エミール・ルーベ通り　https://www.facebook.com/Sfax-Nostalgie-1020937977956959/

スファックス /Sfax

スファックスはチュニジア第二の都市である。工業、水産、行政などの分野で重要な役割を果たしている。

一方で古い歴史も持っており、グランド・モスクを含む旧市街は9世紀に開発された。塁壁に囲まれた地区であり、19世紀にはフランス統治下で東側に「フランク地区（quartier franc）」と呼ばれた新たな地区が作られた。旧市街をモデルとしているため、旧市街を映す鏡のようになっている。2012年に政府はスファックスの旧市街を世界文化遺産に推薦した。

メンミの著書 Le nomade immobile（移動しないノマド）

ミッテランの元側近で、ルペンに
密着取材したジャーナリスト

セルジュ・モアティ
Serge Moati
1946〜

セルジュ・モアティ（本名アンリ・モアティ、Henri Moati）は 1946 年にチュニスで生まれた。家庭はユダヤ系で、父親のセルジュは社会党支持者のフリーメイソンだった。記者でありながら、劇作家および演出家と三足のわらじを履いていた。父親は第二次世界大戦中にはレジスタンスで活動し、ザクセンハウゼン強制収容所に送られたが、脱走し、パリの解放に参加した。アンリはのちに仕事で父親の名前を使用するようになる。1957 年、11 歳の時にアンリは両親を亡くし、姉とともにフランス本土のニースに移住し、その後、パリへと引っ越した。そして、パリ近郊の中学校の寮生となった。

メディアと政治への関心

ダンサーを夢見たあと、映画監督になる夢を持つようになる。1959 年のトリュフォー監督の映画『大人は判ってくれない』では学校の生徒役として出演しており、この時はアンリ・モアティとしてクレジットされている。また、高校の映画クラブや劇団で活動するようになる。

そして、モアティはニジェールの教育番組制作の技術者を募る求人広告に応募し、採用された。本土に戻ってからは情報番組のディレクターとなり、政治をテーマとした番組やドキュメンタリーを制作するようになる。

政治は常にモアティの関心の中核にあり、自身は左派を支持した。フランソワ・ミッテランの広報チームに加わると、テレビ出演を担当し、主に 1974 年、1981 年、そして 1988 年に行われた大統領選挙に先立つ討論番組におけるミッテランのアドバイザーとして活躍した（用語解説「フランソワ・ミッテラン」参照）。さらに、ミッテランが大統領だった頃には、毎年 12 月 31 日にフランス大統領がテレビで国民に送るメッセージの収録にも、モアティは立ち会った。

ミッテランの大統領就任後、1981 年から翌年までは公共放送フランス 3 の番組編成部長、1982 年から 1985 年までは同局の会長を務める。その後はドキュメンタリーを多数制作したり、番組の司会を務めたり、ドラマをプロデュースしたりした。

ジャン＝マリー・ルペンとの交流

ユダヤ人であり、かつ左派であることを表明しているモアティだが、極右政党の国民戦線で長く党首を務めたジャン＝マリー・ルペンと 25 年以上にわたり交流している（用語解説「国民戦線」参照）。強制収容所におけるユダヤ人の大量殺戮は歴史上の「些細なこと」とルペンが発言し、大変な話題となった直後の 1990 年に、モアティはドキュメンタリーの撮影で彼と知り合ったという。「『些細なこと』に関わった者の息子として、ジャン＝マリー・ルペンに対しては最悪のイメージ

を持っていて、彼をインタビューすることには気が向かなかった」と振り返っている。ところが、異なる政治的な立場を持つルペンとの25年間の付き合いは「未知の地に旅するよう」だったとモアティは語っている。ルペンの魅力を認めているのだ。2014年に放送されたルペン家のドキュメンタリーと、同年に出版されたルペンに関する書籍で、モアティはルペンに対し共感を示しており、危険な思想の持ち主を擁護しているとの批判が集まった。こういった意見に対し、モアティは「共感は必ずしも好意を意味しない」とし、共感を示すことで相手から言葉を引き出しているのだと反論している。だが、モアティがストックホルム症候群（犯罪被害者が、犯人と長い時間を共にすることにより、犯人に過度の連帯感や好意的な感情を抱く現象）にかかっているように見えたり、ルペンの政治的主張に与せずに、ルペンの人物像に迫るというモアティのスタイルの問題を指摘したりする記者は少なくない。

1990年に生まれた息子のフェリックス(Félix)は俳優として活動している。

グランド・モスクのミナレット

カイルアン /Kairouan

670年にカイルアンは開発されたとされ、とりわけアグラブ朝（9世紀）に発展した。カイルアンのグランド・モスクは貴重な建築であり、マグレブのモスクのモデルとなった。さらに、9世紀に建てられた3つの扉のモスクは、現存するモスクの中で、彫刻を施したファサードを有する最古の建築だ。また、アグラブ貯水池は9世紀にできたもので、町に水を供給した。これらが文化的に重要と評価され、カイルアンは世界遺産に登録されている。

第二次世界大戦やニューカレドニアの
交渉で活躍した政治家

エドガール・ピサニ
Edgard Pisani
1918 〜 2016

エドガール・ピサニは 1918 年にチュニスで生まれた。マルタに出自を持っていたため、生まれた時はイギリス国籍だった。18 歳でパリに渡り、名門のルイ・ル・グラン高等学校の準備学級に通い、パリ大学で文学の学位を取得した。その後、国防高等学院 (Institut des Hautes Etudes de la Défense nationale) などで学び、高級官僚としてのキャリアに向けた教育を受ける。

第二次世界大戦中のレジスタンス活動

だが、第二次世界大戦の勃発により軍に動員される。その後、フランスがドイツに敗れると 1940 年に除隊し、レジスタンス活動に積極的に参加するようになる。26 歳だった 1944 年にパリで逮捕され、オーヴェルニュ地方に移送されるが、連合軍が上陸した翌日の 6 月 7 日にレジスタンス活動家らによって解放され、ピサニとレジスタンス活動家らはパリへと向かう。

そして、ピサニは「新行政」という体制移行準備機関に加わる。その後、レジスタンス組織の指示によって警視庁に赴き、数時間にわたり極めて重要な交渉役を担う。ドイツ軍に包囲された警視庁内で、電話を通じてドイツ兵の遺体とフランス人捕虜の交換を交渉したのだ。また、惨劇を避けるために、レジスタンス活動家に抵抗をやめさせ、休戦状態を勝ち取った。このシーンはルネ・クレマン監督 (René Clément) の『パリは燃えているか (Paris Brûle-t-il?)』で再現されており、ミシェル・ピコリがピサニの役を演じている。

ピサニは交渉役としての実績が認められ、すぐに副総監などの役職を歴任した。その後、27 歳にして地方長官に任命される。

政治家としてのキャリアとニューカレドニアに関わる交渉における功績

官僚としてのキャリア築いたのち、1954 年には元老院議員に選出され、左派の政治家としてのキャリアを始める。議員として法案を提出する傍ら、国防において核抑止力の重要性を論じた報告書を作成したり、地方行政の改革を提言したりした。また、ヨーロッパ統合に賛成する立場を取った。1958 年には、アルジェリア独立戦争の真っただ中に、憲法改正に賛成する。

フランスが第五共和政に移行すると、1961 年にはドゴールから農業大臣に任命される。ピサニはこのポストを 1966 年まで務め、任期中は国内の農業改革に取り組み、できたばかりのヨーロッパの共通農業政策を牽引した。1966 年にはポンピドゥー内閣の設備大臣になるが、首相との意見の対立により、翌年に辞職する。

その後、1974 年に元老院議員に再度選出され、1981 年からはミッテラン政権下で欧州共同体による第三世界への経済支援に関

わる（用語解説「フランソワ・ミッテラン」参照）。1984年からは独立をめぐる暴力行為が横行し、内戦状態に陥る可能性があったニューカレドニアを訪れ、交渉を開始する。また、1985年5月から11月までの短期間、ニューカレドニア担当大臣を務める。ニューカレドニアの緊張を完全に鎮静化することはできなかったが、フランス政府とニューカレドニアの関係改善や独立派の意見の反映において功績を残したと評価できる。

1988年からはパリのアラブ世界研究所の所長を務める。しかし、任期満了間近の1995年になると会計問題などが表面化し、大統領に当選したばかりのシラクによって更迭される。

その後は、自身の経験に基づいた書籍を複数執筆した。1992年に出版した回顧録では「権力と名声と奉仕」を愛したと振り返っている。2016年に死去した。

エル・グリーバ・シナゴーグ

ジェルバ島 /Djerba

ガベス湾に浮かび、一本の道路によってアフリカ大陸とつながっている島である。『オデュッセイア』に登場する伝説的な民族で、ロートスの木からとれる実を食すロートパゴス族が住む島とされている。

住民の多くはムスリムであるが多くはスンニ派ではなくイバード派だ。イバード派はイスラムの初期に主流派から分派した宗派である。一方で古くからユダヤ人も住んでいた。紀元前6世紀にできたとされるエル・グリーバ・シナゴーグはその古い歴史を物語っている。毎年春になるとこのシナゴーグは巡礼祭を開催し、チュニジア以外からの巡礼者も集めている。さらに、この祭礼にはムスリムも参加することがある。多くのユダヤ人がこの70年ほどでフランスやイスラエルに移住し、ユダヤ人コミュニティが縮小したとはいえ、今でもムスリムとユダヤ人が共生する地として認識されている。

オリーブやオレンジの栽培が盛んである一方で、今日では観光産業が島の経済を支える重要な役割を担っている。

国民議会議長まで上り詰めつつも
シラクに冷遇された実力派政治家

フィリップ・セガン
Philippe Séguin
1943～2010

　フィリップ・セガンは1943年にチュニスで生まれた。母方の祖父は、20世紀の頭にニースからチュニジアに移住したビジネスマンだった。母親のドニーズは家族とともにチュニスのユダヤ人街に住んでいた。この地域の住民のほとんどはユダヤ人で、自営業を営んだり、公務員として務めたりしていた。そのためドニーズの家族は異色な存在だった。

複雑な家庭

　ドニーズは女性用下着の店で販売員として勤務するようになり、店長だったアルベールと知り合う。ユダヤ人で既婚者だったアルベール (Albert) は女性から注目を集める男性だった。2015年に出版されたセガンの伝記によれば、この人物がフィリップ・セガンの実の父親である可能性が高い。

　だが、セガンの戸籍上の父親はロベール・セガン (Robert Séguin) である。ロベールは23歳にしてドイツ軍にドゥー県 (Doubs) で1944年に殺された。フィリップが生まれた翌年だった。戦死した兵士の子供として、フィリップは父親に代わり6歳の時に勲章を受け取り、戦争孤児として国家の援助の対象となった。

　結局、誰がフィリップの実の父親なのかは分かっていない。上記の伝記によれば、実父と目されるアルベールとフィリップは瓜二つだった。そして、フィリップは1995年にアルベールが82歳にして亡くなると、葬儀に参列した。また、ユダヤ系の血を引いていることを示唆する発言もあった、と周囲は証言している。さらに、一般論ではあるが、妊娠した未婚女性の名誉を守るために、その女性を、子供の実父とは異なる男性と結婚させることは当時少なくなかったという。こうした背景により、フィリップ・セガンの実父がアルベールだった可能性が高い。ただし、セガンの妻や子供たちはこれを否定している。

　父親が誰であろうと、フィリップは父親と子供時代を過ごすことはなかった。そして、父親の不在はフィリップにとって大きな悲しみだった。チュニジア出身で、フィリップの友人だったセルジュ・モアティは「いかなる褒美も、いかなる補償もフィリップを慰めることはできない」と話していた。

本土における苦しい生活からの再出発

　父親の不在に加え、本土への移住という大きな環境の変化がフィリップ・セガンの子供時代に影響を及ぼした。12歳だった1955年にフィリップ・セガンは母親のドニーズとともにフランス本土の南部に位置するドラギニャン (Draguignan) に移住した。移住の際に資産を失ったため、セガンにとって「社会的転落」が生じた。

　この転落から、セガンはまずは学業で這い上がる。エクサンプロヴァンス大学の文学部

を卒業後、エクサンプロヴァンス政治学院を首席で卒業し、狭き門である国立行政学院に進学した。1970年にジャック・アタリなどと共に国立行政学院を修了する。修了後は、会計検査院に就職する。

輝かしい経歴を積み上げると同時に、セガンは政治活動にも注力した。新聞記者を務めながら、学生の組合に加入しアルジェリアの独立を支持し、1965年の大統領選挙ではドゴールを応援した。

右派政治家として大成

官僚としてキャリアを築いたのち、1978年の総選挙に出馬する。所属政党である右派の共和国連合はセガンを、当選が困難とされていたヴォージュ県 (Vosges) に送り込む。当初セガンはドラギニャンのあるヴァール県 (Var) での出馬を考えていたが、党は異なる方針をとった。それでもセガンは当選し、1983年にはヴォージュ県の県庁所在地であるエピナル (Epinal) の市長にも当選し、国民議会議員と市長を兼職した。その後シラク内閣の大臣を経て、1993年から1997年まで国民議会議長を務めた。2002年には会計検査院に戻り、2004年から会計検査院長になった。

共和国連合の大物政治家だったにもかかわらず、シラクはセガンよりも他の政治家を可愛がっていたため、重要な省庁の大臣や首相の座を任されることはなかった。2001年にはシラクの後釜となるべく、パリの市長選に挑むも、左派のドラノエに敗れた。

だが、セガンは会計検査院長として偉大な功績を残した。セガンは、それまで予算省と関係が深かった会計検査院の独立性を強化した。また、会計検査院長は大統領により任命されるが、セガンは政権からは独立して任務を遂行し、周囲からもその姿勢は評価されていたといわれている。

セガンは2010年に急逝した。その際に、当時大統領だったチュニジアのザイン・アル＝アービディーン・ベン・アリー (Zine El Abidine Ben Ali) は「チュニジア生まれで、チュニジアの友」の死に弔意を表し、パリで行われた葬儀にはチュニジアの外務大臣も参列した。また、2010年の終わりには、セガンが子供時代を過ごしたドラギニャン市の通りにフィリップ・セガンの名が冠された。

セガンの著書 *C'est quoi la politique?*（政治って何？）

テロで殺された「シャルリー・エブド」の著名風刺画家

ジョルジュ・ヴォランスキー
Georges Wolinski
1934 〜 2015

　ジョルジュ・ヴォランスキーは 1934 年にチュニスで生まれた。フランス人とイタリア人の血を引くユダヤ系の母親と、ユダヤ系ポーランドの父親を持っていた。父親のジークフリート (Siegfried) はジョルジュが 13 歳の時にチュニジアで鉄製工芸品を製造する会社を経営していたが、1936 年に雇用に関わる法律が改正され、従業員の一部を解雇したことにより、クビになった社員に銃殺された。父親と子供時代を過ごせなかったのみならず、母親は結核に罹患し、療養のためにフランス本土に渡ったため、ジョルジュ・ヴォランスキーは姉と父方の祖父母とともに生活を送った。

コミックへの興味

　10 歳の時に米軍が北アフリカに上陸すると、アメリカン・コミックに魅了される。とりわけ Terry and the Pirates（テリーと海賊たち）を気に入る。また、学校の成績は悪かったが、本の虫で、家にあったラドヤード・キプリング (Rudyard Kipling)、エドガー・アラン・ポー (Edgar Allan Poe)、チャールズ・ディケンズ (Charles Dickens)、ジュール・ヴェルヌ (Jules Verne) らの小説を好んだ。

　1946 年にヴォランスキーはフランス本土のブリアンソン（Briançon）に引っ越し、再婚し、子供を儲け、カトリックに改宗した母親と再会した。その後、一家は 1953 年にパリ近郊に引っ越す。ヴォランスキーは建築家になるべく、1955 年にパリ国立高等美術学校に進学するが、2 年後には義父が経営する会社で働くようになる。一方で、新聞画家のボスクと知り合い、ヴォランスキーは絵を続けるように助言を受けた。1959 年から 1960 年まではアルジェリアのレッガーヌで兵役時代を過ごしつつ、休暇中に創刊したばかりの風刺雑誌アラキリ誌 (Hara-Kiri)（日本語の「腹切り」のフランス語読み）に自らが描いた絵を持ち込む。その結果、兵役後の 1961 年からアラキリ誌のメンバーとしてカビュ (Cabu) などとともに活動するようになる。

政治色の強い風刺画家

　ブラック・ユーモアあふれる絵を描いていたヴォランスキーだが、1968 年 5 月に生じたいわゆる五月革命をきっかけに政治色を帯びた絵を制作するようになる。これらの風刺画は反体制運動が巻き起こる中で創刊され複数の雑誌に掲載された。また、この時期の絵は 1968 年に出版された *Je ne veux pas mourir idiot*（バカなまま死にたくない）という。

　私生活では、高校で知り合ったキーン (Kean) という女性と結婚し、二人の娘を儲ける。しかし、妻は 1966 年に交通事故で他界する。1969 年にはマリーズ (Maryse) というアルジェで生まれた 22 歳の女性と知り合い、1971 年に二人は結婚した。ヴォランス

キーは再婚相手と一人の娘を儲けた。

　五月革命を経てからはさらに活動の場を広げ、風刺週刊紙シャルリー・エブド (*Charlie Hebdo*)、左派雑誌ヌーヴェル・オプセルヴァトゥール誌、共産党機関紙リュマニテ紙などに風刺画を提供した。極めてシンプルな線で描く風刺画が特徴的で、政治的な絵を描く一方、セックスの話題にも踏み込んだ。仕事で外国を訪れることも多く、ロシア、ポーランド、日本などを訪問し、見識を広げる機会に恵まれた。

　2005年にはアングレーム国際漫画祭でグランプリを受賞し、レジオン・ドヌールを受章した。

　2011年と2012年にはアトリエに保存していた資料や自身が描いた絵を大量にフランス国立図書館に寄贈した。50年にわたるヴォランスキーの活動を反映する貴重な資料だといえる。2012年には寄贈された資料を基にフランス国立図書館がヴォランスキー展を開催した。

シャルリー・エブド襲撃事件

　2015年1月7日にヴォランスキーはシャルリー・エブドの本社でテロリストに襲撃され、死亡した。80歳だった。アラキリ時代からヴォランスキーとともに共に風刺画家として著名だったカビュも一緒だった。

　ユダヤ人の家庭で育ち、ユダヤ文化に則った慣習を家族は大事にしていたが、ヴォランスキー本人は無神論者だった。共産党関連の新聞に絵を掲載し、イスラムに対し差別的と批判されたシャルリー・エブドで働いたが、「風刺画家はいかなる政党にも属さず、いかなる宗教も信じない」と語っていた。

　2016年1月5日にパリ市長のアンヌ・イダルゴと大統領のフランソワ・オランド、首相のマニュエル・ヴァルス (Manuel Valls) らが襲撃されたシャルリー・エブドの建物の記念プレートの除幕式に参加した。ただし、このプレートには誤植があった。ヴォランスキーの苗字が"WOLINSKI"ではなく、"WOLINSKY"となっていたのだ。パリ市が発注した際には、正しい綴りだったようで、受注した業者が間違いを犯したと思われる。この間違いはすぐに発覚し、その直後にひとまず黒い布でプレートは覆われ、"Y"を"I"に直す応急措置が施された。

Je ne veux pas mourir idiot（バカなまま死にたくない）

ピエ・ノワール関連年表

1587 年	アルジェリアがオスマン帝国の支配下に入る
1827 年	フランスによる債務不履行を機に、フランス-アルジェリア関係悪化
1830 年 1 月 31 日	オスマン帝国の支配下にあるアルジェリアに侵攻することをフランスが閣議決定
1830 年 6 月 14 日	アルジェリアのシディ・フェルークにフランス軍上陸
1830 年 7 月 5 日	フランス軍がアルジェを征服
1832 年	アルジェリアの部族の指導者（アミール）のアブドゥルカーディルによるフランスに対する抵抗運動開始
1837 年	タフナ協定により、アルジェリアの 3 分の 2 の領土におけるアブドゥルカーディルの主権が認められる
1847 年 12 月 23 日	アブドゥルカーディル降伏により、アルジェリア征服戦争終結
1848 年 11 月 12 日	正式にアルジェリアがフランス領となり、アルジェ県、コンスタンティーヌ県、オラン県の行政区域が作られる
1850 年 -1870 年	アルジェリア人による蜂起とそれに対する激しい取り締まり
1870 年	クレミュー法によるアルジェリアのユダヤ人への市民権付与
1881 年	原住民法制定
1889 年	アルジェリア在住ヨーロッパ人への市民権付与
1914 年 -1918 年	第一次世界大戦で 17 万人以上がアルジェリアから出征。ムスリム 2 万 5000 人、ヨーロッパ人 2 万 2000 人が戦死
1916 年	コンスタンティーヌ県で蜂起
1926 年	メサーリー・ハージュによる独立運動体「北アフリカの星」結成
1927 年	ファラハート・アッバースのナショナリスト運動「北アフリカ人学生の会」結成
1929 年	「北アフリカの星」強制解散
1933 年	「北アフリカの星」再結成
1937 年	「北アフリカの星」強制解散
	メサーリー・ハージュがアルジェリア人民党結党
1939 年	アルジェリア人民党解散
1940 年	ヴィシー政権によるクレミュー法廃止
1942 年 11 月 1 日	アルジェに連合軍上陸
1942 年	ドゴール率いる自由フランスの政権であるフランス国民解放委員会樹立。
	ファラハート・アッバースがヨーロッパ系住民とムスリムの平等を訴える「アルジェリア民族宣言」を発表。しかし、フランス国民解放委員会はこれを却下。
1944 年 3 月 7 日	ドゴールが 65000 人のアルジェリア
1944 年 6 月 6 日	ノルマンディーに連合軍上陸
1945 年 5 月 8 日	第二次世界大戦終結に伴い、生じたアルジェリア人の集会が蜂起に転じ、セティフ、ゲルマおよびケラタ (Kherrata) で、ヨーロッパ人約 100 名が死亡し、鎮圧によりアルジェリア人約 1 万 5000 人から 4 万 5000 人が死亡
1946 年	ファラハート・アッバースのアルジェリア宣言民主同盟 (UDMA) 結成、および、メサーリー・ハージュの民主的自由の勝利のための運動 (MTLD) 結成
1954 年	アルジェリア民族解放戦線 (FLN) 結成
	アルジェリア民族解放戦線による蜂起に伴い、アルジェリア独立戦争勃発
	メサーリー・ハージュのアルジェリア民族運動 (MNA) 結成
1955 年 4 月 3 日	「非常事態を制度化し、アルジェリアにその適用を宣言する法律」制定
1955 年 8 月 20 日	コンスタンティーヌ県で独立派による蜂起勃発。アルジェリア民族軍によるヨーロッパ人殺害で 29 人が死亡し、蜂起の鎮圧により 20 日から 25 日の間に約 7500 人のアルジェリア人が死亡。
1955 年 9 月 27 日 -30 日	国連総会で「アルジェリア問題」が取り上げられ、フランス外相のアントワーヌ・ピネ (Antoine Pinay) が内政干渉だと国連を批判。
1956 年 3 月 2 日	モロッコ独立
1956 年 3 月 20 日	チュニジア独立
1956 年 8 月 20 日	カビール地方のスーマーム (Soummam) で FLN の第一回会合開催。アルジェリア革命全国評議会 (Comité national de la révolution algérienne, CNRA) 結成。
1956 年 9 月 30 日	アルジェで FLN によるヨーロッパ系住民を標的としたテロ。4 名が死亡、52 名が負傷。
1957 年 1 月 -10 月	アルジェの戦い。フランス軍による拷問が一般化。
1958 年 6 月 1 日	ドゴールが首相に就任

1958年6月4日	ドゴールがアルジェで演説を行い、ヨーロッパ系住民が過半数を占める聴衆の前で「私は諸君を理解した (Je vous ai compris)」という有名な一言を発した。反独立の立場を取るヨーロッパ系住民や一部の軍人による急進化を止め、アルジェリア人ムスリムへの経緯を表し、本土のアルジェリアにおける自身の正統性を示す狙いがある、あえて曖昧な内容の演説となった。
1958年9月19日	ファラハート・アッバース率いるアルジェリア共和国暫定政府 (Gouvernement provisoire de la République algérienne, GPRA) 樹立。
1958年10月4日	第五共和政を樹立するフランス憲法制定
1958年12月21日	ドゴールが大統領に就任
1959年9月16日	ドゴールによるアルジェリア人の民族自決権を国民投票により認め、分離独立、アルジェリアの完全なるフランス化、あるいは密接な関係を本土と持つ連邦制を提案する発言
1959年9月28日	GPRAはドゴールによる提案を退け、完全なる独立を主張
1959年11月10日	ドゴールが停戦を提案
1960年1月19日	ドゴールの政策を批判したマシュ大将、更迭
1960年1月24日	マシュ大将の更迭によりヨーロッパ系住民が抗議活動を行い「バリケードの一週間」が始まる。死者20名、内憲兵14名、けが人200名以上。
1960年2月13日	初めてのアルジェリアにおけるフランスによる核実験
1960年9月6日	哲学者のジャン=ポール・サルトルをはじめとする知識人121名による「121人のマニフェスト」発表。「植民地システムを決定的に破壊することに寄与するアルジェリア人の大義は、あらゆる自由な人間の大義である」と締めくくり、アルジェリアの独立を主張。
1960年12月	ドゴールによる最後のアルジェリア訪問。FLN、GPRAおよびアルジェリアの独立を支持する者によるデモ発生。
1960年12月19日	国連総会で「アルジェリア問題」が取り上げられ、アルジェリア人の自決権と独立を認める決議が可決。
1961年1月8日	国民投票により、75%の有権者がアルジェリア人の自決権に賛成。
1961年1月	ドゴールの政策に反対する秘密軍事組織（OAS）がフランス軍より派生。
1961年4月26日	OASによる「将軍たちの反乱」失敗。
1961年5月20日および6月13日	エヴィアンでフランス政府とアルジェリア暫定政府が面会
1961年7月14日	OASによるテロ事件
1961年7月20日	リュグラン (Lugrin) における独立派とフランス政府の間の新たな面会
1961年8月5日	OASによる海賊ラジオ放送
1961年10月6日	パリおよびその近郊でアルジェリア人のみを対象とした夜間外出禁止令発令
1961年10月17日	パリでアルジェリア人による夜間デモ。警察による鎮圧でアルジェリア人死者多数。
1961年12月19日	フランス共産党や労働組合などによるアルジェリア独立に向けた交渉への支持とOASへの異議を表すデモ
1962年2月8日	政党や労働組合によるOASへの抗議デモ
1962年2月18日	ルース (Rousses) で交渉
1962年3月7日	エヴィアンでフランス政府とアルジェリア暫定政府が交渉開始
1962年3月16日	エヴィアン協定締結。19日12時からの停戦を定める。
1962年3月19日	停戦
1962年3月26日	エヴィアン協定に反対するヨーロッパ系住民がデモを開催。鎮圧により46名が死亡、約200名が負傷。
1962年4月8日	フランス本土でエヴィアン協定への支持・不支持を問う国民投票。90.7%が協定を支持。
1962年7月1日	アルジェリアでエヴィアン協定への支持・不支持を問う国民投票。99.72%が支持。
1962年7月3日	ドゴールが正式にアルジェリアの独立を認める
1962年7月5日	アルジェリアが独立を宣言
1962年12月1日	ハルキの大量殺害
1963年9月8日	アルジェリア憲法制定。単一政党体制樹立。
1964年6月15日	メルセルケビルおよびサハラ砂漠以外に常駐していたフランス軍が撤退
1966年6月1日	ジッロ・ポンテコルヴォ監督による映画『アルジェの戦い』がヴェネツィア国際映画祭で金獅子賞を受賞。2004年までフランスでは上映が事実上不可能だった。
1974年6月3日	メサーリー・ハージュ死去。
1975年4月10日	ヴァレリー・ジスカール・デスタンが仏大統領として初めてアルジェリアを訪問。
1999年10月18日	フランスで「アルジェリア戦争」という文言を正式に認める法律制定

Chronologie

ピエ・ノワールやマグレブをもっと知るための映画や文献

映画
ジッロ・ポンテコルヴォ監督『アルジェの戦い』1966年。

フランス語で執筆されたアルジェリア人作家による小説
ムルド・フェラウン『貧者の息子——カビリーの教師メンラド』(青柳悦子訳)水声社、2016年。
ヤスミナ・カドラ『昼が夜に負うもの』(藤本優子訳)早川書房、2009年。
アシア・ジェバール『愛、ファンタジア』(石川清子訳)みすず書房、2011年。
カテブ・ヤシーヌ『ネジュマ』(島田尚一訳)現代企画室、1994年。

研究書等
シャルル＝ロベール・アジュロン『アルジェリア近現代史』(私市正年、中島節子訳)白水社、2002年。
ギー・ペルヴィエ『アルジェリア戦争——フランスの植民地支配と民族の解放』(渡邊祥子訳)白水社、2012年。
バンジャマン・ストラ『アルジェリアの歴史：フランス植民地支配・独立戦争・脱植民地化』(小山田紀子・渡辺司訳)明石書店、2011年。
池田亮『植民地独立の起源——フランスのチュニジア・モロッコ政策』法政大学出版局、2013年。
私市正年編著『アルジェリアを知るための62章』明石書店、2009年。
私市正年、佐藤健太郎編著『モロッコを知るための65章』明石書店、2007年。
工藤晶人『地中海帝国の片影——フランス領アルジェリアの19世紀』東京大学出版会、2013年。
鷹木恵子編著『チュニジアを知るための60章』明石書店、2010年。
平野千果子『フランス植民地主義と歴史認識』岩波書店、2014年。

参考文献

本書を執筆するにあたり、使用した文献を以下に示している。文献を分類した上で、各カテゴリー内では五十音順もしくはアルファベット順に並べた。訳書を参照した場合は、訳書のみの書誌情報を載せている。訳書が存在するものの、原著を参照した場合は原著の書誌情報の後に訳書の書誌情報を付した。

データベース

Archives Nationales D'Outre Mer (ANOM)　http://anom.archivesnationales.culture.gouv.fr
Central Intelligence Agency, The World Factbook
　　　　　　　　　　　　　　https://www.cia.gov/library/publications/the-world-factbook/
Gale World History in Context　http://ic.galegroup.com/ic/whic/
Gallica　http://gallica.bnf.fr
Legifrance　https://www.legifrance.gouv.fr/

素材

Wikimedia Commons　https://commons.wikimedia.org/

公文書・報告書等

Orban and Others v. France, no.20985/05, Eur. Ct. H. R., ECtHR 2009-I.

Diefenbacher, Michel. *Parachever l'effort de solidarité nationale envers les rapatriés : promouvoir l'œuvre collective de la France outre-mer*, 2003.

Office National des Statistiques. « L'armature urbaine RGPH 2008 : Les principaux résultats de l'exploitation exhaustive », *Collections Statistiques*, no.163, 2011.

International Organisation of Vine and Wine (OIV). *Vine and Wine Outlook 2012*, 2012.

Délégation à l'Information et à la Communication de la Défense, *Dossier de présentation des essais nucléaires et leur suivi au Sahara*, 2007.

International Atomic Energy Agency (IAEA). *Radiological conditions at the former French nuclear test sites in Algeria: Preliminary assessment and recommendations*, 2005.

Bataille, Christian et Henri Revol. *Rapport sur les incidences environnementales et sanitaires des essais nucléaires effectués par la France entre 1960 et 1996 et éléments de comparaison avec les essais des autres puissances nucléaires*, 2001.

Anonyme. *Rapport sur les essais nucléaires français (1960-1996): Tome I La genèse de l'organisation et les experimentations au Sahara (C.S.E.M et C.E.M.O)*, 1998 ?.

新聞・雑誌（電子版を除く）
L'Echo d'Alger

ウェブサイト

20 Minutes　http://www.20minutes.fr/
Académie des Arts ret Techniques du Cinéma　http://www.academie-cinema.org/
Académie Française　http://www.academie-francaise.fr/
Académie Fratellini　http://www.academie-fratellini.com/
Action Française　http://www.actionfrancaise.net/
Africultures　http://www.africultures.com/
Alain Afflelou　www.alainafflelou.fr
Algérie Presse Service　http://www.aps.dz/
Alger Républicain　http://www.alger-republicain.com/
Al Huffington Post Maghreb　http://www.huffpostmaghreb.com/
AlloCiné　www.allocine.fr
Alternatives Economiques　https://www.alternatives-economiques.fr/
André Chouraqui　http://www.andrechouraqui.com/
Anna Lindh Foundation　http://www.annalindhfoundation.org
ANFANOMA　https://anfanoma.wordpress.com/
Les Archives de Gouvernemet.fr　http://archives.gouvernement.fr/
Archives Départementales de Creuse　http://archives.creuse.fr/
Archives Départementales de Seine-et-Marne　http://archives.seine-et-marne.fr/
Assemblée Nationale　http://www.assemblee-nationale.fr/
Association Nationale des Pieds Noirs Progressistes et leurs amis http://www.anpnpa.org/
L'Atalante Editions　http://www.l-atalante.com/
Atlantico　http://www.atlantico.fr/
Africultures　http://africultures.com/
BBC　http://www.bbc.com/
Bernard-Henri Lévy　http://www.bernard-henri-levy.com
BFM TV　http://www.bfmtv.com
Bibliothèque Francophone Multimédia de Limoges　http://www.bm-limoges.fr/
Bibliothèque Nationale de France　http://www.bnf.fr/
Bourse de Casablanca　http://www.casablanca-bourse.com/bourseweb/index.aspx
BVA　http://www.bva.fr/
Canal +　http://www.canalplus.fr/
Centre Communautaire Laïc Juif　http://www.cclj.be/
Centre Documentation Historique sur l'Algérie　http://www.cdha.fr/
Centre de Recherches sur le Japon EHESS　http://crj.ehess.fr/

Centre National des Arts du Cirque, de la Rue et du Théâtre   http://www.artcena.fr/
Centre Pompidou   https://www.centrepompidou.fr/
Le Cercle Algérianiste   http://www.cerclealgerianiste.fr/
Challenges   http://www.challenges.fr/
Chemins de Mémoire   http://www.cheminsdememoire.gouv.fr/
Les Chiennes de Garde   http://chiennesdegarde.com
Choisir la Cause des Femmes   http://www.choisirlacausedesfemmes.org/
Claudia Cardinale   http://official-claudiacardinale.com/
Closer   http://www.closermag.fr/
Collège de France   http://www.college-de-france.fr/
Comédie Claude Volter   http://www.comedievolter.be/
Courrier International   http://www.courrierinternational.com/
CRIF   www.crif.org
Cristal Liminaña   http://cristal-liminana.com/
La Croix   http://www.la-croix.com/
Dailymotion   http://www.dailymotion.com/
Département des Alpes-Maritimes   https://www.departement06.fr/
La Dépêche   http://www.ladepeche.fr/
Dominique Ouattara   http://dominiqueouattara.ci/
Les Echos   https://www.lesechos.fr/
Ecole d'Urbanisme de Paris   http://urbanisme.u-pec.fr/
Ecole Nationale d'Administration   https://www.ena.fr/
Editions Galilée   http://www.editions-galilee.fr/
Elisabeth Guigou   http://www.elisabeth-guigou.fr/
Elizabeth Teissier   https://www.eteissier.com/
Elle   http://www.elle.fr/
El Watan   http://www.elwatan.com
E-marketing   www.e-marketing.fr
The Embassy of Algeria, Japan, Tokyo   http://www.algerianembassy-japan.jp/
Encyclopædia Britannica   https://global.britannica.com/
Encyclopædia Universalis   http://www.universalis.fr/
L'Equipe   http://www.lequipe.fr/
Erudit   http://www.erudit.org/
Etienne Daho   http://dahofficial.com/
L'Etudiant   http://www.letudiant.fr/
Europe 1   http://www.europe1.fr/
L'Express   http://www.lexpress.fr/
L'Expression   http://www.lexpressiondz.com/

Facebook　https://www.facebook.com/
Festival du Cinéma Américain de Deauville　http://www.festival-deauville.com/
FIFA　http://fr.fifa.com/
Le Figaro　www.lefigaro.fr
Fnac　http://www.fnac.com
Fondation Pierre Bergé Yves Saint Laurent　http://www.fondation-pb-ysl.net/fr/
France 2　http://www.france2.fr/
France Archives　https://francearchives.fr/
France Bleu　https://www.francebleu.fr/
France Culture　http://www.franceculture.fr/
France Dimanche　http://www.francedimanche.fr/
France Inter　www.franceinter.fr
France Télévisions　https://www.france.tv/
Front National　http://www.frontnational.com/
Gala　www.gala.fr
Gallimard Jeunesse　http://www.gallimard-jeunesse.fr/
Gloup ! Gloup !　http://www.gloupgloup.be/
Gouvernement Princier – Principauté de Monaco　http://www.gouv.mc/
Grazia　http://www.grazia.fr/
Haaretz　http://www.haaretz.com/
Harissa　http://www.harissa.com
L'Harmattan　http://www.editions-harmattan.fr/
Hérodote　https://www.herodote.net/
Hervé Mariton　http://www.herve-mariton.net/
Le Huffington Post　http://www.huffingtonpost.fr/
L'Humanité　http://www.humanite.fr/
L'Indépendant　http://www.lindependant.fr/
The Independent　http://www.independent.co.uk/
Institut d'Etudes Avancées de Nantes　https://www.iea-nantes.fr/
Institut Européen des Musiques Juives　http://www.cfmj.fr/
Institut Français – Algérie　http://www.if-algerie.com/
Institut National de l'Audiovisuel　www.ina.fr
International Labour Organization　http://www.ilo.org/
Les Inrocks　www.lesinrocks.com
Jacques Attali　http://www.attali.com/
Jean-Charles de Castelbajac　http://jc-de-castelbajac.com/
Jeune Afrique　http://www.jeuneafrique.com/
Jewish Women's Archives　https://jwa.org/

Le Journal du Dimanche   http://www.lejdd.fr/
Journal Métro de Montréal   http://journalmetro.com/
Kantar TNS   http://www.tns-sofres.com/
Larousse   http://www.larousse.fr/
LCI   http://www.lci.fr/
LCP   http://www.lcp.fr/
LDH Toulon   http://ldh-toulon.net/
Libération   www.liberation.fr
La Libre Belgique   http://www.lalibre.be/
LSA   www.lsa-conso.fr
M6   http://www.m6.fr/
Maghress   https://www.maghress.com/fr
Le Matin   http://www.lematindz.net/
Marcel Cerdan   http://www.marcelcerdan.com/
Maryse Wolinski   http://www.marysewolinski.com/
Maurice Ohana   http://www.mauriceohana.com/
Mediapart   https://www.mediapart.fr/
Mémorial du Camp de Rivesaltes   http://www.memorialcamprivesaltes.eu/
Metronews   http://www.metronews.fr/
Ministère de la Défense – Mémoire des Hommes
   http://www.memoiredeshommes.sga.defense.gouv.fr/
Ministère de l'Agriculture et de l'Alimentation   http://agriculture.gouv.fr/
Ministère de l'Education Nationale   http://www.education.gouv.fr/
Les Moines de Tibhirine   http://www.moines-tibhirine.org/
Monaco-Matin   http://www.monacomatin.mc/
Le Monastère de Tibhirine   http://www.monastere-tibhirine.org/
Le Monde   www.lemonde.fr
Le Monde des Religions   http://www.lemondedesreligions.fr/
Le Monde Diplomatique   https://www.monde-diplomatique.fr/
Morocco Mall   https://www.moroccomall.ma/
Mosquée Hassan 2   http://www.mosquee-hassan2.com/
Moustique   www.moustique.be
Movie Walker   movie.walkerplus.com
MTV   http://www.mtv.com
El Mundo   http://www.elmundo.es
Musée National de l'Histoire de l'Immigration   http://www.histoire-immigration.fr/
New York Times   http://www.nytimes.com/
Nobel Prize   http://www.nobelprize.org/

Nostalgie   http://www.nostalgie.fr/
NRJ   http://www.nrj.re/
OL mag   http://www.opticien-presse.fr/
L'Obs   http://tempsreel.nouvelobs.com/
Observatoire des journalistes et de l'information médiatique   http://www.ojim.fr/
Olympia   http://www.olympiahall.com/
L'Opinion   http://www.lopinion.fr/
Ouest France   http://www.ouest-france.fr/
Oulipo   http://oulipo.net
El Pais   https://elpais.com/
Le Parisien   http://www.leparisien.fr/
Paris Match   http://www.parismatch.com/
Persée   http://www.persee.fr/
Phonothèque Maison Méditerranéenne des Sciences de l'Homme
    http://phonotheque.mmsh.univ-aix.fr/
Plon   http://www.plon.fr/
Le Point   www.lepoint.fr
Première   www.premiere.fr
Présidence de la République   http://www.elysee.fr/
La Procure   http://www.laprocure.com/
Le Progrès   http://www.leprogres.fr/
Purepeople   http://www.purepeople.com/
Raoul Salan   http://www.salan.asso.fr/
Regards   http://www.regards.fr/
Ressources numériques en histoire de l'éducation, Laboratoire de recherche historique Rhône-Alpes (LARHRA)   http://rhe.ish-lyon.cnrs.fr
Revues Plurielles   http://www.revues-plurielles.org/php/index.php
RFI Music   http://www.rfimusic.com/
Le Robert   http://www.lerobert.com/
Rolling Stone   http://www.rollingstone.fr/
RTBF   http://www.rtbf.be/
RTL   http://www.rtl.fr/
Sephora   http://www.sephora.fr/
Sénat   http://www.senat.fr/
Seuil   http://www.seuil.com/
Slate   http://www.slate.fr/
Slate Afrique   http://www.slateafrique.com/
Le Soir   http://www.lesoir.be/

Solutions Numériques   http://www.solutions-numeriques.com/
Sud Ouest   http://www.sudouest.fr/
Télé-Loisirs   www.programme-tv.net
Télérama   http://www.telerama.fr/
Téléstar   http://www.telestar.fr/
Thibaut de la Tocnaye   http://latocnaye.fr/
La Tribune   http://www.latribune.fr/
TV5Monde   http://www.tv5monde.com/
UNESCO   https://en.unesco.org/
L'Union   http://www.lunion.fr/
Union Juive Française pour la Paix   http://www.ujfp.org/
Universal Music   http://www.universalmusic.fr/
University of Minnesota – Human Rights Library   http://hrlibrary.umn.edu/
Valeurs Actuelles   http://www.valeursactuelles.com/
Vanity Fair   http://www.vanityfair.fr/
Var-matin   http://www.varmatin.com/
Voici   www.voici.fr
La Ville d'Alger, capitale de l'Algérie   http://www.alger-city.com/
Who's who in France   https://www.whoswho.fr/
YouTube   https://www.youtube.com/
La Willaya de la Région de Casablanca   http://casablanca.ma/
エル・アルージョ   http://www.ahora-tyo.com
外務省（日本）   http://www.mofa.go.jp/
カステルバジャック   http://www.castelbajac.fr/
原始福音キリストの幕屋   http://www.makuya.or.jp/
名古屋大学：フランス語小部会   http://french.ilas.nagoya-u.ac.jp
日テレ NEWS24   http://www.news24.jp/
ニュースウォーカー   http://news.walkerplus.com/
ユニフランス   http://unifrance.jp/

外国語書籍・論文

Algérie Littérature/Action: Numéro Spécial Louis Bénisti, écrivain, peintre et sculpteur, no.67, 2003.

Ageron, Charles-Robert. « Le drame des Harkis en 1962 », *Vingtième Siècle. Revue d'histoire*, no.42, 1994.

Ageron, Charles-Robert. « Mai 1945 en Algérie : Enjeu de mémoire et histoire », *Matériaux pour l'histoire de notre temps*, no.108, 2012.

Alleg, Henri. *La question*, Editions de Minuit, 2008.（アンリ・アレッグ『尋問』（長谷川四郎訳）みすず書房、1958 年）

Alleg, Henri. *Mémoire algérienne : Souvenirs de luttes et d'espérances*, Paris, Stock, 2005.

Angeloff, Tania, et Maruani Margaret. « Gisèle Halimi. La cause du féminisme », *Travail, genre et sociétés*, no.14, 2005.

Aronson, Ronald. « Sartre contre Camus : le conflit jamais résolu », *Cités*, no.22, 2005.

Audin, Michèle. *Une vie brève*, Gallimard, 2013.

Aussaresses, Paul. *Services spéciaux : Algérie 1955-1957*, Perrin, 2001.

Besnaci-Lancou, Fatima et Abderahmen Moumen. *Les Harkis*, Le Cavalier Bleu, 2008.

Boulhaïs, Nordine. « Harkis », in Gabriel Camps (dir.) *Encyclopédie berbère, 22 | Hadrumetum – Hidjaba*, Edisud, 2000.

Branche, Raphaëlle. « FLN et OAS : deux terrorismes en guerre d'Algérie », *Revue Européenne d'Histoire / European Review of History*, vol.14 (3), 2007.

Calmein, Maurice. « Appellation contrôlée », *L'Algérianiste, bulletin d'idées et d'information, numéro spécial*, 1977.

Cantier, Jacques. *L'Algérie sous le régime de Vichy*, Odile Jacob, 2002.

Camus, Albert. *Le premier homme*, Gallimard, 2013.（カミュ、アルベール『最初の人間』（大久保敏彦訳）新潮社、2012 年。）

Cointet, Michèle et Jean-Paul Cointet. *Dictionnaire historique de la France sous l'Occupation*, Tallandier, 2000.

Comtat, Emmanuelle. « La question du vote Pied-Noir », *Pôle Sud*, no.24, 2006.

Comtat, Emmanuelle. *Les pieds-noirs et la politique : quarante ans après le retour*, Presses de la Fondation Nationale des Sciences Politiques, 2009.

Coutau-Bégarie, Hervé et Claude Huan. *Darlan*, Fayard, 1989.

Crapanzano, Vincent. « Le récit harki. Tyrannie des événements, accidents du destin », *Les Temps Modernes*, no.666, 2011.

Daum, Pierre. *Ni valise ni cercueil : les pieds-noirs restés en Algérie après l'indépendance*, Actes Sud, 2012.

Decaux, Alain. *Morts pour Vichy*, Perrin, 2000.

Déchamp-Le Roux, Catherine. « Avant-propos aux textes d'Albert Memmi « Sociologie des rapports entre colonisateurs et colonisés » et « Portrait du décolonisé arabo-musulman et de quelques autres » », *SociologieS* [En ligne], Découvertes / Redécouvertes, Albert Memmi, mis en ligne le 02 juin 2009, consulté le 10 septembre 2017. URL : http://sociologies.revues.org/2916

Duclos, Jeanne. *Dictionnaire du français d'Algérie*, Editions Bonneton, 1992.

Ehrohlt, Brigitte. *Mémoire et cuisine des pieds-noirs : la nostalgérie*, Editions Equinoxe, 2012.

Einaudi, Jean-Luc. *Octobre 1961 : un massacre à Paris*, Fayard, 2001.

Einaudi, Jean-Luc. *Un rêve algérien : Histoire de Lisette Vincent une femme d'Algérie*, PUF, 2001.

Errera, Roger. « Pratiques discriminatoires : la législation antisémite de Vichy », *Actes*, no.51, 1985.

Etienne, Bruno. *Les problèmes juridiques des minorités européennes au Maghreb*, Editions du CNRS, 1968.

Faivre, Maurice. « L'histoire des Harkis », *Guerres mondiales et conflits contemporains*, no.202-203, 2001.

Fleutot, François-Marin. *Des royalistes dans la Résistance*, Flammarion, 2000.

Fuller, Robert Lynn. *The Origins of the French Nationalist Movement, 1886-1914*, McFarland, 2012.

Gavois, Marc-Olivier. « Le tournant de 1899-1902 dans la Maçonnerie en Algérie à travers la loge Le Soleil levant », *Cahiers de la Méditerranée*, no.72, 2006.

Giblin, Béatrice. « Le tourisme : un théâtre géopolitique ? », *Hérodote*, no.127, 2007.

Guedj, Jérémy. « Juifs et musulmans d'Algérie en France », *Hommes et migrations*, no.1295, 2012.

Harbi, Mohammed. « Introduction historique », in Mohammed Harbi et Gilbert Meynier, *Le FLN : documents et histoire 1954-1962*, Fayard, 2004.

Harrison, Martin. "Government and Press in France during the Algerian War", *The American Political Science Review*, vol.58, No. 2, 1964.

Hautreux, François-Xavier. « L'engagement des harkis (1954-1962) : essai de périodisation », *Vingtième Siècle. Revue d'histoire*, no.90, 2006.

Isnard, Hildebert. « Vigne et colonisation en Algérie (1880-1947) », *Annales. Économies, Sociétés, Civilisations*, no.3, 1947.

Isnard, Hildebert. « Vigne et colonisation en Algérie », *Annales de Géographie*, tome 58, no.311, 1949.

Isnard, Hildebert. « La viticulture algérienne, colonisation et décolonisation », *Méditerranée*, deuxième série, tome 23, no.4, 1975.

Jauffret, Jean-Charles. *Soldats en Algérie 1954-1962*, Autrement, 2000.

Joly, Laurent. « La délation antisémite sous l'Occupation », *Vingtième Siècle. Revue d'histoire*, vol. 96, no. 4, 2007.

Jordi, Jean-Jacques. *Les Pieds-Noirs*, Le Cavalier Bleu, 2009.

Kaufmann, Francine. « Traduire la Bible et le Coran à Jérusalem : André Chouraqui », *Meta : journal des traducteurs / Meta: Translators' Journal*, vol. 43, no.1, 1998.

Lanly, André. *Le français d'Afrique du Nord : étude linguistique*, Presses universitaires de France, 1962.

Le Foll Luciani, Pierre-Jean. « Les juifs d'Algérie face aux nationalités française et algérienne (1940-1963) », *Revue des mondes musulmans et de la Méditerranée*, no.137, 2015.

Maisonseul, Jean de. « La lumière de Bénisti », *Le Nouvel Observateur*, 29 juin 1995.

Manceron, Gilles. « Un abandon et des massacres aux responsabilités multiples », *Les Temps Modernes*, no.666, 2011.

Merle, Isabelle. « De la « légalisation » de la violence en contexte colonial. Le régime de l'indigénat en question », *Politix*, vol.17, no.66, 2004.

Michelbach, Pierre. « Max Régis, le Drumont d'Alger », *L'histoire*, no.173, 1994.

Minvielle, Jean-Paul et Nicolas Minvielle. « Le tourisme au Sahara : pratiques et responsabilités des acteurs », *Management & Avenir*, no.33, 2010.

Moumen, Abderahmen. « De l'Algérie à la France. Les conditions de départ et d'accueil des rapatriés, pieds-noirs et harkis en 1962 », *Matériaux pour l'histoire de notre temps*, no.99, 2010.

Nken, Simon. « Louis-Paul Aujoulat: Figure controversée de la vie politique camerounaise, 1935-56 », *Canadian Journal of African Studies / Revue canadienne des études africaines*, vol.44, no.2, 2010.

Passevant, Christiane. « Jean-Luc Einaudi, *Un rêve algérien. Histoire de Lisette Vincent, une femme d'Algérie*, Paris, Editions Dagorno, 1994 », *L'Homme et la société*, vol.114, no.4, 1994.

Petit Futé. *Petit Futé: Alger*, Nouvelles Editions de l'Université, 2012.

Pierret, Régis. « Les enfants de harkis, une jeunesse dans les camps », *Pensée plurielle*, no.14, 2007.

Regnault, Jean-Marc. "France's Search for Nuclear Test Sites, 1957-1963", *The Journal of Military History*, vol.67, No. 4, 2003.

Rochebrune, Renaud de et Benjamin Stora. *La guerre vue par les Algériens 1. Des origines à la bataille d'Alger*, Denoël, 2011.

Rochebrune, Renaud de et Benjamin Stora. *La guerre vue par les Algériens 2. De la bataille d'Alger à l'indépendance*, Denoël, 2016.

Sartor, J-E. *De la naturalisation en Algérie (Sénatus-Consulte du 5 juillet 1865) : musulmans, israélites, européens*, Retaux Frères, 1865.

Savarese, Eric. « Un regard compréhensif sur le « traumatisme historique » » À propos du vote Front national chez les pieds-noirs, *Pôle Sud*, no.34, 2011.

Savarese, Eric. « L'acte électoral revisité en situation coloniale. Voter à Oran dans la première partie du XXe siècle », *Pôle Sud*, no.44, 2016.

Stora, Benjamin. *La gangrène et l'oubli : la mémoire de la guerre d'Algérie*, La Découverte, 1998.

Stora, Benjamin. *Histoire de l'Algérie coloniale : 1830-1954*, La Découverte, 2004.

Stora, Benjamin. *Histoire de la guerre d'Algérie: 1954-1962*, La Découverte, 2004.

Stora, Benjamin. *Les trois exils Juifs d'Algérie*, Stock, 2006.

Stora, Benjamin. « Albert Camus, prix Nobel au cœur de la tourmente algérienne », *Esprit*, 2008/1, 2008.

Thénault, Sylvie. « France-Algérie : pour un traitement commun du passé de la guerre d'indépendance », *Vingtième Siècle. Revue d'histoire*, no.85, 2005.

Thénault, Sylvie. « Des couvre-feux à Paris en 1958 et 1961 : Une mesure importée d'Algérie pour mieux lutter contre le FLN ? », *Politix*, no.84, 2008.

Vergez-Chaignon, Bénédicte. *Les secrets de Vichy*, Perrin, 2015.

Vidal-Naquet, Pierre. *L'Affaire Audin (1957-1978)*, Editions de Minuit, 2012.

Voituriez, Albert-Jean. *L'assassinat de l'amiral Darlan: le témoignage du juge d'instruction*, L'Esprit du Temps, 1992.

Weil, Patrick. « Histoire et mémoire des discriminations en matière de nationalité française », *Vingtième siècle : Revue d'histoire*, no.84, 2004.

Zytnicki, Colette. « « Faire l'Algérie agréable ». Tourisme et colonisation en Algérie des années 1870 à 1962 », *Le Mouvement Social*, no.242, 2013.

日本語・邦訳書籍

21世紀研究会編『国旗・国歌の世界地図』文藝春秋、2008年。

アルチュセール、ルイ『未来は長く続く ── アルチュセール自伝』（宮林 寛訳）河出書房新社、2002年（原著は1992年）。

アルヌール、フランソワーズ、ジャン＝ルイ・マンガロン『フランソワーズ・アルヌール自伝 ── 映画が神話だった時代』（石木まゆみ訳）、2000年、カタログハウス（原著は1995年）。

石原忠佳『ベルベル語とティフィナグ文字の基礎──タリーフィート語 (Tarifit) 入門──』春風社、2014年。

ヴィノック、ミシェル『フランソワ・ミッテラン ── カトリック少年から社会主義者の大統領へ ──』（大嶋厚訳）吉田書店、2016年（原著は2015年）。

大嶋えり子「フランスにおけるアルジェリアに関わる『記憶関連法』── 記憶と国民的結合を巡って」『国際政治』184号、2016年。

大嶋えり子「フランスフランスにおけるアルジェリアの記憶の公的承認 ──1990年代以降の移民＋統合および国民的結合を促進する政策の観点から ──」博士学位申請論文、早稲田大学、2017年。

大塚和夫ほか編『岩波イスラーム辞典』岩波書店、2002年。

苅安望『世界の国旗図鑑 ── 歴史とともに進化する国旗』偕成社、2007年。

菅野賢治『フランス・ユダヤの歴史』上下巻、慶應義塾大学出版会、2016年。

私市正年「カビール問題とは何なのか？ ── その神話と現実」私市正年編著『アルジェリアを知るための62章』明石書店、2009年。

トッド、オリヴィエ『アルベール・カミュ〈ある一生〉上巻』（有田英也・晴年訳）毎日新聞社、2001年（原著は1996年）。

ペータース、ブノワ『デリダ伝』（原宏之、大森晋輔訳）白水社、2014年（原著は2010年）。

宮島喬『一にして多のヨーロッパ ── 統合のゆくえを問う ──』勁草書房、2010年。

宮下雄一郎『フランス再興と国際秩序の構想 ── 第二次世界大戦期の政治と外交』勁草書房、2016年。

ランシエール、ジャック『平等の方法』（市田良彦・上尾真道・信友建志・篠田徹訳）航思社、2014年。

渡邊祥子「1945年セティフの大虐殺はなぜ起こったのか？」「『アルジェリア人』の発見とイスラームの覚醒 ── ナショナリズム運動①──」および「独立運動への道 ── ナショナリズム運動②──」私市正年編著『アルジェリアを知るための62章』明石書店、2009年。

あとがき

　2015年の夏、思いもよらない執筆依頼が届いた。フランス統治下のアルジェリアに関する本を出さないか、と濱崎誉史朗氏が提案してくださった。あまりにも唐突な企画の登場に狼狽した。私のような博士課程生にまさかお声がかかるとは思いもしなかった。引き受けるかどうか悩み、相談したところ、家族は力強く背中を押してくれた。

　こうして開始した執筆。紹介する一人ひとりの人生を追っていく作業で、制度や社会的事象に注目し学術論文を書いていた時とは異なる歴史の側面を垣間見ることができた。各人物がどのように時代を生き、何を思ったのかをインタビューや著作を通じて調べることは、それぞれの時代を経験した個人に近づく作業だったように思う。顔と名前を持った個人の経験や思いに迫る列伝ものを執筆する面白さはそれまで私が書いてきた学術論文のそれとは大きく異なった。

　一方で、過酷な経験をした人々の人生を語る必要があり、執筆中に複雑な思いも抱いた。生まれた地を離れざるを得なかった苦しみ、差別の被害に遭った痛み、他者に対する憎しみ、信じている正義のための暴力的な戦い……。2017年のフランス大統領選挙でもアルジェリアとの過去は議論を呼んだ。のちに当選したマクロンは選挙活動中に植民地支配下では「文明と蛮行の要素」があったとしながらも、後日「〔植民地支配は〕人道に対する罪」だったと発言した。右派のフィヨンはマクロンの発言に対し「永遠に続く悔悛」に加担することは大統領候補として失格だと批判した。これほどの政治的論争を今でも巻き起こす植民地の過去を綴る作業には骨が折れた。

　しかも本書で取り上げた歴史は遠いヨーロッパとアフリカのものでありながら、日本と無縁とは言い難い。宗主国となり、植民地支配および戦争で被害者を出した日本と、本書で論じたフランスの立場には類似する点が多数ある。日仏の宗主国としての歴史を想起し、我々が生きる現代がこうした悲惨な過去から連続していることを改めて思い知りながら執筆した次第である。

　紹介した人々の人生を通じ、本書がマグレブとフランスの歴史や文化、社会、経済に対する理解を深める一助となり、読者のみなさまの興味を少しでも掻き立てられたならば、書き手冥利に尽きる。

　執筆する上で、多くの方の助けを得た。まず、常に私の研究を支えてくださり、本書の執筆を温かく応援してくださった中村英俊先生（早稲田大学）、都丸潤子先生（早稲田大学）、森千香子先生（一橋大学）のお三方に謝意を表する。この企画が舞い込んだのも、日ごろからのお三方の指導の賜物である。

　そして、資料や情報を多数提供してくれた父・厚に感謝する。フランス史に造詣が深く、近年ではフランス史に関連する学術書を翻訳し出版している父は常に

私の研究活動を応援し、支えてくれた。本書の執筆途中で博士論文を書き上げられたのも父の支えによるところが大きい。

　入稿直前まで校正作業を手伝ってくれた母・その子の力も偉大で、大変に有難かった。フランス語およびフランス文化をよく知る母はとても頼りになった。

　さらに、この本は複数回にわたる渡仏がなければ実現しえなかった。私を毎回快く泊めてくれたパリに住む叔母・由紀子に心から感謝する。

　本書の草稿を読み、コメントをくださった李環誠さん（慶應義塾大学大学院）にも深謝する。フランスやヨーロッパの歴史に詳しくない読者にも本書を届けるべく、専門外の方からの適切な意見をいただけたことは大変に心強かった。

　執筆を振り返ると、濱崎氏が私を書き手として育ててくれたように思う。声をかけていただき、遅筆で苦しむ私を励ましていただき、いつも情報やアドバイスを送っていただき、本当に頼りっぱなしであった。いくら感謝してもしきれない。

　最後にこの場をお借りして、いつ何時も味方でいてくれる親友と親族に厚く感謝したい。

2018年1月
大嶋えり子

大嶋えり子　Eriko Oshima

1984年東京都生まれ。慶應義塾大学法学部卒。証券会社勤務を経て、早稲田大学大学院政治学研究科修士課程に進学。同大学院博士後期課程満期退学。博士（政治学）。現在、早稲田大学政治経済学術院助手。専門はフランス政治、国際関係論。幼少期から10代までベルギーとフランスに在住し、高校卒業後に帰国。極右勢力、差別、人の移動に関心を寄せている。

erikooshima1984@gmail.com

世界引揚者列伝 Vol.1

ピエ・ノワール列伝
人物で知るフランス領北アフリカ引揚者たちの歴史

2018年3月10日　初版第1刷発行
著者：大嶋えり子
装幀＆デザイン：合同会社パブリブ
発行人：濱崎誉史朗
発行所：合同会社パブリブ
〒140-0001
東京都品川区北品川1-9-7 トップルーム品川1015
03-6383-1810
office@publibjp.com
印刷＆製本：シナノ印刷株式会社